让生命之花在运动中自由绽放

——小学体育课程实践与案例

主编 蒋 芳

重庆大学出版社

图书在版编目（CIP）数据

让生命之花在运动中自由绽放：小学体育课程实践
与案例 / 蒋芳主编 . -- 重庆 : 重庆大学出版社, 2022.9
ISBN 978-7-5689-3263-9

Ⅰ. ①让… Ⅱ. ①蒋… Ⅲ. ①体育课—教学研究—小
学 Ⅳ. ①G623.802

中国版本图书馆 CIP 数据核字（2022）第 068907 号

让生命之花在运动中自由绽放——小学体育课程实践与案例

主　编　蒋　芳
策划编辑 : 唐启秀

责任编辑 : 李桂英　　　版式设计 : 唐启秀
责任校对 : 刘志刚　　　责任印制 : 张　策
　　　　＊
　　重庆大学出版社出版发行
出版人 : 饶帮华
社址 : 重庆市沙坪坝区大学城西路 21 号
邮编 : 401331
电话 : (023)88617190　88617185(中小学)
传真 : (023)88617186　88617166
网址 : http://www.cqup.com.cn
邮箱 : fxk@cqup.com.cn(营销中心)
全国新华书店经销
重庆华林天美印务有限公司印刷
　　　　＊
开本 : 787mm×1092mm　1/16　印张 : 14.5　字数 : 286 千
2022 年 9 月第 1 版　　2022 年 9 月第 1 次印刷
ISBN 978-7-5689-3263-9　定价 : 68.00 元

编委会

主　编：蒋　芳

副主编：张小虹

编　者：张义芹　黄辉明　皮　历
　　　　罗　林　胡　竞　赵玉珠

素养时代，小学体育与健康课程对于促进儿童青少年开展运动学习，形成健康管理技能与健康生活方式，提升国民的体育与健康素养，推动社会文明进步，推进中华民族伟大复兴具有现实和长远的积极作用。小学体育与健康课程以身体练习为主要手段，以体育与健康知识、技能和方法为主要学习内容，以培养学生体育与健康课程核心素养和增进学生身心健康为主要目的，具有基础性、健身性、实践性和综合性等特点，是学校教育的重要组成部分，对促进学生德智体美劳全面发展具有重要的价值。《小学体育与健康新课程标准》突出"学生发展核心素养的要求，建构运动能力、健康行为、体育品德三个方面的课程核心素养，在此基础上确立课程目标、课程内容、教学方法与学习评价，并根据学生身心发展特征，将义务教育阶段的学习划分为四个水平，围绕课程核心素养设计相对应的学习目标、课程内容和学业质量标准，充分体现课程'健身育人'的本质特征，促进学生形成体育与健康课程核心素养"。新标准的颁布为学校落实立德树人根本任务，贯彻"健康第一"的育人理念提供了具体遵循。

重庆市沙坪坝区上桥南开小学校（简称"上桥南开小学"）是南开系列学校之一，也是沙坪坝区小学南开教育集团的骨干学校。2018年，学校申报沙坪坝区学科课程创新基地建设项目，成为沙坪坝区第二批小学体育与健康课程创新基地。几年来，学校传承南开体育精神，铭记张伯苓校长"学校体育不但在技术之专长，尤重在体德之兼进，体与育并重"的教诲，追溯到南开体育精神的源头，结合时代要求和学校特点，紧扣小学体育与健康课程创新基地建设的预期目标，构建"智慧+"体育课程实施体系。该课程体系基于儿童视角，凸显课程的儿童性、愉悦性、趣味性、多样性；彰显上桥南开小学"让生命之花在运动中自由绽放"的体育理念与价值追求，探索国家小学体育课程标准的校本化实施，从简单体育、单项体育走向丰富体育、品质体育的实践路径。学校从学生的实际需要和师资条件出发，整体设计小学体育与健康课程体系，增强体育课程实施的适切性，探索新型的体育课程文化，形成"1+2+3+N"的课程内容，即以体育与健康这一基础课程为地基，发展两种以上特色课程，拓展三种类型的活动课程，根据学生兴趣引进N种新兴体育项目类体验课程，开发丰富而有特色的课程资源，通过"育体—育德—育智"的三者结合，不断加强学生的体育意识，增强学生的身体素质，从而推动学生的全面发展。基本实现了对"智慧+"体育与健康课程开发的校本理解，进一步清晰并提高学校和教师对国家体育课程校本化实施的价值体认；建构"智慧+"体育与健康课程体系，创新学校体育运动形态，探索小学体育课程的多元化实施范式；改善学校体育基础设施和环境建设，成立"智慧+"儿童运动中心，丰富学校体育课程资源，培育学生健康向上的体格和心志；发挥品质课程的辐射和共振效应，带动周边社区、家庭与学校共建，推动体育文化和体育精神的传承与发展思想预期目标的达成。

几年的艰苦努力，上桥南开小学体育与健康课程创新基地建设核心团队立足学科特点，精心设计、大胆实践，丰富了小学体育学科建设的实践经验，在实施策略上做出了卓有成效的有益探索，成功总结出"学研结合，理念蜕变，共悟共建；主题联动，物化环境，文化渗透；点上深入，做出精品，带动全员"的有效策略，是小学体育与健康课程的一种方法论上的实践创新。尤为难能可贵的是，上桥南开小学体育与健康课程创新基地建设核心团队通过集体努力，把碎片化、常态化的教学经验提炼总结为一本著述，这对于擅长行动而懈于理性积累与成果梳理的体育教师们，也是一种有益的启迪。

致敬上桥南开小学体育与健康课程创新基地建设的所有领导者、指导者、实践者，你们用心血凝成的著述，是在运动场上挥洒的汗水换来的经验，既可以告慰自己，也能够启发同行。在小学体育教学的路上，我期待有更多的教师取得丰硕的成果，我们的小学生身心更健康，小学体育学科有更大的发展。

牛　晓

2022年2月

"课程创新基地"是重庆市沙坪坝区教委为深入贯彻《教育部关于全面深化课程改革落实立德树人根本任务的意见》，全面落实《沙坪坝区教育委员会关于深入推进普通中小学课程建设的意见》精神而组织实施的课程建设项目之一，旨在以学校课程建设为抓手深入推进教学改革。

上桥南开小学在申报区级课程创新基地项目之初，从学校校长到体育组老师们，都有一个共同心愿："整合利用基地资源，提升学生的体质健康水平，让校园充满活力。"因此，课程理念强调：人与人之间的沟通交流，激发学生热爱生活，同时尊重学生个性成长规律和教育规律，寻求师生综合素养的共生共长。上桥南开小学体育与健康课程创新基地将沿着课程这条跑道，和学生一起创造更多走向未来的力量。

体育与健康课程创新基地紧跟当前教育改革的最新发展趋势，针对学校体育工作长期存在的桎梏，结合体育教师教学工作中遇到的迷茫和困惑，紧紧围绕体育学科核心素养（运动能力、健康行为、体育品德），在学校"智慧"教育办学理念的引领下，形成"智慧+"体育课程模式，从基础课程、特色课程、活动课程、体验课程四个课程研究为突破口，打开学校体育教学变革之门，以名师支撑基地，以基地培养教师，以教师发展学生，促进学生健康成长与全面发展，促进师生学习力、实践力、创造力提升，成就学校、教师、学生共同成长的新局面。

我们在研究过程中认为：基地"智慧+"项目中基础运动项目情境体育模式、奥运知识体系、体育微视频的发展与推进，都是围绕课堂教学展开研究，强调从以知识和技能为本向以学生发展为本的转变，并注重教、学、评三者的互融，注重学科融合，达到培养学生运用知识和方法解决体育与健康实际问题的综合实践能力，促进学生运动能力的个性化、多元化、专项化发展，让学生在未来享受体育带来的高品质生活。

本书共分为六章：第一章为课程创新基地的实践背景与目标，

第二章为小学体育与健康课程的实施，第三章为课程创新基地的实践内容，第四章为小学体育与健康课程评价创新，第五章为体育与健康课程创新基地课程实践能力提升，第六章为体育与健康课程创新基地的成果。以上内容均是上桥南开小学基地团队的老师们在开展学校体育活动和课堂教学中，通过不断地探索，总结出适合并能提高学生身体素质和综合素养的经验和方法，是学校体育与健康课程创新基地的内涵和成果体现。

本书第一章由张义芹执笔，第二章和第三章由皮历、黄辉明、罗林、胡竞执笔，第四章由张小虹执笔，第五章和第六章由赵玉珠执笔，全书由蒋芳统稿。我们将体育与健康课程创新基地的经验进行分享，希望引起更多读者的思考，并在课程建设与实施中有所启发。

宝剑锋从磨砺出。在本书编写过程中，团队老师从迷茫到清晰、从困惑到明白，大家经历了无数次的磨合，描绘出"智慧+"体育课程的明媚蓝图，感恩有眼界远和格局大的领导团队，感谢有特别团结、上进、努力的教研团队。感恩在研究路上鼓励和支持我们的各级领导、专家、同行，总是给予我们关怀与帮助；特别感谢为本书写序的重庆市教育科学研究院小学体育教研员牛晓老师；感谢重庆市沙坪坝区课程创新基地项目指导专家刘开文老师对本书的撰写提出的宝贵建议；感谢上桥南开小学课程团队老师们的努力与付出！该专著系重庆市教育科学规划重点有经费课题《新课程改革背景下小学教师课程能力提升策略研究》（2018-07-058）成果。

"智慧+"体育课程在上桥南开小学的怀抱中孕育和成长，不完美之处还需大家不吝赐教，恳请诸位提出宝贵意见，便于以后修改时再做精雕细琢。

编　者

2022年1月

目录

Contents

第一章

课程创新基地的实践背景与目标

　　体育与健康，是一门研究体育教育与健康教育理论与方法，提高学生运动能力，增进学生身心健康的综合性学科。在素养教育愈发受到重视的今天，体育与健康学科的必要性显现出来。紧跟当下的体育强国战略、"健康中国2030"等国家政策方向，结合小学体育与健康课程核心素养和教学重心的改革发展变化，面对小学生体育与健康核心素质的基础薄弱情况，上桥南开小学积极响应并认真思考探索，取得了一定的成效，于2018年申报成为沙坪坝区第二批小学学科课程创新基地项目。我们从学校实际出发，在南开体育精神的引领下，基于学生、健康行为、体育品德和应具备的运动能力，营造校园体育特色环境，采用多种途径形成"1+2+3+N"的课程实践内容，从基础课程、特色课程、活动课程、体验课程等内容开发丰富而有特色的课程资源，制定评价标准，将"育体—育德—育智"三者结合，强化学生的体育意识，增强学生身体体质，推动学生全面健康发展；优化体育教学，形成一定的示范性和辐射力，提供了新时期小学体育与健康教育教学由统一向多元、由普遍向个性转变的交流样板。

第一节
体育与健康课程创新基地的新时代背景

自进入中国特色社会主义新时代后，从国家到地方，从地方到学校，从学校到学生自身，都在形成"全民健身，人人健康"的新观念，也对学校体育与健康工作发展提出了更高、更细的要求。

一、国家体育战略方针亟待落地生根

1. 健康第一，响应健康中国建设的行动

健康是党和人民持之以恒的共同追求，更是促进人全面发展的必然要求。中共中央、国务院制定并印发了《"健康中国2030"规划纲要》（以下简称《纲要》）。《纲要》认为健康是广大人民群众的共同追求。《健康中国行动（2019—2030）》（以下简称《健康中国行动》）作为实施健康中国战略的"路线图"和"施工图"也颁布实施，其中专门制定了中小学健康促进行动。《国务院办公厅关于印发健康中国行动组织实施和考核方案的通知》（国办发〔2019〕32号）等文件中，具体提出26项考核指标。这些重要措施和要求一致强调了国家对建设健康中国的决心和毅力，充分体现出党和国家对青少年儿童体质健康发展的高度重视。因此，作为中小学校，体育与健康工作将会直接影响国家健康中国的建设，树立健康第一理念，抓好学校体育教学，拥有健康行为，营造校园体育文化氛围，形成体育品德，建设体育与健康课程创新基地，让学生影响家庭，让家庭辐射社区，形成符合家庭特点和自身实际的健康生活方式，才能为健康中国建设提供强大支撑。体育教育工作者必须围绕健康中国建设来开展工作，提高体育教学要求，扩宽体育健康范围，筑牢建设健康中国的根基。

2. 体育先行，参与体育强国战略的实践

1983年，原国家体委在《关于进一步开创体育新局面的请示》中，第一次明确提出了要在20世纪末把我国建设成为"世界体育强国"的目标，这是我们可以追溯到的较早关于"体育强国"的阐释。2019年，《体育强国建设纲要》印制发布，我国体育强国建设的路径指明了，框架构建了，这对我国体育建设的发展起

到了历史性作用。《体育强国建设纲要》明确提出到2035年"青少年体育服务体系更加健全，身体素养显著提升，中华体育精神传承发扬""全民健身更亲民、更便利、更普及"等重要战略目标，这些都凸显了学校体育与健康工作的重要作用：聚焦核心素养，通过体育与健康课程的体教整合，多元个性化的培养，教会学生拥有健康生活方式，提升学生的身体素质和健康水平；改进教学方式方法，拓宽体育与健康教学内容，经常组织各类比赛，让学生在兴趣体育、竞技体育等活动中找到自信，获得成功；平衡好体育与健康的公平秤，从单一的运动技能教学到多元的健康育人整合，从复杂化的情境教学中激发学生塑造拼搏、团结、爱国等优秀品质，以德育体，以体育德。

从学校开设体育课程，到中国第一次参加奥运会，中国人在一步一步探索体育改造国民性和社会性的路径，不断探索如何提高体育水平，并取得了辉煌成就。回望历史进程，艰难方显勇毅，我们正一步步从"体育弱国""体育大国"迈向"体育强国"。

体育强则中国强，国运兴则体育兴。建设体育强国要将促进青少年提高身体素养和养成健康生活方式作为学校体育教育的重要内容，学校要充分发挥体育育人的功能，积极参与到体育强国的实践推进中。

二、地方两类课程建设项目给予精准支持

新的时代要求落实教育新理念，构建教育发展新格局，建设高质量教育体系。重庆市政府、沙坪坝区政府相继发布了一系列指导文件，为各学校的课程发展和教学改革提供了实施路径，上桥南开小学身在其中，也找寻到前进的方向和发展的动力。

从2017年起，沙坪坝区为了全面落实《沙坪坝区教育委员会关于深入推进普通中小学课程建设的意见》（沙教委发〔2014〕79）精神，在党的十八大和十八届三中全会精神的领导下，以立德树人为根本导向，立足学校课程核心载体，基于各学科课程标准，切实转变育人模式，深化小学教育领域综合改革，大力推进内涵发展，提高沙坪坝区的小学办学水平。沙坪坝区教委组织实施了小学"课程创新基地""精品校本课程"两类课程建设项目，聚焦培养学生的核心素养，在具体实施过程中为学校的体育与健康课程发展、体育与健康课程创新基地的建设提供了精准的支持和帮助。"十四五"时期，沙坪坝区教育工作将瞄准全国高质量教育体系建设示范区的目标，突出教育现代化的主题主线，不断深化内涵发展，提升教育质量。

1. 提供清晰且科学的课程创新基地建设要求

在长期实践中，上桥南开小学体育与健康课程获得了一定的成绩，也期待在新教改的浪潮下能够创新学习环境，转变学生单一的学习方式，发展学生的综合体育与健康的能力。当今时代，沙坪坝区对两类课程的建设与推动等措施，对上桥南开小学的体育与健康教学工作的开展和发展提出了更高质量的新要求，指明了更清晰开放的新方向。沙坪坝区教委在相关文件及解读中明确指出了课程创新基地这一综合性教学平台的特征、重点、主线、目标、效果与作用。即以创设新型学习环境为特征，以改进课程内容实施方式为重点，以增强实践认知和学习能力为主线，以提高综合素质为目标。至于其效果与作用可分别从两方面进行说明。一是学生能力的培养，即达到促进学生在自主、合作、探究中提高学习效能，发掘自身潜能特长的效果。二是教育方法以及教育理念等的调整和优化，在更为宏观的层面上，对学校教育和社会思想上的进步作出贡献。教育建设课程创新基地的建设所带来的影响贯穿了教学内容、教学环节，主要通过将引导学校统一、集中工作的重点转移到学业压力与负担的缓解与减轻上，从而纠正长期以来我国教育工作中知识与能力的失衡、书本与实践的失衡、课内与课外的失衡。可以改善我国一直以来对于应试教育的过分重视，使不同的学校各具特色，真正提高教学质量，刺激学生对于学习的浓厚兴趣，发掘出学生的两种潜能——实践潜能与创造潜能，办真正让人民感到满意、真正有利于人民与国家未来的教育。

宏伟的建设目标既为我们带来了希望，也给我们提出了要求。我校体育与健康课程建设应加强对专业特色、学科背景、课程开展载体的建设，充分形成能够展现学科思维、科学观念、方法论与措施、文化内涵与审美等的有特色的学科课程教学氛围；集中精力与时间解决和加快学科核心素养与价值的培养，对于学科课程标准的制定，对于学习本位这一观念的树立与坚定，对于教育模式的创新与更新。其中，教育模式的创新与更新可以通过形象化、直观化的引导式体验，增长学生对于学习内容的自主演示、验证、巩固和拓展的热情，从而传授教学重点难点知识，帮助学生更加直观地理解抽象内容和培养起抽象概括具体形象内容的能力，不断提高吸收知识的效率和效能。与此同时，我们正处于体育强国的大背景下，故而还可以加强国家体育与健康课程实施和加强校本资源开发两手抓，努力积攒宝贵的实践经验，形成难易不同、侧重点不同的多样化优质课程资源，并为未来教学活动的开展提供丰富的学习素材和多样化的学习条件，为不同潜质、不同水平学生的发展提供多样化的学习的选择和帮助，促进学生各方面均衡发展的同时，尊重不同学生的个性与特征。

2. 给予完整且精细的对于课程创新基地管理的体系化指导

在课程创新基地的实践过程中，沙坪坝区教委建立健全了一系列项目管理制度，对学校申报、论证评审、项目承担单位组织实施、过程指导评估、中期调研、项目验收、项目成果推广等节点性过程性工作进行了关键性的管理指导，将提高课程建设项目的实效性真正落到实处。同时，沙坪坝区教师进修学院也加强了对项目课程建设的深入研究、指导和服务，通过给予完整且精细的体系化管理指导，督促每一所课程创新基地学校都能切实发挥自身在项目建设过程中的主体作用，并鼓励各个学校在更为广泛的范围内进行调研，着力捕捉、归类课程实施中的问题，进行困难问题的深入研究和顽强攻关，找到问题根源、解决问题的普适方法和途径，认真制订并全面落实项目实施方案，进行验证、形成成果，为课程顺利实施扫清障碍，办学水平和育人质量才能得以提高。

3. 搭建广泛且优质的课程创新基地交流平台

沙坪坝区大力宣传并推广项目建设成果，搭建了各级各项的展示交流平台来推进体教深度融合，让课程创新基地充分发挥示范引领作用，并且能够带动更多学校建立科学合理的学校课程体系。同时，区教委还建成了可以集中展示精品课程的具有极强共享性的区域网络课程资源平台，为全区的小学师生提供了优质的教育资源网络共享服务。这样创新性的优质平台不仅让本土的文化得以发展，也为课程创新基地塑造开放、进取的整体形象提供了绿色通道。有了这样的网络开放平台后，上桥南开小学体育与健康的水平便能在各种相关赛事活动，例如区级中小学生武术比赛、体质健康比赛、重庆市中小学体育与健康优质课赛课比赛等中得到充分展现，也能在与其他优秀中小学校和优秀教师进行交流研讨的过程中，提升本校的体育与健康方面的教学水平。

三、学生各方面均衡发展能力需求呼唤创新环境

1. 关注学生核心素养与青少年体质健康

我国关于学生发展核心素养的规定中曾明确指出，教育事业的发展应该以培养"全面发展的人"为核心要求。要想拥有这样的全面发展，德智体美劳一样都不能少，即各方面均衡发展。然而我国近30年的学生体质健康监测结果表明，学生体质不容乐观。这些调查显示，近年来，学生近视率和肥胖率的比例逐年上升，这明显不符合各方面均衡发展的要求和标准。但究其原因，其实是学业给学生带来过于沉重的压力与负担、久坐而缺乏运动的生活规律、缺少体育健康锻炼的时

间。这已经成为一个严重的社会问题，不容忽视或漠视。保障学生能够在生长发育的关键时期各方面均衡成长、健康发展是全社会的责任，而这一责任主要是就中小学阶段而言的，因而中小学校应该承担起主要责任。体育与健康课程作为研究体育教育与健康教育理论与方法的学科，一方面有利于提升学生的运动能力，保护并促进学生的身心健康，促进儿童青少年培养起运动学习的习惯与意识，规划并坚持健康管理技能和健康生活方式；另一方面，对于国民的体育与健康素养的培养与提升、对社会文明进步的推动和对中华民族伟大复兴的加速具有现实和长远意义。学生与社会，两方面的积极力量相互作用和相互补充，共同促进我国教育能力的提升。

2. 结合沙坪坝区的学生综合素质发展水平

从2012年起，沙坪坝区就意识到关注学生的学习发展对教育教学的重要意义，创新探索出学本式课堂，以学生的学习为根本，以学生的发展与提高为目标，让学生更加积极主动、活泼开朗、健康地发展。在这种环境下，沙坪坝区的教师更加了解学生间的差异和需求，相应地也就更加重视学生的主体地位。同时，学生也为沙坪坝区教育事业作出了很大贡献，沙坪坝区学生会互动、会合作、会沟通，也对学习的环境产生了进一步的追求，尤其是体育这种实践性、体验性较长的学科，如何创设良好的共享性学习情境，营造良好的体育学习氛围，让学生在练习实践中体验和探究，锤炼意志，健全人格，显得尤为重要。

第二节
核心素养下体育与健康课程改革与发展

体育课程教学改革的成功与否在很大程度上对体育教学质量的优劣造成了不可忽视的影响，体育教师自身对当下改革方向的把握和理解也深刻影响着体育教师开展教育教学的能力和水平。值得注意的是，自体育与健康课程开始改革以来，体育课程就发生了重要且巨大的改变，体育教师作为体育教育的主体，需要进一步明晰新的方向，适应新的需求，才能在打赢体育教学改革的攻坚战中贡献出自己的力量。

一、体育与教育融合发展

从国家培养目标出发，在现阶段，实现立德树人根本任务仍要靠学校体育这一重要途径来实现，与此同时，对于社会主义建设者和接班人的各方面均衡发展的培养也离不开体育教育。2020年4月27日，中央全面深化改革委员会《关于深化体教融合促进　青少年健康发展的意见》（以下简称《意见》）。《意见》明确指出："深化具有中国特色体教融合发展，推动青少年文化学习和体育锻炼协调发展，培养德智体美劳全面发展的社会主义建设者和接班人。"这关系到"培养什么人、怎样培养人、为谁培养人"这一教育根本问题。因此，我们必须准确把握体教融合的精神实质和综合育人功能，更好地促进学生身心全面发展，为中华民族伟大复兴打下坚实基础。

从体育课程来看，体育的本质是教育。随着时代与社会的不断进步，体育与健康课程的改革必然还会遇到诸多问题与挑战，如体育与健康课程的落地实施、体育与健康课程和中高考改革的衔接、体育与健康课程和新兴技术的结合等诸多方面。这些都是我们在课改中将会面对的问题。我们在看待体教融合这一人才培养的战略性问题时，不能简单地将"体"与"教"分开狭义理解，仅仅局限在实现"援教于体"或"援体于教"这样单一路径植入式的融合上，更应重视"体"与"教"在精神与价值层面的深度融合，这样才能真正实现体教融合实施中1+1>2的育人效果。

二、体育与健康不可分割

2001年版的《体育与健康课程标准》第一次明确提出，要树立"健康第一"的指导思想，并在原有的体育课程中融入健康教育的内容，这次改革第一次将体育课程名称改为了体育与健康课程。

传统的体育教育更加注重技能与技巧的训练，但从体育课程的培养目标和本质出发，无论是增强体魄体能，还是技巧力量训练，其最终归宿都是指向学生身体健康。因此，将体育与健康两条线并行，并通过课程的方式确立下来是必然趋势，有助于树立健康体育观念和健康生活观念，使体育教育走向更加科学的新方向。

体育与健康课程化的实施还有利于体育全民化、大众化的发展，通过学校课程和国家推动的相互作用，"健康中国"理念正一步步植根于民众心中。

三、技能与素养重新定位

新的体育课程标准中指出，以课程目标引领教学内容和教学方法的思想，充分体现和发挥了体育的育人功能和价值。

1995 年，国务院就颁布了《全民健身计划纲要》，其中明确强调："要对学生进行终身体育的教育，培养学生的体育锻炼意识、技能和习惯。" 2016 年的 4 月21 日，国务院办公厅颁布了《关于强化学校体育促进学生身心健康全面发展的意见》，其中提到："强化学校体育是实施素质教育、促进学生全面发展的重要途径。"2019 年，全国中小学体育课程教学改革研讨会上提出，学校体育课程要聚焦"教会、勤练和常赛"：教会学生健康知识、基本运动技能、专项运动技能；组织学生每天锻炼，反复进行训练；积极组织学生参与班赛、校赛、联赛等。

技能与素养的重新定位，是体育与健康课程进一步发展提出的新课题，也是体育与健康课程内在目标要求的升华与重构，更加细化了该课程的培养路径与方向。

四、新时代的体育课程特性

随着课程改革的不断推进，体育与健康课程也衍生出新的特性，大致可分为以下四类：基础性、实践性、健身性和综合性。

基础性，指体育与健康课程应培养学生基本体育技能与健康理念，养成体育锻炼习惯、健康生活习惯。实践性，既指学生要通过实践锻炼达到体育健康课程教育目标，也指体育健康课程最终要运用到学生实际生活中。健身性，指体育与健康课程不仅要培养学生健康意识和健康体魄，更要引导学生树立合理的健康意识。综合性，既指体育与健康课程涉及德育教育等内容关联的综合性，又指体育与心理健康、疾病预防等课程融合的综合性。

以上四种类型的课程特性相互依存，密不可分。

第三节
创新基地中南开体育精神的传承与弘扬

一、体德之兼进，体与育并重

张伯苓校长说过："学校体育不仅在技术之专长，尤重在体德之兼进，体与育并重。"我们沿着这条历史的小道往前走，就能追溯到南开体育精神的源头。从致力创新的21世纪，走到南开历史转变的20世纪末，一直走过战火纷飞的抗战时期，穿过那些操场和单双杠，走过那些木质哑铃和自制体育器材，走到1901年天津卫码头的私塾面前，到那里，去见张伯苓先生。沿着这条路一直往下走，这一百多年的历史，就是生生不息的南开体育精神。

张伯苓校长曾是1910年举办的全国运动会总裁判和中国奥委会（1931创立）创始人，也被人们尊称为"中国注重体育第一人"。张伯苓曾提出，近代中华民族之大病有"愚、弱、贫、散、私"五端，而治疗"弱、散、私"此三病的不二法门即是体育。因此，体与育的发展，不仅是一个学校的发展，更是一个国家的发展，张伯苓校长早早地就认识到这个观点。

二、体育即"国育"，"体强"方"国强"

1901年，风雨飘摇的清朝，许多人开始探索救国救民的路径，在威海卫（今威海市），张伯苓目睹了"国帜三易"。

留学归来的张伯苓先生开了在私塾开设体育课程的先例，足球、自行车、跳高等项目第一次进入中国的传统课堂，成为当时天津学界独树一帜的风景线。那时并不会有人想到，这些西方的运动会彻底改变"积贫积弱"的中国人的命运。后来，翰林严修在天津创办了南开学校，张伯苓被聘请担任校长，为南开学校定下了"痛矫时弊、育才救国"的办学宗旨。为达到这一目的，张伯苓列出五大训练方针，一是重视体育，二是提倡科学，三是团体组织，四是道德训练，五是培养救国力量，尤其值得关注的是，他将体育放在了首位。

张伯苓校长以南开学校为基地，身体力行推进体育课程，从青年一代强健体魄开始，为体育救国道路的开辟奠定了基础。

三、体育为"体健"，"体健"当"践行"

张伯苓校长不仅首先看到了体育教育对中国青年一代学子的重要性，创新性提出了一系列先进理论，更是充分利用多种多样的方式将这些体育教育教学理论转化为了可操作、可量化、能实行的活动，为近代体育与健康课程的健全与发展奠定了基础。

1. 强迫体育

南开学校所谓的"强迫体育"就是在文化课以外，强制规定每位学生必须参加一两项体育运动，并必须参加一定考核，否则，不予毕业。

南开的"强迫体育"又可以更细致地划分为以下三个方面：

一是体育训练。南开学校设置了各种各样的体育检测项目，如果不按时参加体育课和"三点半"后的课外体育活动，通过这些项目的机会就十分渺茫了。

二是卫生习惯。南开学校十分注重体育与卫生的关系，为此专门制定了几项规则。其一是要求学生注意饮食，控制食欲。其二是要求学生注意个人卫生和行为举止。南开校门侧立有穿衣镜，其旁镌有镜箴曰："面必净，发必理，衣必整，纽必结；头容正，肩容平，胸容宽，背容直；气象：勿傲，勿暴，勿怠；颜色：宜和，宜静，宜庄。"

三是严禁陋习。南开学校初建期间，张伯苓为了改变学生沾染赌博、嫖妓等恶习，制定了严格校规——沾染陋习且教育不改者可被开除。并且推广健康活泼、积极向上的体育等活动将陋习取而代之。这大概也是张伯苓要在南开学校大力倡导开展文体活动的重要原因之一。

2. 体与育兼进

张伯苓认为，学校体育不仅在技术之专长，尤重在体德之兼进，体与育并重。民国初年，社会上体育风气极差，运动场上无时不争、无时不闹，国民素质的低下暴露无遗。但即使是在这样的情况之下，张伯苓还是独具慧眼地看到了体育的独特作用。他认为，体育场上最能培养"团结合作""公平竞争"等体育道德和精神，这些道德与精神甚至可以被认为是文明社会所必需的公民素质，"体验过体育中的竞争、团结、合作以后，推行民主政治要有力得多"。在张伯苓看来，体育运动在治疗国人身体上的"弱"之外，更能治疗国人骨子里、内心深处的"散"与"私"。

3. 体育社会化、生活化

张伯苓作为中国体育教育先驱人物，在认识体育的重要性时，不仅从体育教育对学生的重要性入手，更从体育教育对社会和国民改造的重要作用入手。正是如此宏大的意义促使张伯苓从未停下对让更多人参与到体育运动中来的途径的探索。

从学校层面来看，举办运动会是张伯苓培养学生对体育比赛的兴趣，并促进社会体育运动风气的重要举措。1908年，南开学校成立四周年之际，举办了第一届全校运动会。此后，南开学校几乎每年都要举办运动会，并逐渐成为南开体育的一大特色。大概也是受其影响，"南开青年"也一步步成长为"世界青年"。

从社会层面来看，张伯苓还是全国体育运动的积极倡导者和组织者。1910年10月，张伯苓联合基督教青年会总干事一同在南京组织和举办了一场全国性的运动会，这场运动会后来被国民政府追认为首届全国运动会；1924年8月，张伯苓发起并组建"中华全国体育协进会"，并担任了总负责人，到了1931年，国际奥委会也正式承认该会为中国奥林匹克委员会，并承认了其官方性和权威性；1945年，张伯苓等决定申请第十五届奥运会1952年在中国举办，尽管这次申请并未成功，但他在中国奥林匹克事业上的贡献使他无愧于"中国奥林匹克第一人"的称号。

四、体育有创新，基地为载体

张伯苓先后创办了南开小学、天津南开中学、南开女中、重庆南开中学、南开大学。他不仅是一位杰出的教育家，也是一位伟大的体育家。有人曾经十分感慨地评价道：中国近代教育家中，没有任何一个人像张伯苓这样倾心体育、精通体育，因此，张伯苓也被世人誉为"中国注重体育第一人"。在他创办的学校里，真正把体育摆在了与智育、德育同等重要的地位。而作为南开系列的学校，继承好的课程传统，上桥南开小学义不容辞。

作为体育特色学校和南开共同体学校，上桥南开小学在继承南开体育精神的基础上，接过历史的接力棒，为践行张伯苓校长和南开百年体育精神，以党和国家"体育强国"相关文件和指导思想为纲，以体育课程创新基地为载体，以"体育与德育结合，培养全面发展的学生"为目标，锐意创新，敢于实践，力求通过自己的不懈努力为国家体育教育事业发展作出新的贡献。我们带领着全校师生一同深入学习领会和感悟了张伯苓先生的教育思想，深刻认识到了学校体育的重心不仅在于"技术之专长，尤重在体德之兼进，体与育并重"。

建校以来，上桥南开小学走出了一批又一批品学兼优、热爱体育运动的学生，独特的南开体育精神是我们自强不息的动力，多年的实践积累，多样的教学模式也坚定了我们要创建体育与健康课程创新基地的决心。在这样的新时代背景下，迎着体育改革的巨浪，将南开体育精神传承下去，弘扬发展体育文化的脚步永不停歇，这就是所有上桥南开体育教育工作者的使命与担当！

第四节
体育与健康课程创新基地的建设目标

为深入贯彻《教育部关于全面深化课程改革　落实立德树人根本任务的意见》精神，依据《沙坪坝区教育委员会关于深入推进普通中小学课程建设的意见》精神，沙坪坝区教委组织实施小学"课程创新基地"建设项目。上桥南开小学结合学校实际，因地制宜，创新性地实施《体育与健康课程标准》及基地各项目的开展与落实。学校通过丰富多彩的体育活动，让每个学生有自己喜欢的体育项目，培养学生团队合作、坚持不懈的体育精神和终身体育锻炼的意识和习惯。以体育为载体，让校园充满人文关怀，让师生身心健康。以体育为核心，开发具有学科融合特色的体育校本资源，做出精品，做大影响，彰显"智慧"教育的特性，提升学校体育教育品质，凝练学校的体育特色，为每一个学生的幸福成长而奠基。

一、上桥南开小学体育与健康课程创新基地

1. 完备的基础设施是建立创新基地的根基

上桥南开小学是一所城乡接合部的学校，以招收进城务工人员子女为主，目前54.2%以上的学生都是进城务工人员子女；全校41个教学班，共有学生1762人，教师106人。新时期的上桥南开小学，以"智慧教育"为办学理念，把"做专业的小学教育"作为学校的办学目标；以培养有健康、有道德、有知识、有能力和谐发展的"全人"为育人目标，尊重学生个性成长规律和教育规律，寻求师生素质的共生共长，促进学校的优质发展。占地近60亩，配备有250米环形塑胶田径场一块，内场为标准的2个5人制灯光足球场，还有形体室、武术功能教室，学校目前拥有功能齐全的功能教室18间、网络多媒体教室41间，音乐教室、计算

机教室、科学教室、艺术统整教室、书法教室、师生阅览室、学生课程成果陈列馆、万物启蒙园等一应俱全；同时还配有学术报告厅、直播教室、录播教室、电教化设施设备。

2. 清晰的课程体系是建立创新基地的血脉

上桥南开小学的慧根课程体系，源于"根深中国，绽放世界"的课程理念。核心基础课程、综合拓展性课程、精品课程带领着学生走进课程，感受着课程中收获的喜悦。为培养面向未来的孩子，课程既立足当下又面向未来，既关注核心素养的落地，更关心学生作为独立的生命个体的成长。由于学生生活在一个复杂的环境中，上桥南开小学的课程特别是校本课程注重了学科的融合。跨学科课程的实践和实施，极大地激发了师生的热情。目前，万物启蒙课程、数学创新课程以及艺术统整课程都成功地与体育学科尝试着进行了统整，为大体育学科的发展奠定了基础。

3. 强劲的师资队伍是建立创新基地的源泉

上桥南开小学有一支非常年轻与充满活力的教师队伍，目前有教师106人，其中在编91人，临聘代课15人；有市级、区级骨干教师共4人；整个学校教师队伍较为年轻，教师构成以青年教师为主，教龄在五年内的青年教师就有38名，占全校在编总人数的41.8%。学校体育组有专任体育教师10人，他们平均年龄34.3岁，年轻的团队有思想、有干劲、有扎实的专业功底，为课程的创新积蓄了力量。其中国家一级（张小虹）、二级篮球裁判（皮历）各1名，排球国家一级裁判1名（田春利），武术国家二级裁判1名（黄辉明），亚足联D级教练1名（周济洋），均持有体育教师和各级教练员资格证书。

二、上桥南开小学体育与健康课程创新基地目标

"智慧+"体育课程是上桥南开小学体育与健康课程及其实施体系的总称，"智慧+"是对这一体育课程体系特征的形象描述，强调学校体育课程是基于儿童视角开发系列课程资源，体现课程的儿童性、愉悦性、趣味性、多样性；强调学校体育"让运动之花在生命中自由绽放"的理念追求。该课程是国家小学体育课程标准的校本化，是从简单体育、单项体育走向丰富体育、品质体育的一种探索。

本课程的建设意在从学生的实际需要和学校的师资条件出发，整体设计小学体育与健康课程体系，增强体育课程实施的适切性，探索新型的体育课程文化，采用多种途径形成"1+2+3+N"的课程实践内容，即以体育与健康这一基础课程

为地基，发展两种以上特色课程，拓展三种类型的活动课程，根据学生兴趣引进N种新兴体育项目类体验课程，开发丰富而有特色的课程资源，制订响应评价标准，通过"育体—育德—育智"的三者结合，不断加强学生的体育意识，增强学生的体质健康，从而推动学生的全面健康发展。为此，我们期待通过建设，达成总体目标：引导学生形成良好的体育运动习惯，发展学生的体育兴趣和特长，培育更高、更快、更强、更团结的体育精神，让学生通过小学六年的体育氛围的体验、浸润，养成终身体育锻炼的意识和习惯，促进学生身体素质的全面提升与发展。

为了保障总体目标的实现，我们制订了如下具体目标：

目标一：形成对"智慧+"体育与健康课程开发的校本理解，进一步清晰并提高学校和教师对国家体育课程校本化实施的价值认识。

目标二：建构上桥南开小学"智慧+"体育与健康课程体系，创新学校体育运动形态，探索小学体育课程的多元化实施范式。

目标三：改善学校体育基础设施和环境建设，成立"智慧+"儿童运动中心，丰富学校体育课程资源，培育学生健康向上的体格和心向。

目标四：发挥品质课程的辐射和共振效应，带动周边社区、家庭与学校共建，推动体育文化和体育精神的传承与发展。

三、上桥南开小学体育与健康课程创新基地实施路径

1. 学研结合，理念蜕变，共悟共建

第一，全校调研，清晰体育课程现状。由校长领衔，教导处、德育处等行政管理部门分工合作，就学校体育师资队伍、体育课程设置与教学、体育基础设施及使用、传统竞技体育发展、学生及家长对学校体育的满意度与需求等情况进行了综合调研。通过问卷、个别访谈及数据分析等自我诊断，进一步清晰了学生和家长对学校体育教育的需求，对专职体育教师发挥专业优势、扩容升级体育场地及设施、丰富体育课程设置提升体育教育水平、完善体育课程评价等有了更清晰的把握和思考，为"智慧+"体育课程基地的建设初步摸清了情况。

第二，分层研讨，确立体育与健康课程建设的价值。基于前期诊断，我们向全校教师公布了《上桥南开小学体育课程实施现状的调查分析报告》，由校长会同各部门，组织体育组全体教师、学科组和年级组的教师代表、校本课程资源开发、骨干教师等通过"行政例会""慧心教师沙龙"等途径，多次进行主题论证，倾听教师们的意见，征集建议。同时，校长、教导处、德育处组织相关教师进行专题学习，如"体育课程资源的开发与利用""校本资源的建设与规划""体育课程资

源开发的教师意向征集"等。通过多次的学习研讨，引领广大教师更深层次地认识到体育与健康课程的育人价值，激发广大教师参与课程开发、实践变革的责任担当意识及行动自觉。

第三，专家引领，规划体育课程建设的蓝图。要顺利开展研究活动，除了大家"心往一处想，劲往一处使"的草根式研究，教师的专业引领、课程的系统架构、明媚的蓝图描绘自然离不开专家"智库"的支持。为此，我们积极聘请区、市、其他省的课程专家、体育行家、科研专家的智力支持和技术支持，帮助教师丰富课程及专业底蕴，扫除课程建设中的阻碍，同时通过专家的高位引领，打开课程建设的视野，规划研究的美好前景，并通过会议纪要、校园征集、专题会议、课程招募海报等向广大师生进行发动和宣传，让上桥南开小学师生有更多的渠道在行动中理解"智慧+"体育课程的基本理念和课程追求，凝聚课程建设的参与力、行动力。

2. 主题联动，物化环境，文化渗透

为了保障课程的有效实施，我们对学校的设施设备和环境进行整体设计，以主题区域联动的方式打造"智慧+"儿童运动中心，力求多层立体化建构"情趣、自由、拼搏、分享、协作"交织相融的环境文化，让环境成为邀约学生参与、挑战并超越自我的特殊课堂。为此，我们进一步开发学校的空间和场馆，打造不同的主题区域，满足不同孩子的个性运动需求。例如：

动感音律房：学校将音乐专用教室进行功能升级，改造成可供学生进行室内韵律活动的功能室，在热烈的韵律陪伴下，学生可以跳一支酣畅淋漓的自由风格舞，在火热的音乐声中释放自己的能量，萌动内心的激情。

星球俱乐部：充分利用学校的篮球场、乒乓球场、操场等场地，给学生打造一个灵动的星球俱乐部。形态各异的球可以汇聚一堂，有一、二年级的皮球、篮球、跳跳球、保龄球，三到六年级的篮球、乒乓球、羽毛球、抛接球、足球，有力量和速度的较量，也有技巧和智慧的比拼。

快乐运动场：250米的塑胶跑道是田径爱好者的天地，跳高、跳远、跳沙坑、跑步等传统田径项目风生水起；跳绳、踢毽、滚铁环、打陀螺让一代又一代人儿时的记忆在场上弥漫飞旋。

魅力拓展营：高高的垫子，考验的是学生的平衡和勇气；跨越小栏架是学生的力量与技巧；摸高器俯视大地，号召着学生凌空一跃，让弹跳更有目标；"毅力穿山甲"需要学生匍匐前进，挺进终点；还有"穿越火线"，是团队和时间的赛跑。在这里，学生可以自主选择，单枪匹马抑或团队协作，都让人流连忘返，乐此不疲。

奥运手绘墙："我的地盘我做主"，体育连廊又长又宽的墙上，凝聚着学生亲手用画笔描绘的奥运梦想，让每一次经过或驻足都成为美的运动徜徉。

班级墙、体育长廊：这是体育竞赛、运动欣赏的发射、传播基站，在这里，学生可以欣赏体育运动项目和优秀运动员的风采，如跳水、射击、体操、游泳、篮球、田径等各式各样的奥林匹克运动，加深民族与国际理解，让学生具备知晓世界体育的意识和眼光。

星光熠熠长廊，学校展板主题化，以"激情飞扬""经典一刻""运动达人"为系列进行分层建构，收集并精心布置学生日常运动和主题运动时的精彩画面、感人瞬间，让每张展板诉说着温暖的故事，传递着自信、拼搏、协作、友爱的体育精神，也让学生随时打开视野，了解体育前沿的最新资讯。

3. 点上深入，做出精品，带动全员

"智慧+"体育与健康课程的建设，主要通过体育必修课程、校本活动资源和体育特色项目课程来呈现课程的形态，突出三大研究重点：传统体育（武术）项目的校本化实施研究、智慧体育项目儿童"情境化"体育课程资源系列活动实施研究，力图在点上深入，做出精品，带动更多体育课程项目的建设，带动全体师生参与课程的行动实践。

其一，武术项目的校本化实施研究。开发家长、社区、地方资源，因人、因地制宜开展武术传统体育项目，利用大课间、延时体育活动课等时间，让学生更多地与传统体育项目进行广泛和深入的接触，传承中华民族的优良体育传统文化，并在校本实施过程中进行适度创新性传承与开发。

其二，"智慧"体育项目"情境化"实践研究。发展学生的基本运动技能，通过挖掘与学生实际生活情境、学科融合方面有关联和产生影响的部分与体育项目结合，根据儿童的年龄特点进行适度的巧妙设计，如球类：篮球、足球、排球等；其他类：射箭、飞标、冰壶等。通过游戏体验，学生在玩中就学到了知识和技能。学校在满足学生体育运动的需要的同时，丰富了学校体育课程。

其三，主题性体育文化系列活动实施研究。以学校体育文化节、"智慧+"体育吉尼斯为载体进行多样化探索，研究儿童主题运动，突出每一个学生个体及团队的积极参与与快乐体验，如建立校纪录，打破校纪录，设置"校园吉尼斯纪录保持者""校园吉尼斯挑战小达人""校园吉尼斯小擂主"等奖励，评比并颁发最佳风尚奖、最佳团队协作奖等，让孩子浸入体育活动，感受体育魅力。

第二章

小学体育与健康课程的实施

2001年，教育部颁布了《全日制义务教育普通高级中学（1—6年级）体育与健康（7—12年级）课程标准（实验稿）》［以下简称《课程标准（实验稿）》］。《课程标准（实验稿）》是国家基础教育课程改革的重要内容之一，是教育部颁布的关于小学体育课程实施的指导性文件。它规定了中小学体育课程的性质、目标、内容、标准和评价等，体现了国家对中小学体育课程实施的基本要求。《课程标准（实验稿）》的颁布意味着我国中小学体育课程改革进入了一个新阶段。

在推进与实施基础教育体育改革的基础上，教育部启动了《课程标准（实验稿）》的修订工作，2011年颁布了《义务教育体育与健康课程标准（2011版）》［以下简称《课程标准（2011版）》］。2001—2011年的十年课程改革一路走来，是一个不断实践、反思、再实践、再反思的不断完善的过程，在不断完善过程中，也是人们在思考要培养什么样的人的过程。《课程标准（2011版）》体现了国家对人才培养观念和模式的改变，也是坚持自2001年来体育课程改革的正确方向。

随着社会的高速发展与人们生活方式多元化时代的到来，国民的体质与健康承载着民族的希望和未来，2021年教育部启动《义务教育体育与健康课程标准》（征求意见稿），强调了体育与健康课程对促进儿童青少年运动学习，形成健康管理技能与健康生活方式，提升国民的体育与健康素养的重要性。

第一节
体育与健康课程标准的概述

一、课程性质

义务教育体育与健康课程以身体练习为主要手段，以体育与健康知识、技能和方法为主要学习内容，以培养学生体育与健康课程核心素养和促进学生身心健康为主要目的，具有基础性、健身性、实践性和综合性等特点，是学校教育的重要组成部分，对促进学生德智体美劳全面发展具有非常重要的价值。

二、课程理念

1. 落实"健康第一"指导思想，促进学生健康成长与全面发展

义务教育体育与健康课程以落实"立德树人"为根本任务，以"健康第一"为指导思想，以体育与健康课程核心素养为引领，努力构建育体与育心一体、体育与健康融合的课程体系，培养学生运动能力、健康行为和体育品德三个方面的课程核心素养，促进学生身心全面健康成长。

2. 以"教会、勤练、常赛"为抓手，引导学生养成运动习惯

面向全体学生，以"教会、勤练、常赛"为抓手，建构"学、练、赛"一体的课程教学体系，通过丰富多彩、生动有趣的体育学练与运用情境，激发学生参与体育活动的兴趣，促进学生积极参加课内外、校内外体育活动，逐渐养成"校内锻炼1小时、校外锻炼1小时"的习惯。

3. 改革教学内容和方式，提高学生的综合实践能力

结合体育学习体验性和健康教育实用性特点，强调从以知识和技能为本向以学生发展为本转变，创设不同情境，引导学生学练结构化的体育与健康知识和技能；倡导教师指导、自主学习、合作学习、探究学习等多样化的教学方式，注重与其他学科有机融合，培养学生的综合实践能力。

4. 关注学生个体差异，保证每一位学生受益

针对学生的健康状况和学习基础以及学生的需求，提出不同的学习目标，选择适宜的教学内容，采用多样的教学方法与评价方式，为学生创造公平、平等的学习机会。

三、设计思路

1. 根据课程核心素养，确立课程目标、课程内容、教学方法与学习评价

建构运动能力、健康行为、体育品德三个方面的课程核心素养。在此基础上，确立课程目标、课程内容、教学方法与学习评价，并根据学生身心发展特征，将义务教育阶段的学习划分为四个水平，围绕课程核心素养设计相对应的学习目标、课程内容和学业质量标准，充分体现课程"健身育人"的本质特征。

2. 根据"六三"学制和"五四"学制各自特点，整体设计课程内容

一到二年级，重点学练体育游戏和基本运动技能，三到四年级重点学练游戏化运动项目，五到九年级重点学练学生喜闻乐见的多种运动项目，使学生形成比较丰富的运动体验，满足学生多样化的运动需求。

3. 根据从实际出发的原则，提升课程实施的适宜性和实效性

根据运动项目的可替代性和健康教育的必要性，结合师资、场地、器材、学生运动基础等实际情况，充分开发与利用体育与健康课程资源，因地制宜地选择教学内容，采取适宜的教学组织形式和教学方式，认真落实课程标准的要求，增强课程实施的成效。

4. 根据课程目标，制定引导教育学的学业质量标准

对学生学业质量的评价注重定量评价与定性评价、相对性评价与绝对性评价、过程性评价与终结性评价相结合：在运动能力学习评价中既关注体能、运动技能的终结性评价，又关注学习态度和进步情况；在健康行为的学习评价中，既关注健康基础知识和基本技能的考核，又关注健康意识和行为表现的评价。

四、课程目标

1. 学习与运用体能和运动技能，提高运动能力

通过体育与健康课程的学习，学生享受运动乐趣，掌握各种体能的训练方法，积极参与各种体能练习，体质健康测试成绩达到相应水平的要求。在学练多种运动项目、技战术和参与比赛或展示的基础上，掌握1~2项运动技能，形成积极的体育态度，提高创新意识和实践能力。

2. 学会运用安全与健康的知识和技能，形成健康的生活方式

通过体育与健康课程的学习，学生能够理解体育锻炼对健康的重要性，积极参加课外体育锻炼，逐步形成体育锻炼的意识和习惯。了解和体验体育活动对心理健康的积极影响，学会调控自己的情绪，积极应对挫折和失败。

3. 积极参加体育活动，养成良好的体育品德

学生在参与体育训练和比赛或展示中，表现出自尊、自信、勇敢、顽强、积极进取、不怕困难、坚持到底、超越自我的精神，遵守规则、诚信自律、自我规范、公平竞争、尊重对手的道德。文明礼貌，爱护和帮助同学，胜任运动角色，履行自己的职责，积极为团队作贡献，具有社会责任感，正确对待比赛胜负的品格，能够将体育运动中形成的良好体育品德迁移到日常学习和生活中。

五、课程内容

体育与健康课程紧紧围绕核心素养，根据课程目标设置了五类课程内容：基本运动技能、体能、健康教育、专项运动技能和跨学科主题学习。和2011版课程标准相比较，2021版征求意见稿在内容设置上有较大的变化。它根据儿童身心发展特点，以身体活动和兴趣化、结构化的内容，提高学生的学练兴趣，更注重学生能力的引导和培养。

第二节
小学体育课程培养学生运动能力的实践

上一章阐述了上桥南开小学体育发展的时代背景及其深刻内涵，学校"体育创新基地"在朝气蓬勃、开拓进取的体育大环境中应运而生，它是学校体育优质发展的时代产物。"体育创新基地"是基于体育学科三大核心素养（运动能力、体育品德、健康行为）目标，结合了学校先进的教育思想、悠久的历史文化、深刻

的精神内核而构建的，是实现学生核心素养落地的最佳载体。那么"体育创新基地"又是如何促进学生核心素养形成的呢？

本章从体育与健康学科核心素养出发，着重介绍"体育创新基地"对培养学生运动能力的实践过程，了解培养学生运动能力所处的各种环境，明确运动能力培养的具体内容，进一步找到培养学生运动能力的实践方法。本章列举了众多培养学生运动能力的实践案例，希望读者朋友能够从中有所收获。

培养学生运动能力的发展，首先需要了解运动能力培养的基础环境，本节从社会环境、社区家庭环境、学校环境三个方面出发，洞察了培养学生运动能力环境的实际状况，解析了环境对于培养运动能力的重要作用，强调了良好环境的构建是培养运动能力的必要条件。

一、促进学生运动能力发展的社会环境

1. 国家政策重视学校体育发展

为了更广泛地开展群众性体育活动，增强人民体质，推动我国社会主义现代化建设事业发展，1995年6月20日国务院正式颁布实施《全民健身计划纲要》。为保证全民健身工作持续不断地开展下去，国务院先后于2010年2月和2011年3月颁布了《全民健身计划纲要》第二期工程（2001—2010年）规划与《全民健身计划（2011—2015年）》两个连续性文件。2016年10月，中共中央、国务院印发《"健康中国2030"规划纲要》，提出推进健康中国建设是全面提升中华民族健康素质、实现人民健康与经济社会协调发展的国家战略。

"科教兴国"是我国重要的战略方针，而学校体育是教育事业的重要组成部分，体育教育的发展不仅有利于提高我国的教育水平，完善教育体系，也促进了国民体质和国民素质的增强。国家始终重视学校体育工作，近几年国家出台了一系列与学校体育相关的政策法规，来进一步加强学校体育工作。

2016年，国务院办公厅印发了《关于强化学校体育促进学生身心健康全面发展的意见》，其就推动学校体育改革发展和强化学校体育工作进行全面部署。2019年9月，国务院办公厅印发《体育强国建设纲要》，将青少年体育发展促进工程作为重大工程之一。2020年，《关于深化体教融合促进青少年健康发展的意见》《关于全面加强和改进新时代学校体育工作的意见》先后印发。"中考体育100分"在云南落地，体育成为"主科"，各地大中小学探索开课模式，保障校内体育活动时间，增强学生体质。2021年，随着"双减"政策落地，体育成为充分利用好"多出来的时间"的主流选择；与此同时树立健康第一的教育理念、开齐开足体育课也日益成为各界共识。日前提请全国人大常委会审议的《中华人民共和国体育法》

修订草案中，"保证体育课时不被占用""在校不少于一小时体育锻炼"等条款也引起了人们的重视。2021年6月23日，教育部办公厅印发了《〈体育与健康〉教学改革指导纲要（试行）》，从多个方面明确了学校体育教学的改革方向。由此可见，学校体育的发展走在积极健康的道路上。如何有效地开展学校体育，促进师生身心健康全面发展是每个学校、每个体育工作者必须重视的问题。

2. 运动能力是体育学科核心素养的重要组成部分

学科核心素养是体育与健康新课程标准提出的一个新概念，是学生通过学科课程学习所形成的最基本、最重要的素养，是学生在课程学习和实践活动中养成的具有该学科特征的基础知识、基本技能、基本品质和基本经验的综合。

什么是体育学科核心素养？体育与健康学科核心素养是学科育人价值的集中体现，是学生在体育与健康课程学习过程中形成的基本知识、技能、方法、情感、态度与价值观等的综合表现，是学生能够适应终身发展和社会发展的独特品质和关键能力。体育与健康学科核心素养主要由运动能力、健康行为和体育品德构成。2017年，以核心素养为导向的《体育与健康课程标准》正式出台，将培养学生的运动能力作为体育与健康学科核心素养的重要目标之一。运动能力是基础性的学科核心素养，是体能、技能、技战术能力和心理能力等在身体活动中的综合表现，是形成健康行为、体育品德素养的基础。

为什么运动能力素养是基础性的学科素养？这是由课程性质、学科特点和学生获得的能力及其相互关系决定的，我们都知道体育与健康课程离不开身体活动、动作学习和练习，离不开运动知识、技能和方法的掌握与运用，离不开体能和运动技能水平的提高，离不开体育展示和比赛活动。体育学习过程时刻伴随丰富的思维、情感、态度等心理过程，时刻伴随克服内外困难、积极进取、挑战自我、遵守规则、与人合作、公平竞争等品格的磨炼与发展过程。产生这些过程的前提是掌握运动技能，因此运动能力是基础素养。

二、学生运动能力发展的综合环境

1. 上桥南开小学学生社区和家庭体育环境概况

上桥南开小学位于歌乐山脚下，这里是重庆市沙坪坝区西部边缘地区，是城市和农村的结合地带。由于该地区目前处于快速发展中，因此生源结构较为复杂。针对学生所在社区的体育环境基本情况，选取三、四年级的200名学生进行问卷调查和实际走访调查。

在分析学生社区体育环境及家庭体育环境的时候,学校提前对参与问卷的同学进行了运动能力的初步测评,包括运动认知能力、体能状况和技能表现三个维度,主要是根据学生的身体形态结合以上三项做综合性的评分,得到"学生运动能力测评表"及"学生运动能力测评统计表"。

学生社区体育环境调查统计表

社区名称	学生占比/%	室内活动场地	数量	室外活动场地	数量	开放时段	使用率/%
上桥社区	31	乒乓球	2	健身路径	1	全天	10
				篮球场(在建)	1		
				小足球场(在建)	1		
凤鸣山社区	35	乒乓球	3	健身步道	1	9:00—21:00	25
				篮球场	1		
				羽毛球场	2		
新桥社区	23	乒乓球	2	健身路径	1	全天	3
其他	8	乒乓球	5	篮球场	3	9:00—21:00	20
				羽毛球	3		
		台球	1	足球场	1		

学生运动能力测评表

姓名	性别	年龄	年纪	社区
张××	男	11	4	上桥社区
身高	体重	体质指数		评级
50 kg	1.51米	BMI正常值在20至25之间,超过25为超重,30以上则属肥胖。		正常
运动认知				优
体能				优
技能				优
综合运动能力评级				优

结合200份测评表得到如下统计表。

学生运动能力测评统计表

社区	优良率/%	合格率/%
上桥社区	20.97	72.58
凤鸣山社区	57.14	85.71
新桥社区	17.39	60.87
其他	62.50	87.50

对比两项数据可以看到，社区体育环境良好的学生，运动能力表现与之有明显的正相关性。此外，从量表上还可以看到：学生主要分布在学校周边三个社区，社区均配备有公共活动资源，但室内活动项目较为单一，部分社区室外活动场地缺乏，存在的共同问题是使用率非常低。数据表明，每周利用社区场所进行两次超过1小时活动的同学较少。因此，如何利用社区体育资源促进学生运动能力发展是学校"体育与健康课程创新基地"建设必须要考量的。

家庭体育环境情况调查统计表

父母运动周期 次/周				
3次及以上	21%	1~2次	36%	无	43%
家庭运动器材数量 （件）				
3件及以上	8%	1~2件	65%	无	27%
引导学生参加体育兴趣班 个/年				
2个及以上	16%	1个	33%	无	51%
关注某项体育运动或赛事				
持续	25%	偶尔	41%	从不	34%
亲子运动周期 次/月				
3次及以上	19%	1~2次	47%	无	34%

通过以上调查数据，结合学生运动能力测评表可以判定：家庭体育环境良好的学生，与运动能力的表现有正相关性。从统计表中还可以看出，家庭体育环境并不乐观，在抽样调查的学生家庭中，不足30%的家庭拥有体育习惯，不到一半的家庭有引导孩子参与体育锻炼的意识，这与学校所处地区环境有一定的相关性。因此，帮助学生创建良好的家庭体育环境，也是"体育与健康课程创新基地"的重要任务之一。

通过以上调查可以发现，社区体育环境以及家庭体育环境是影响学生运动能力的重要因素。这对学校制订"体育与健康课程创新基地"实施方案具有较大的参考性。

2. 学校培养学生运动能力的基础环境

优质的学校体育教育环境是师生共同发展的必要条件，学校的体育环境包括硬件环境和软件环境，硬件环境主要包括体育设施、体育场地器材等，软件环境主要包括师生关系、体育风气、教师素养等。

体育设施及场地器材是体育教学的基础保障，上桥南开小学占地近60亩，配备有250米环形塑胶田径场，内场为标准的2个5人制灯光足球场，标准排球场1块，标准篮球场1块，小篮球场2块；舞蹈教室、武术教室、多媒体功能教室以及体育器材室一应俱全。学校各项体育器材配备齐全。

师资方面，上桥南开小学有一支非常年轻与充满活力的教师队伍，目前有教师106人。学校体育组有专任体育教师10人，涵盖了各项运动专业：田径专业教师1名，篮球专业教师2名，排球专业教师1名，武术专业教师1名，足球专业教师2名，体育舞蹈专业教师2名，均持有体育教师资格证和各级教练员资格证书。教师年龄分布合理，教学经验丰富，其中高级教师2名，一级教师3名，二级教师2名。

学校拥有先进的教育教学理念，良好的体育文化氛围。作为南开系列学校，学校一直秉承着南开创始人"张伯苓"先生的教育思想。张伯苓先生对教育事业的贡献，首先在体育。中国近代教育家中，没有任何一个人像他这样倾心体育、精通体育。张伯苓堪称"中国注重体育的第一人"。新时期的上桥南开小学，在张伯苓先生"公能"教育宗旨下，以"智慧教育"为办学理念，以培养有健康、有道德、有知识、有能力和谐发展的"全人"为育人目标，把体育真正摆在与智育、德育同等重要的地位。

优化学校体育教育环境，对提高体育教学水平，对学生的运动能力发展有着深远意义。

三、学生运动能力培养内容

运动能力是指人从事生产活动或者参加运动和训练所具备的能力。从生物化学的观点分析，运动能力高低主要取决于运动过程中能量的供给、转移和利用的能力；从运动科学的观点分析，运动能力是人的身体形态、素质、机能、技能和心理能力等因素的综合表现。运动能力的具体表现形式为体能状况、运动认知与技战术运用、体育展示与比赛。

本节从以上四个方面分析它们与培养学生运动能力的密切关系，并阐述各项运动能力表现在学校体育教学中的重要性及主要发展方式。

1.运动认知

运动认知水平是运动能力的重要组成部分，运动认知水平是学生运动能力的重要体现，它是培养学生运动能力的基础。

在体育学科教育教学过程中时常能发现这样的现象：学生在练习某个技能或从事某项体育运动的过程中，尽管他已经很努力，但取得的效果不理想。什么原因导致的呢？这往往就是运动认知水平的缺失。当学生在学习某项运动技能时，他首先应该做的是，明确该项技术动作的理论知识，包括起源和发展、技术要点、学习的规律和经验，知道动作技能形成的关键要素；在动作技能的练习过程中，能够通过运动认知不断地改进提高并最终成功地完成规范的技术动作，因此学生运动认知水平的提升能够有效促进学生的运动能力的发展。此外，运动认知水平的提高能够帮助学生拓宽生活视野从而进一步发掘体育兴趣，对终身体育意识的形成有积极的促进作用。

运动认知水平主要包括体育常识、体育文化、生理卫生、运动科学。体育常识比如：运动的着装、运动前的热身活动、运动后的放松拉伸；体育文化比如：运动项目的起源和发展、奥林匹克运动会的历史进程、国家体育特色等；生理卫生比如：运动中的科学补水、运动创伤的应急处理；运动科学比如：人体适应性规律、动作技能的形成性规律。

关注学生核心素养的形成是教育改革的新方向、新目标。学校体育必须注重学生的全面发展，既要重视技能的学习，更要重视认知能力的培养。学校体育需要关注体育的人文性，力争做到技能与认知全面发展、全面提高。我们在体育教学中要培养学生的运动能力，发展学生的认知能力就是很重要的途径与方法。

运动认知的获得主要来源于哪些方面？首先是体育与健康课堂，发展学生的认知能力是体育课堂教学任务之一。但从教学实际情况来看，这一点通常很容易被许多体育教师忽视。发展学生的运动认知能力，也就是要发展学生的体育基础理论知识，各种运动技能和方法，各运动项目的起源与发展、特点、文化价值、规则的学习、掌握和运用的能力，特别是要在上述学习过程中，发展观察、注意、判断、理解、记忆、思维、探究、决策等心理能力。在教学中也可适当介绍基本的运动原理知识，引导学生将理论知识用于实践，让身体练习与大脑思维相结合，进一步提高学生自我的体育学习能力，也为有效指导他人进行体育锻炼实践奠定基础。

在体育课堂教学中完成运动认知能力的学习任务，我们常用的方法有直观法（通过观摩挂图、多媒体视频资料，直接获得）、讲解法（课堂教学中教师示范讲解）、提问法（设计问题，并通过学习解决问题）、探究法（创设特定的情境，引导学生进行探究）。在体育与健康课堂教学中，教师要根据学生的具体情况和具体的教学内容，选择有针对性的教学方法来提高学生的运动认知水平。

其次是课外活动及社会家庭环境。学生运动认知能力的获得不仅仅来源于课堂，课外习得也是一种重要途径，比如学校体育文化的构建。学校体育文化的构建应该是具有功能性的，它不仅是为了美化校园，营造体育氛围，还能在一定程度上起到提升学生的运动认知水平的作用。这种效能是潜移默化的，是学生在日常学习生活中逐步获得的。

我们时常能看到，当学校建立起体育文化墙，或者更新体育文化墙时，总能得到学生的关注；当一个学生毕业离开学校，可能多年以后，他并不记得体育教师的某一节课某个知识点，但学校的体育文化在脑海里却是根深蒂固的。社会和家庭的体育环境影响学生运动认知水平，社会是最好的学校，父母是最好的老师。社会体育文化的熏陶侵染，父母的言传身教，多媒体、互联网都能成为学生获得运动认知的途径。学生通过《北京欢迎您》了解"奥林匹克运动会"；通过电影明白"女排精神"；通过马龙知道中国的国球是"乒乓球"；通过姚明知道"NBA"；通过2022年"北京冬奥会"了解"花样滑冰""单板滑雪"；等等。

2.体能

体能是运动能力的主要表现形式之一，可以分为与健康有关的体能和与运动技能有关的体能。与健康有关的体能，指的是人们在从事生产生活的过程中，应对各种复杂情境的基本能力，比如攀爬、跑动、跳跃、投掷、翻滚、搬运重物、弯腰下蹲等，其主要包括身体成分、心肺耐力、肌肉力量、肌肉耐力、柔韧性等，如果丧失这些能力，就难以维持最基本的生产生活。与运动技能有关的体能，指的是人们参与完成某项复杂运动，需要调动身体各项素质，比如平衡、柔韧性、协调性、灵敏性、速度、力量等，才能实现较好的成绩或者完美的展示，也是运动水平的基本体现。这两者虽有不同，但也存在内在密切联系，起到互为补充的作用，因此在体育教育教学过程中不能完全地将两者割裂开来。

运动能力作为体育学科核心素养的一方面，是一种相对复杂的结构状态，不能直观地进行判定，而体能作为运动能力的主要表现形式，是能够做到具象化的，它将宏观的运动能力细化为能够"看得见和测得到"的体能状况。因此，通过体能能够进一步评判一个人运动能力的水平，针对体能的具体测量方法，也有评价和判断的标准。《国家学生体质健康标准》作了具体阐述，将学生所表现出来的不同种类体能的水平，如身体成分的多少、肌肉力量和肌肉耐力的大小、速度和反应时的快慢等用项目测评做到分值化。个体的健康体能水平越高，健康生活的质量可能就越高；个体的运动体能水平越高，运动技能的水平可能就越高。

从实践中我们可以看到，一个运动技能优秀的人，他的体能水平往往也很高。一个人拥有了良好的体能水平，学习很多运动项目技能的速度也很快，这一点显示了体能之于运动项目学习的基础性。此外，体能水平越高，受伤的概率也会降低，更利于运动技能的学习。在运动项目的学习中，速度、力量、灵敏性、协调性、平衡、反应时等运动体能水平才是维持良好的身体状态的基础。比如在学习足球运动的过程中，速度快和反应灵敏的学生，就容易掌握各项运动技能；还比如在学习武术的过程中，力量和平衡感越好的学生，就越能够完成难度较高的动作，这才是深度掌握武术技能的前提条件。

华东师范大学体育学院季浏教授多次指出"体能才是运动之母"，由此可见：良好的体能是学好各项运动技能的前提条件，发展学生的体能也是提高学生运动能力的重要手段之一。那么，学校体育应该从哪些方面去发展学生的体能呢？

首先是体育与健康课程，体育教师必须重视体能，《体育与健康课程标准》（2017年版）已经强调了体能的重要性，并给出了指导意见："每节课最好安排10分钟左右的体能练习，包括一般体能和专项体能的内容；在一般体能练习中尽量安排一些补偿性体能练习，如学习跳远运动项目，下肢和躯干的运动负荷较大，一般体能练习尽量安排上肢运动练习或是提高心肺耐力和灵敏性等其他体能练习，促进学生体能协调和全面发展。"与此同时，还要继续丰富课堂的练习方法，体育教师在组织学生开展体能练习的时候可以采用更多练习方法，不能停留在相对简单枯燥的跑、跳、静力、负重等上，应积极重视体能练习手段和方法的多样性、实用性和趣味性；要将一些形式新颖、内容丰富的体能练习方法引入课堂，激发学生的学习兴趣，有效提高学生的体能水平。

其次是课后体育锻炼，俗话说："授人以鱼不如授人以渔"，仅仅依靠课堂的10分钟体能练习，要达到提高体能水平的目的是非常难的。因此课堂上要教会学生常见的体能练习方法，掌握了方法就可以在课外继续进行体能练习。学生掌握的体能练习方法越多，提高体能水平的机会就越多。体育教师应该安排合理的课后体能作业，引导学生制订自己的体能计划并坚持完成。这样的方式也能影响身边的人从而改善家庭体育环境，学生还能在体育练习中找到更多的成就感，从而持续性地进行课外体育锻炼，为终身体育打下基础。

因此，体育教师应当重视体能练习在运动技能学习中的基础性，开展多种形式的体能练习，提升体能水平，为运动技术和战术水平的提高、为参与高水平的体育展示和比赛打下坚实的基础。

3.技战术能力

技战术能力是学生运动能力的集中体现，学习技能的最终目的在于实践运用。

技战术能力是综合性的、时效性的，它是学生在某个特定的情境或突发的事件中，用自己的所知所学去解决问题的关键能力。技战术能力是长期习得的结果，需要人们不断去总结、升华并形成一套自动化的应用。

技战术能力是技术和战术的有机结合，指的是参与体育运动时展现的技巧及策略，是技能和意识的结合，是运动技能突出表现的外在形式。发展学生运动能力的核心素养，你会发现除了体能，运动认知与技战术运用、体育展示与比赛基本都和具体的运动项目有密切的关系，而要达成这几个方面的要求，都必须以高水平的运动技能为前提条件。

技战术能力更加侧重于专项运动，必须强调的是，技术是实施战术的基础，战术是技术获得发展的途径。优秀的战术意识才能发挥出技术运用效果，当战术达到某一程度甚至还能革新技术，比如跳高技术的演变和发展。从俯卧式到跨越式再到背越式，就是技术和战术相互影响的结果。技战术运动不仅仅是针对高水平运动员而言，它还是每个学生在体育学习过程中都必须具备的素养。在体育教育教学过程中，体育教师要有意识地发展学生的技战术能力，不要只是一味地重视技术学习，而忽略技术的运用。技战术能力是帮助学生打好比赛的关键所在，而不是简单会几个动作。比如，在篮球教学比赛中要设定一定的攻防情境，用以培养学生的技战术意识，这是一个良性发展的过程，当学生能够运用技术参与体育活动的时候，也能极大地激发他们的学习兴趣，从而对运动项目有更加深入的认知和学习。因此，学生的技战术能力也是运动能力的重要体现方式之一。

在体育教育教学中该如何培养学生的技战术能力呢？在学校体育中，技战术能力主要通过以下方式获得。

① 重视体育与健康课堂。体育与健康课堂是学习技战术能力的主要来源。随着第八次课程改革的推进，以"学科核心素养"为导向的教学理念，深入体育与健康课程，由此革新了体育课堂的教学模式以及学习方法。发展技战术能力是运动能力作为体育学科核心素养，也是体育与健康课堂的主要任务之一，所以如何开展教学，提高学生的技战术水平，培养学生的运动能力，以实现核心素养的落地，成了体育教育教学中的关键问题。因此，要转变教学观念："以学生为主体，教师为主导"；要革新教学模式："由单一走向整体"，形成学练赛一体化的教学结构；要变换教学策略："没有标准答案，重过程，轻结果"；改变教学组织形式："一切行动不用都听指挥"，要充分信任学生，要赋予学生自主管理权利；要将技战术的运用渗透到情境化、游戏化、趣味化、比赛化的教学活动中。在运动过程中，各种情况瞬息万变，技战术也是随机应变的，要在教学中多创设真实的情境来发展学生的技战术能力。

② 重视课外体育锻炼。课外体育锻炼是综合性的、多样化的、实践性的，它

往往是一个真实场景中的复杂情境，其中就包含了很多技战术能力的学习和运用，尤其是课外的体育比赛，是发展学生技战术能力的最佳场景。学生能够在实际情境中体会到技战术能力的重要性，为了达成活动或者比赛目的，就要充分地展示自己的技能，这就需要技战术能力来主导。课外体育锻炼需要教师的引领，这样的教师不仅是体育教师，有时候也可以是其他学科的教师，还可以是"同学"。比如，班主任作为教练带队参加某项比赛，能够在某个时刻给予学生必要的指点，这就是渗透技战术能力的最佳时刻；还比如课外进行分组活动的时候，组长或者队长就能发挥引领作用，他们的技战术意识和能力能够引领组员去达成目标。因此，重视体育课外锻炼是培养技战术能力的重要途径。

4.体育展示和比赛

体育展示和比赛作为运动能力核心素养的表现之一，对发展核心素养同样有着非常重要的作用。体育展示和比赛实现了运动能力几个表现的串联，它是运动认知、体能水平以及技战术能力的全面体现。学生参与体育展示和比赛主要表现在参与意愿、状态、表现力和结果四个方面，具有完整化、结构化和复杂性三个方面的特征。其实质也是学生对所学运动项目的综合运用过程，是一个不断面对问题并高效解决问题的过程，是提升运动能力的最佳载体，也是检测学生运动能力的主要方法。

通过对课标的解读，不难发现"参与和组织体育展示与比赛"是体育与健康课程的重要目标，也是实现其他目标的重要载体，学生参与体育运动技能学习的最终目的，就是能够运用其参与展示或比赛，它是学生学习过程中的内驱力。实践中可以发现，一节没有展示或比赛的体育课是枯燥乏味的，甚至是无效的。体育展示和比赛能激发学生学习的兴趣，使一节体育课充满活力。此外，体育展示与比赛也是促进学生运动机能形成的主要方式，在真实情境中，考验学生对技能的运用能力，发现自我的不足，获取改进提高的思路及方法，因此它也是评价学生运动技能掌握情况的重要方式。学习，检测，提高，应用，如此建立起完整的运动技能形成闭环。

体育展示和比赛，是体育与健康课程内容的重要组成部分，在教育教学过程中时常有这样的问题发生，比如：教师上一节双手胸前传接球的篮球课，完成了从一人传到两人传到三人传再到多人传，方式可谓多种多样，但是就是没有防守，没有真实的比赛，等到学生上场比赛的时候，他们就是不能传好球，打不好比赛。所以应当把体育展示和比赛纳入教学设计的考虑范畴，结合教学主体内容结合学生的实际情况在适当的环节设计有针对性的展示和比赛，引导学生充分利用好所学技能，参与比赛或展示，从而提高学生的技能。与此同时，还要适时地引导学生遵守规则、尊重对手，学会观察和欣赏，以正面积极的心态对待比赛胜负，发挥好体育学科的育人价值，提高学生的综合素养。

一个学生不能上了多年的体育课却无法完成一场常规比赛。一所学校也不能仅仅是，只有几个学生有能力参与或组织比赛。学校体育教学改革的一个方向就是全员参与竞赛，学生参与比赛和展示不是一蹴而就的，是教师逐步引领的过程，在体育与健康课程中逐步渗透，学生才有可能自主组织和参与体育展示和比赛，因此体育与健康课程中的展示和比赛不可或缺。

学校体育还应该利用好课外体育活动及竞赛来培养学生的体育展示和比赛能力。课内的体育展示和比赛是有限的，而课外的体育展示和比赛却是无限的，甚至能够发展成为终身的体育意识和行为。学校应该搭建完整的体育展示和比赛的平台，除了有常规的运动会，还应该有联赛、杯赛、校长杯挑战赛或者体育节等。除此之外，学生也可以自行组织班赛、年级赛等。体育展示和比赛也是建立学校体育文化氛围的重要内容，它让一所学校充满活力与激情，是学校教学理念和文化内涵的集中体现。

四、培养学生运动能力的基本策略

上桥南开小学"体育与健康课程创新基地"（以下简称"体育创新基地"）是培养学生运动能力的主要平台，所以培养学生运动能力的核心理念也是由此构建的。

"体育创新基地"发展的核心理念是以学校的办学理念和现有资源，以及学校的体育文化特色为背景进行创建的。同时在实施过程中不断总结优化，汲取更多先进的教学理念和培养思路，再结合学校的实际情况从而革新创造出适合师生发展的新思路。

最终，"体育创新基地"发展的核心理念是基于学校"智慧教育""学科核心素养""南开体育精神"，同时参照了华东师范大学出台的"中国儿童青少年健康促进方案"的指导思想进行构建的。学校计划从五个方面入手，相互协同，建立一个基础牢固、结构丰富、层次分明的学校体育发展核心理念，可以概括性地将其称为"5+体育"。

1."兴"体育

振兴体育。"兴"体育首先要探索和总结体育促进儿童青少年健康发展的独有的特色模式，让执行体育与健康课程标准、集中调配体育健康资源、共享体育健康成果的运作方式更加标准化和更加高效。其次，"兴"体育要秉持学生为中心的理念，将体育惠及人民大众作为价值指向，在实现体育大国到体育强国的战略转变中，充分结合我国的人口特征和现有体育建成环境特点，追求儿童青少年健康益处的最大化。再次，"兴"体育要总结中国体育发展过程中"举国体制"的东方智慧、文化特征和制度优势，通过国家特色运动进校园等活动探索"国乒荣耀"和"女排精神"，继承发扬中华体育精神的落实机制，明确我国儿童青少年体育健康促进的实施路径，从源头上凝聚振兴中华的健康促进力量，培育德智体美劳全面发展的时代新人。最后，"兴"体育要继承和发扬中华民族传统体育文化，贯彻实施武术进校园、武术进课程策略，打造儿童青少年民族传统体育赛事，培育民族传统体育特色教师和建设民族传统体育特色学校。

2."融"体育

融合体育，创新提质，发挥体育的多面性。培养全面发展的人是中国特色社会主义教育的重要育人方向，而体育则是全人教育不可或缺的重要组成部分，体育与教育的深度融合正成为新时代的重要期许。新时代的体育应当贯彻"以人为本"的理念，从当前社会实际需求和反映强烈的问题入手，紧扣体育核心素养，充分发挥体育的育人功能，实现真正的德、智、体、美、劳"五育"并举，培养既懂得体育知识、熟练掌握运动技能，又真正热爱体育、全面发展的人，真正实现体育与教育的深度融合。新的历史时期，体育与教育的融合，不应只停留在理论层面，也不应仅停留在表浅的结合层面，更应该从新时代追梦人勇于担当、勇于奋斗的具体要求出发，挖掘并发挥彼此"一体两面"的功能属性，从体育中寻找教育资源，从教育中发掘体育的育人功能。

3."常"体育

常态体育，让体育常态化。上桥南开小学提倡的"普及体育"思想，与当时其他学校有着明显的不同。对于一些学校的"选手体育"做法，张伯苓很不以为然。在《四十年南开学校之回顾》中，张伯苓说，"苓提倡运动目的，不仅在学校而在社会；不仅在少数选手，而在全体学生。学生在校，固应有良好运动习惯；学生出校，亦应能促进社会运动风气"。

4."亲"体育

亲子体育，"家是最小国，国是千万家"。体育兴国必先兴家。在当代社会，手机、电脑等电子产品广泛普及，在翻天覆地改变人类生活方式的同时，也使亲子关系面临着巨大考验，近年来学生身体更是出现了"软、硬、笨、晕"等特征。"放下电子产品，来一场亲子运动"正成为家长和孩子的迫切需要。体育营造父母陪伴和支持的家庭运动氛围，让家庭成为促进儿童青少年积极参与体育锻炼的助推剂，形成"家庭、学校、社区"儿童青少年体育发展的共生合力，建立起家庭、学校和社区三位一体的青少年体育活动机制。

5."智"体育

智慧体育，在科技高度发达的今天，我们的日常生活已经与科技紧密相融，作为生活重要部分之一的体育也不例外。体育融合科技，智慧赋能未来正在成为新趋势。体育运动和科学技术的深度融合，将有力推动体育实现新科技时代下体育的数据化、专业化和信息化，对我国的体育与健康发展产生深远影响。通过现代的智能技术推动学生运动能力的发展，是学校体育发展的新时代路径。比如依托于"大数据"建立可视化、智能化的体育健康管理平台，建立动态持续的运动智能监控体系，实现能够基于数据跟踪的个性化身体活动干预；依托于多媒体，丰富体育与健康课程教学方法及手段，营造全方位、立体化的校园体育文化氛围，加快推进我校体育发展与时代信息化的智联进程。

五、学生运动能力培养方法

根据"体育创新基地"发展的核心理念，结合学生运动能力的实际情况，上桥南开小学制订了促进学生运动能力培养的实施方案。该方案主要涉及五个方面的培养办法："体育课程""体育环境""体育文化""体育赛事""体育智能"。这五个项目基本涵盖了学校体育的各个方面，以优质的体育与健康课程为基础，用特色的体育文化氛围为引领，构建全方位的良好体育环境，让体育的核心素养和终身体育意识深入各项体育活动和赛事，从而全面地影响每一位师生。

本节对各种学生运动能力的培养方法进行了全面的解析，阐述了实施各种方法的主要目的及其关键要素和注意事项，保障了它们的理论性和可操作性。与此同时，为确保各种培养方法能够有效推进实施，我们为这五大项目设立了阶段性的小任务和目标。我们计划从各个小任务的实施，延伸到大项目的建设，从而推动学生运动能力发展，因此列举了相关的案例分析，作为大家实施的参考。

六、培养学生运动能力的主要方法

1.实施优质的体育与健康课程

体育与健康课程是发展学生学科核心素养的主要载体，在实施过程中，要依据《体育与健康课程标准》的基本要求，以"立德树人"为根本任务，树立"健康第一的教育理念"；采用趣味性、多学科融合的教学内容和多样化、结构化的教学手段，改善"无运动量、无比赛、无战术"的体育与健康课程；要将运动能力具体表现的四个内容落实到课程中，并逐步达成目标，真正实现以体育人，促进德智体美劳"五育"并举。

实施目标如下：

①要求学生每节课的运动密度达到75%以上，运动强度达到心率140~160次/分钟。

②每节课平均进行10分钟多样化和趣味性的体能练习，注重体能的补偿性练习。

③通过设置游戏或比赛情境进行结构化的运动知识和技能学习，每堂技能课学生运动技能练习的时间应该保证在20分钟左右。

④学科通过有机融入其他学科知识内容促进学生体育学习与文化课学习融合一体化，每节体育课至少融入一门学科的基础知识。

建议：体育教师要深刻领会《体育与健康课程标准》的相关要求，明确优质体育与健康课程的设计思路和关键要素。教师要结合自身的教学水平和学生的学习能力，适当地降低或提高教学难度，选择单一或组合主题内容，创造性地运用体育与健康课程内容进行教学。及时进行评价，科学运用《体育与健康课程标准》中的学业质量评价对学生的体育学习进行评价与反馈，提高体育与健康课程评价的科学性。

2. 营造浓郁的校园体育文化氛围

校园体育文化氛围的营造是多方面的，不仅是硬件环境的构建，更主要的是思想内核的打造，要以促进师生的健康发展为目标，要充分展现学校的特色文化，要充分利用课程的延展功能，要善于使用现代化工具。营造全时段覆盖、全员参与的校内体育活动环境，充分保障学生每天至少一小时的有效身体活动，培养学生的健康行为习惯，培养学生的终身体育意识，将体育活动渗透到学生的日常学习生活中。

实施目标如下：

①教职工每周至少参与2次中高强度活动，每次至少60分钟；学生每天至少参与60分钟的中高强度校内身体活动。

②实施优质的体育与健康课程，保障学生的课内体育活动参与；开展文化课中的"微运动"，或者通过其他形式将文化课学习与身体活动相融合。

③至少开设早操、大课间以及课外体育俱乐部等3种以上形式的学生和教职工体育健康促进活动，所有活动中至少融入1种传统体育项目。

④加强校园体育支持环境建设，包括活跃性氛围、支持性态度、开放性设施、奖励性政策、广泛性宣传等。

建议：学校层面依据学校发展方向形成一个共同愿景，通过自上而下的统一行动，激发师生体育参与的热情和活力，并及时根据情况适度调整。提倡个体活动与集体活动相结合、学生与教师共同参与、传统体育活动与新兴运动项目相融合，采用学生自主设计与教师主导组织的多种活动形式。校园体育文化氛围的营造实施可以与学校体育活动及赛事的奖励机制以及"利用信息技术构建体育智能化平台"相结合，提高师生参与的积极性。

3. 创建良好的"家庭""学校""社区"体育环境

学校体育环境是学生发展运动能力的主战场，与此同时，也不能忽略"家庭"和"社区"体育环境的功能性。应建立起以学校为主导，家庭和社区为辅助的协同推动良性机制，为发展学生的运动能力创造有利的大环境平台。如此在保障校内1小时有效活动时间的同时，也能保障1小时的校外活动时间。这样的方式不仅能促进学生运动能力的发展，培养学生良好的自主锻炼习惯，还能有效推动全民体育健康的促进。

实施目标如下：

①以学校为主导，联合家庭、社区及其他校外组织，通过各类体育活动，构建青少年儿童体育健康促进共同体。

②家长要从意识态度和行为表率方面营造良好的家庭体育运动氛围，同时积极协助学校和社区，参与或组织开展促进学生学科核心素养形成的活动。

③社区通过改善运动环境、组织体育活动、成立体育组织等途径，满足儿童青少年参与校外体育的需求。

④社区通过资源整合和开发，协助和支持学校、家庭开展各类体育活动。

建议：积极整合各种社会体育组织的资源和力量，利用线上与线下相结合的形式，帮助学生、家长和社区工作人员，增强体育锻炼意识，学习体育与健康知识和技能，提高运动能力。建立学校与家庭、社区之间沟通的纽带，合理配置不注重成功模式的推广与宣传，营造良好的健康促进氛围，从而获取更广泛的社会资源和力量注入到联动行动中。社区可制订"赛事活动奖励计划"，在小区内设置"运动参与奖励计划"。

4. 建立丰富的学校体育活动及赛事

体育活动及赛事是学校文化内涵的集中体现，要建立广泛的竞赛活动体系，扩大赛事活动的覆盖能力，发挥广泛的辐射作用，让更多的师生参与其中；要建立健全激励机制，形成可持续性的赛事特色；要探索多元主体办赛机制，让师生都能成为赛事的设计者和实施者。

实施目标如下：

①体育赛事活动中融合多学科领域的知识与技术，打造家庭、学校、社区可共同投入与实践的新型体育赛事活动体系和激励机制。

②尊重不同学生的运动需求，设置适用于不同运动能力、不同学科知识等的多重目标，利用奖励的导向作用，让所有学生都有机会参与到不同的挑战中。

③注重项目设置的适宜性、趣味性和多样性，发挥挑战的激励作用，促使青少年不断突破自我与持续发展，并获得成功体验。

④通过主观与客观两种形式的观察与记录，进行及时、准确的量化反馈，帮助学生及时了解自身表现和运动目标的达成程度。

建议："赛事活动"奖励计划方案设计明确，积分合理，项目内容设置适宜家长和师生参与，且具备挑战性、科学性和多样性、融合性。此外，要加大赛事活动的宣传力度，确保每一位师生及家长知晓，并鼓励其积极参与其中。不断补充与丰富项目内容，可根据学校需求将内容延伸到与健康相关的其他学科知识中。赛事挑战的范围不局限于校内，也可在家庭、社区或者校际、地区开展，形成校级、地区级、省（市）级实践，建立完整的体育赛事体系。

5. 利用信息技术构建体育智能化平台

21世纪是信息化、数字化时代，大数据、云计算等新兴信息技术和学校体育深度融合，采用可穿戴设备、智能化体育器材、多维智能运动学习空间等，从课内与课外、校内与校外、线上与线下对儿童青少年的身体活动、久坐行为、运动负荷、体质健康等数据进行全时空、全方位、全周期的动态采集和管理，构建自动化监控、横向分析与纵向实时追踪一体化监测管理平台。并为儿童青少年体育健康促进提供个性化的指导反馈与运动处方建议等，最终形成集课堂教学、学业质量考核、体育考试、锻炼健身、运动监控、健康管理、社交生活于一体的儿童青少年运动智能监控体系，解决个性化体育健康技术的难点，落实全面健康的新理念，创造发展学生运动能力的新模式。

实施目标如下：

①注重智能化监控工具的多样化使用，创造多环境、多模式的持续性使用机制。

②信息化建设尽量做到全面性，既要关注课堂教学，又要关注课后锻炼及体育考核，还要促进自主化锻炼意识。

③注意信息和数据的时效性，要用科学的论证思维进行分析总结。

建议：数字化教学，实现体育健康课堂效果的可视化，为改进课堂提供理论依据；动态化监控，了解学生的体能水平，设计合理的运动处方；人机交互模式，激发学生参与运动的兴趣，提高学生参与运动的自主性。

七、促进学生运动能力培养的其他有利条件

运动能力、健康行为、体育品德作为体育与健康学科核心素养的三个维度，既彼此独立，又相互依存。三个不同的维度涵盖了多方面的内容及其相应的目标，同时这些目标在实现过程中又能彼此影响、相互渗透、共同促进，因此在培养过程中往往是不能割裂开来，单独而论的。核心素养目标的圆满达成需要将三个维度联合起来，它们从不同维度出发，相互促进，共同作用，充斥于体育与健康课程的所有过程，渗透在各类体育活动及赛事中。培养学生的运动能力需要与体育品德和健康行为相结合，需要在各种教学实践及各类体育活动中，将运动认知、体能、技战术、体育展示和比赛与体育品德和健康行为的具体表现进行有机结合，创造更多有利的条件。

1. 培养学生运动能力应当与体育品德相结合

体育与健康课程的根本任务就是"立德树人"，培养德智体美劳"五育"并举的"健康完人"。体育运动对于体育品德的培养无处不在，体育品德也是学生持续性参与体育运动而逐渐形成的。比如，教学活动中互帮互助，比赛前的相互致意；游戏中的相互鼓励，运动员裁判员的宣誓，"体育道德风尚奖"的设立等都有体育品德的渗透。良好的体育品德是学生参与体育运动的前提条件，也是学生获得运动乐趣的有力保障。在体育运动中我们常听到某运动员因服用兴奋剂而失去参赛资格，某选手因辱骂裁判而被驱逐，某学生因犯规而被取消成绩，因此可以说失去体育品德的支撑那么运动能力的获得也将变得毫无意义；当然也不乏看到，人与人之间的积极沟通交流合作，迎接挑战时的勇气和毅力，团队中展现的凝聚力和责任担当，以及尊重对手、正视比赛的胜负等优异表现，这些都是参与运动的乐趣和幸福感来源。毫无疑问，培养学生运动能力的过程中所创设的复杂情境，会给学生带来丰富的情感体验。与此同时，遵守规则、尊重他人、顽强拼搏、积极进取、团队合作等优秀品质均可通过参与体育运动来获得。

2. 培养学生运动能力应当与健康行为相结合

健康行为包括养成良好的锻炼、饮食、作息和卫生习惯，疾病预防，保持良

好心态和远离不良嗜好，对自然和社会环境的适应能力。

学生学习运动技能，发展体能，提高技战术能力，从而获得良好的运动能力，是持续参与体育锻炼的基本保障。人们通过实践不难发现：运动能力越强的同学，越容易形成良好的健康行为，运动能力水平越高的同学，更加注重运动前的热身，运动中的保护与帮助，运动后的放松与拉伸。他们主动关注运动的科学性、安全性，运动认知技能的提高，帮助学生获悉运动的益处，理解运动原理，积极了解运动的饮食和营养、疾病预防、作息和心理健康等方面的知识；运动能力的提升过程也是学生健康行为的形成过程。反过来看，健康行为的养成能够促使学生更加关注自己的健康状况，认识到体育锻炼的重要性，积极投身到体育运动中。从学生发展的长远视角来看，健康行为素养是学生终身受益的基础保障；良好的锻炼习惯和生活习惯，基本的健康技能和健康管理能力，调节和把控心理的能力，适应自然环境的能力等健康行为素养是学生一生保持健康、珍爱生命、热爱生活、提高生活和生存能力的核心所在。良好的健康行为推动学生持续性参与体育运动，享受运动乐趣，提高运动技能，发展运动能力；因此运动能力的培养与健康行为的养成是相辅相成的。

3. 培养学生的运动能力应当与教师的发展相结合

教师的发展与学生运动能力的发展息息相关，教师的发展包括教师的专业发展，以及教师的职业晋升路径。教师专业发展是指教师作为专业人员，在专业思想、专业知识、专业能力等方面不断发展和完善的过程，即从新手教师到专家型教师的过程。教师是课堂的设计者、执行者和引领者。教师能否把握先进的教育教学思想理念，能否结合学生的实际情况设计促进学生各项素养协同发展的体育与健康课程实施计划，能否通过有效的教育教学方法及手段在课堂实践中引领学生顺利达成学习目标，取决于教师的专业能力。

教师的职业发展，也是职业晋升路径。教师的职业路径应该是通畅的、公平的、公开的。教师能够通过自身的努力提高自己的专业能力获得职业晋级的资格，获得认可与幸福感，才能持续高效地开展体育教学及活动。因此在培养学生运动能力的发展过程中，教师发展也应该是正向的积极的，学校应当建立起完善的教师发展规划，来促进学生各项素养的培养。

4. 培养学生运动能力应当建立完善的评价体系

学生运动能力的培养，不仅要有良好的环境氛围、明确的目标和内容，以及先进的思想理念，还要有完善的评价体系。这套评价体系应该是在不同场景中可持续性地针对所有的参与者进行评价。从场景来看：要有体育与健康课程评价标准，体育特色课程评价标准，课外体育活动评价体系，课余家庭作业评价标准；从时间线来看：要有学年评价标准，学期评价标准，阶段评价标准，课时评价标准；从参与者来看：要有教师的教学评价标准，学生的学习评价标准，管理者的组织评价标准。一套完善的评价体系将在各个方面对学生运动能力的培养起着积极的促进作用。本章介绍了学生运动能力的具体测评方法，它只能成为构建全校性评价体系的一个参考点，而学生运动能力的培养，是要基于学校体育综合发展评价体系之上的，在接下来的章节中将会进行详细介绍。

第三节
小学体育课程培养学生健康行为的实践

一、学生健康行为培养环境

核心素养下健康行为是增进身心健康和积极适应外部环境的综合表现。健康行为包括养成良好的体育锻炼、饮食、用眼、作息和卫生习惯及安全意识，控制体重，远离不良嗜好，预防运动损伤和疾病，消除运动疲劳，保持良好心态，适应自然和社会环境的能力；主要体现在体育锻炼意识与习惯、健康知识掌握与运用、情绪调控、环境适应等方面。

（一）培养学生健康行为的社会环境

国际体育也是一种政治软文化，算是国家实力的一种，代表了一国的尊严，有利于国家的国际影响力。从社会方面来说，国人对于体质越来越不看重，中国自古以来重视脑力人才，以至于近年来的学生体质越来越差。体质检测结果显示，超重肥胖率继续增加，近视率逐年上升，速度、肺活量、爆发力、力量耐力水平进一步下降。体育似乎成了当前教育的"掣肘之痛"，现实状况令人担忧。

1.健康意识与体育习惯

健康意识是指在体育运动过程中，按照一定的方式自觉进行体育锻炼的心理活动。它是对健康的一种认识，健康意识包括对健康的认知、情绪和意志。意识与态度、行为有密切关系，健康意识是人们自觉参加体育锻炼的前提，人们只有在意识到健康并提高健康水平的时候，才会自觉地进行锻炼。

体育习惯是指重复发生而形成需要的体育行为方式，它的生理机制是一定的情境刺激和有关的动作，在大脑皮层形成巩固的暂时性神经联系。体育行为习惯是个体参与体育，并不断重复地把体育意识转化为行为后，逐渐形成的一种需要与行为的倾向。

随着人们的生活水平越来越好，高营养高热量食物受到学生的青睐，然而日常体力劳动和户外运动越来越少，长期与电子产品为伴，沉迷于网络环境，不再喜欢户外运动，导致体质越来越差，肥胖人数越来越多。很大一部分人对健康还没有引起重视，仅有少部分人在身体出现各种问题后，才开始形成健康意识。

如今"健身"的意识在一部分人群中兴起，如随处可见的中国广场舞，健身房、瑜伽馆越来越多，运动App、运动直播也崛起。但从健身人群比例来看，运动人数总体上并不多。从年龄分布来看，这部分人多为中老年人，因为这部分人有的是退休了，跳跳广场舞既能锻炼身体又可以获得乐趣，有的是得了疾病恢复后，想通过这种方式来增强体质。还有一部分人是自身健康意识比较强的人（大部分是年轻人），平日里工作之余总会抽时间锻炼身体，所以这一部分人多数会选择健身房、瑜伽馆或者跟着运动App和运动直播进行锻炼。

从社会健身人群来看，体育锻炼意识有提高的主要是中青年和中老年人群。而在青少年中，他们处于生命力旺盛阶段，疾病的发生率相对比较低，因此锻炼意识比较弱。

2.健康知识掌握与运用的社会环境

众所周知，体育锻炼是让身体素质提高的一个非常有效的方法，现在很多人注重生活质量，会把体育锻炼提上自己的行程，通过体育锻炼调节自身心理状态。然而近年来，运动受伤事故率越来越高，不正确的运动方式和不正确的运动知识运用成为运动受伤的最大原因。

对"美"的追求也成为现代人的目标。因为生活水平提高，肥胖人群越来越多，人们开始以"瘦"为美，因此，对自身体重越来越在意。近来有了一些变化，更多健身的人不再只关注体重，而是更加关注BMI指数和体态指数。

近年来，各大健身场所"私教"行业的兴起，表明一部分人已认识到正确的健康方法和针对自身条件有针对性的练习的必要性。体态纠正与针对性的力量练习也成为锻炼的热门。

青少年正处于成长发育阶段，他们的骨骼相对柔软，有机质含量多，无机质含量相对比较少，弹性大，可塑性强。这种客观因素使青少年更容易因为不良姿态和不良的行为习惯等导致身体骨骼变形，他们每天除在学校的学习外，还会参加各种课外补习班，久坐的时间比较长，直接导致了身体活动减少。由于长期的学业压力，很多学生的身体姿态出现早期体态变形。加上家长认知不足，也不能正确引导自己的孩子参与运动，所以青少年的脊柱侧弯、视力下降指数更是一年比一年高。国家对青少年的健康也越来越重视，出台了一系列关于增强中小学生体质健康的文件。随着各种政策不断颁发和青少年体质的不断下降，社会的关注度也越来越高，少儿体态纠正也开始兴起。

小亚是瑜伽馆的老板，最开始她从事房地产销售和旅游业，与客户沟通需要长期伏案工作，回复网上咨询，并且经常组织和参加各类应酬，这样的生活方式让她的身体素质越来越差，体态越来越胖，整个人的精神状况也不好。小亚发现自己的身体状况有点不好，决定通过运动来改变自己。偶然的机会，她接触到了瑜伽。练习半年后，她发现自己的身体状况有了明显的改善，想长期坚持下去。于是她开始考瑜伽教练证，并大胆创业，在当地开了属于自己的第一个瑜伽馆，想用自己的改变让更多的人也能得到好的改变。通过给别人带去的健康效应和自己的努力奋斗，小亚又连开了两个瑜伽馆，给更多的人带去了健康与自信。2018年SPS（脊柱螺旋平衡稳定肌肉链）体态矫正刚到中国，她就报名参加了学习，然后在瑜伽馆里开设了这项课程。该课程主要针对不能进行高强度运动的腰椎间盘突出的人群和轻度脊柱侧弯的青少年。小亚说，现在来学习这个课程的人群主要还是已经工作的、出现脊柱不适的人，少部分是学生人群，但是并不多，因为学业重，家长的意识不强，重视也不够。但是，她还是会坚持推广下去，因为她也是一名母亲，只要对社会有帮助，对教育有帮助，她责无旁贷。

[分析与反思]

从以上案例可见，从社会的角度，随着社会的不断进步和发展，在国家的重视和提倡下，社会对青少年的健康关注度越来越高，社会环境中影响青少年体育锻炼习惯的形成所占的比重也越来越大，国家越重视，社会的关注度就越高，也就有利于学生体育锻炼意识、方法、技能与习惯的不断完善，为学生的健康行为习惯也奠定了一定的基础。但是预防总比事后弥补要强，从小培养孩子优雅的仪态气质，养成锻炼的习惯，促进肢体协调性，让孩子远离不良体态，这才是目标。

（二）培养学生健康行为的学校环境

1. 学生在校健康行为现状

学校教育是能够让学生拥有健全的人格，形成正确的世界观、人生观、价值观的重要环境。学校体育又是学生体育健康行为养成的重要阶段，学校教育对学生体育健康行为的养成与发展也具有重要的作用。现阶段，在国家层面的重视下，学校高度重视体育教学及学生体育健康行为的养成，加强组织管理，安排专门人员负责体育健康课程，成立教研室，制订具体明确的教学目标。学校根据全国统一健康教育标准，结合学校实际情况补充教育内容，更好地培养学生体育健康行为，在日常的体育健康教育中，让体育课程成为主科深入到各个学校。各个学校领导也重视体育教育，大力抓好学校的体育活动的开展；严禁体育课时间被其他学科占用，利用多种措施提高体育教师教学的积极性，学校教务人员不定时对体育教学进行检查、随堂听课，建立督查考评制度。因此，各个学校的体育教学水平普遍得到了很大的提高，教学质量也有了明显的改善。

良好的校园体育文化建设对小学生体育锻炼意识的觉醒和主动体育行为习惯的形成具有重要的陶冶和熏陶作用，会潜移默化地激励、引导学生自觉地参与体育锻炼，无形中规范他们的体育锻炼行为。在体育再次被各级教育管理部门列为学校重要工作的背景下，建设良好的校园体育文化就显得更有必要。体育物质设施是学校体育文件的"硬件"，学校资产管理中，体育设施设备配套已成为一个重要的指标。校园体育文化墙定期更新与运动项目相关的历史文化、体育赛事、生理心理健康知识、安全运动等理论知识，让学生了解和掌握更多的体育理论知识和信息，提高体育知识素养。

2. 体育课程创新基地对学生的培养方向和具体措施

学校体育是学校教育的重要组成部分，体育课程创新基地的核心思路是紧紧围绕体育学科三大核心素养，计划从五个项目入手，相互协同，建立一个基础牢固、结构丰富、层次分明的课程体系。这五个项目分别是：奥运知识、情境体育、传统运动项目、阳光大课间、体育微视频。项目基本涵盖了学校体育活动的各个方面，以体育文化氛围的营造为基础，用优质的体育与健康课程去渗透，让体育的核心素养和终身体育意识深入大课间活动和课余训练，从而全面地影响每一位师生。课程的理念主要在于强调人与人之间的沟通交流，激发学生们热爱生活，同时尊重学生个性成长规律和教育规律，寻求师生综合素养的共生共长。

自"双减"政策实施开始，各个地方教育部门落实政策，根据实际情况开展延时服务。各个学校根据自己的实际情况进行延时服务的安排。某校为体育基地学校，因此每天下午有半个小时为全校的体育锻炼时间。体育组多次开会讨论实施方案，从每天的体育锻炼项目，体育老师人员安排，各年级的场地分配，到器材的购买与使用，学生的参与调动，带班老师的配合与辅助，最后达到的体育锻炼效果等进行了多次研讨。体育组的老师刚开始把趣味性作为延时体育锻炼的核心进行体育项目的设置，穿山洞、过大桥、蹦蹦球、绑腿走等单人闯关、多人互助的游戏在校园中实施起来，每天下午的延时体育锻炼时间就是学生最幸福的时光，学生脸上洋溢着幸福，校园里面一派生机勃勃的景象。经过一段时间后，体育组在进行总结与反思的时候，发现如果一味地进行体育游戏，学生自身的体育锻炼强度受到了限制，于是经过再一次激烈的探讨，最后确定了每周分年级轮换，各个年级的学生其中一天体育锻炼为跑操，其中一天为集体跳绳，其余时间为体育兴趣锻炼时光。又因为课外锻炼受天气的影响，刚开始时，遇到下雨，学生只能在走廊上跳课间操，他们也不喜欢这个方式。面对这种情况，体育组立即讨论方案，开始分年级进行室内游戏，但是能让全班学生都动起来的室内游戏也少，体育教师走班指导，时间和精力不足，以至于不能达到优质效果。于是体育组又进行实施方案的修改，最后体育组教师自编了一套室内体能操，提前复制到每个班的电脑桌面上，如果遇到下雨，学生就可以在室内锻炼身体，体育教师也有足够的时间和精力去各个班级巡逻指导。在室内进行体能操练习时，带班的老师们也自发地和学生一起运动。

[分析与反思]

体育运动是人的自然需要和本能冲动，是一种寻求生存平衡、身体强大和生命意义的自然表达，是人类生存和发展的必需，也是最真实的情感体验。我们细细回想自己在日常生活中，当具有动感的音乐一放，身体就会不自觉地摇动，这就是人体的本能反应。所以上桥南开小学在学生体育运动上，从学生的实际出发，采用多种方式、不同风格，努力为学生创建一个运动环境，学生本能地参与进来，从内心出发来运动。不仅如此，体育组教师经常进行阶段性的总结与反思，根据实际问题修改完善方案，让学生更乐意参与到体育运动中来。

（三）培养学生健康行为的家庭环境

1.家长对孩子健康行为的认识度与重视度

首先，不可否认的是大多数家长对孩子的教育过程是从个人的主观意愿中出发的，当然家长对教育的主观意愿较大程度上受到整个社会教育的影响。而家长对于孩子的教育更多地体现在对孩子学业成绩提升以及能力的培养上。简单来说，家长在为孩子选择教育机构时，较大部分家长会选择以提升个人才艺如美术、音乐、舞蹈等的美育课程进行培养。当然家长钟爱对艺术领域的培养也不是无迹可寻的。其中更为被大众所采纳的显性目的是希望通过对各种艺术的教育来培养和提升孩子感受美、鉴赏美、表现美、追求美的能力。而隐性目的则与家长在人际交往的过程中有着密切的联系：美术、音乐、舞蹈等美育的成果可检验性高。当家长们齐聚一堂，谈论自家孩子时，对于孩子在某些领域是否能够优于或者落后于别的孩子非常敏感，这时，孩子唱一首歌、跳一支舞或者拿出手机里保存着的画以展现自家孩子的能力是能给人以直观感受的。相较于现阶段家庭培养孩子美育的发展，对体育培养的认识的成熟度是不够的，但却是在迅速发展的。

越来越多的家长为孩子选择篮球、足球、乒乓球等大众喜爱程度高的体育课程，不仅如此，游泳、跳绳、武术、健美操等一系列以往被忽视或者不了解的体育项目正越来越被家长们重视。这类家长认为，体育的培养不是一种可有可无的无聊消遣，而是能够陶冶情操、保持健康、促进发展的活动。

虽然对体育的认识越来越多，体育学习培养的意识越来越高，但是不同的家长对体育的重视程度是不同的。这其实与家长所处的环境有着密不可分的关系。体力劳动者在工作中进行了大量的身体劳动，身体常常处于疲惫状态，这部分家长对体育有多种见解：希望自己的孩子较少感受体能疲惫；体力劳动可以直接等价于体育锻炼，拥有一个健康、强健的身体在工作中更能游刃有余。脑力劳动者以消耗脑力为主，对身体的支撑要求是非常高的，这部分家长对孩子的身体运动能力要求相应也会增高。前两种见解的家长对孩子健康行为的重视程度肯定是不足于最后一种见解的。除此之外，家庭的收入情况对孩子健康行为的重视程度也有着十分密切的关系，研究表明：家庭收入与家庭对孩子体育发展的投资呈正相关关系。

2. 家长的参与度高低对孩子的影响

在对孩子一生的成长教育中，家长不只是把孩子养大，也要把孩子育大。家长是孩子人生的第一任老师，在教育中一直扮演着极其重要的角色。首先，家长对健康行为的认识与参与情况会在潜移默化中影响着孩子对健康行为的认识与参与。有研究表明，孩子从一岁起，就会主动模仿父母的动作，同时其模仿行为还会随着年龄的增加愈加凸显，直至形成自己的一种内在行为。孩子的模仿有即时模仿与延时模仿两种模式。孩子与家长一同进行体育活动时，就是家长培养孩子体育锻炼意识与习惯以及增加其健康知识最好的时机。

父母与孩子一同进行体育活动，首先是可以让孩子接受运动，享受和父母在一起运动的时光，从而为之后独立进行体育锻炼打下了基础。再有，这期间，孩子会即时对父母的动作进行模仿，在增进父母与孩子之间亲密关系的同时也让孩子对体育运动有了一定的锻炼与知识积累。孩子在长期的亲子体育锻炼中即时模仿，会在之后自己的锻炼中形成自己的习惯。随之的延时模仿会在孩子之后个体的体育锻炼中表现得极为明显。可表现为在进行体育锻炼时，对之前与父母进行运动时父母的动作进行模仿，这时所模仿的行为动作更能体现孩子所受到的父母的影响。

不仅只是对孩子进行一个示范作用，对孩子体育活动锻炼进行约束、监督也是非常大的影响。不可否认的是，惰性是一种正常且极影响孩子的心理状态。而体育活动其实是非常需要坚持的活动，在这期间，受孩子主观能动性以及周边环境的影响，大部分孩子很难持续进行一段时间的体育锻炼，这时父母作为监督者、约束者对孩子进行及时的监督约束，不仅会培养孩子在体育锻炼时健康的意识习惯，还会让孩子在相同的时间内利用好时间，进行更多更有利的体育锻炼。孩子对于父母的指示相较于其他人的指示更愿意接受，这也让孩子在父母陪伴运动期间更加接受整个运动过程。

小力是一名上六年级的男孩子，因为家庭环境比较好，家里的大人对他都很溺爱，在饮食上他只吃自己喜欢的食物，在学校吃午餐时，如果发现是自己不喜欢吃的菜，宁愿饿着肚子也不吃。又因为长期不爱运动，他现在到了青春期初期，越来越胖，越胖越不愿意运动。在体育课上，体育老师如果强制性要求他完成某项运动，他会反感并当场发脾气。针对这种情况，体育老师也曾有放弃他的念头。有一次，体育老师在课间值周时，发现小力在下课期间喜欢和同学追逐打闹，于是特地对几个有些肥胖的同学进行观察。一段时间后，他发现小力这类同学在下课期间还是喜欢和自己的好朋友们一起打闹的。于是体育老师抓住这个特点（喜欢和亲近的人打闹）和家长进行了沟通，先说明用意是为了让小力能提高体育锻炼意识，改善身体状况，这样就得到了家长的心理支持。然后和家长商讨实施方案。首先让家长多抽些时间与孩子交流（青春期的孩子与父母心里会有隔阂），希望每天饭后父亲带着小力去散步，增强父子关系。过了一段时间后，又与家长沟通进展情况，父子关系有进步后让父子一起利用周末时光（一周至少一次）进行户外运动，在户外运动中增加一点角逐的游戏，来点比赛，让小力喜欢上有父亲的"比赛"。一段时间后，体育老师紧接着给学生统一布置了家庭体育锻炼任务，要求学生每天回家利用休息时间任选一项运动项目进行体育锻炼。父亲就抓住时机，每天挑战小力。因为前段时间的父子关系培养，小力也欣然接受父亲的挑战。渐渐地，小力和父亲的身体素质都得到了提高，小力在体育课上也慢慢参与到同学们的活动中。在期末测评时，小力的体育成绩也有了显著提高。

[分析与反思]

在现实生活中，对于体育方面的锻炼，很多家庭将体育锻炼视为学校的责任，家长消极的体育态度和体育思想，从某种程度上来说极大地影响着孩子，导致孩子的体育锻炼只限于在学校的体育课上，这样就大大缩短了锻炼的时间。又因为现在整个社会的工作节奏都很快，学生家长每天的工作时间紧、压力大，下班回到家后希望能够安静地休息，也不愿意运动。再加上现在生活越来越好，学生的营养不均衡，挑食的现象越来越严重，过胖过瘦的孩子也越来越多，导致孩子体质下降。这种现象只有让家长重视孩子的体育锻炼，反思自己落后的观念和思想，参与到孩子的教育中，给孩子营造良好的家庭体育氛围，这对孩子来说是非常重要的，也增进了亲子关系，使家庭关系更和谐。

让青少年健康成长是一项系统工程，绝不只是学校的事情，而深化体教融合更应该发挥好教育和体育的力量，形成学校、家庭、社会推进的合力，让家庭、社会成为学校体育的"合伙人"，共同促进青少年学生全面健康成长。

二、学生健康行为培养内容

著名教育家叶圣陶先生说："什么是教育？简单一句话，就是要养成良好习惯。"在体育运动中，好的健康行为是养成终身体育锻炼的保证，学生健康行为的培养内容主要有积极参与体育活动，学会运用安全与健康的知识与技能，培养安全意识，控制运动中的情绪，最后形成健康的生活方式。

（一）安全与健康知识的掌握与运用

1.健康知识的具体内容

小学体育课健康知识主要分为体育课课前准备、体育课课中要求、体育课课后注意事项和运动损伤的应急处理四个方面。

（1）体育课课前准备

体育课课前，学生需要提前准备好运动服、运动鞋，女孩子头发需扎好并不能有头饰，身上带的尖锐物品（比如钥匙、硬制玩具等）需要提前取下收好，老师通知的个人器材（比如跳绳、拍子等）提前备好。上课铃响起，1—3年级的学生在教室里静息等候该课程教师到班带队，4—5年级的学生在体育委员的组织下快速、安静、有序且提前到达操场并找到老师所在位置或所要求位置集合。

（2）体育课课中要求

体育课课中应遵守纪律和要求，整队集合，严格听从老师或者体育委员的指挥，如有不适合参加体育运动的同学要主动提前告知。开课后，准备活动过程要认真，让身体、肌肉得到充分拉伸，做好热身活动，减少损伤的风险系数。课上学习、练习要专注、认真，同学之间保护与帮助要落实，如遇受伤立即报告。任何时候遇到身体有不适的现象，立即告知身边的老师或者同学。由于体育课的特殊性，室外课堂空间大，老师指定的活动区域做到不出界，养成区域意识。在课堂中，器材使用也要遵守使用制度，公共器材借还有数，轻拿轻放，使用合理，私人器材同样爱护珍惜，让体育器材的效用能够发挥至极致。而课堂上同学之间互动密度大，器材种类数量多，在一定程度上也会导致同学之间矛盾的增多，所以，在课堂上，严禁追逐打闹，一旦有矛盾，要听从老师或者小干部的指令及时停止危险行为。每一节体育课运动之后，都有3分钟的拉伸与放松活动，养成高效率的拉伸与放松的习惯，对身体有益。在课中还有一个重要的习惯就是要培养与老师之间的默契，每一个老师都会有一些自己的课堂习惯（比如不同的口哨声、不同的手势动作都有特别的指令），所以师生默契的培养也是小学体育与健康知识的一个重要知识点。

（3）体育课课后注意事项

整队集合清点人数，确保每次上课学生完整归队，师生行礼道再见，个人物品和器材要及时清理，如有同学遗漏，可主动帮忙带走。清点无误后，由体育委员带队回教室。下课后要切记做到"三不要"准则：不要大量喝水，特别是不能喝生水和冷饮；不要在天热时用凉水冲身、洗头或者在背阴、"风口"的地方久留；不要立刻吃食物或者暴饮暴食，避免肠胃消化不良。

（4）运动损伤的应急处理

运动损伤的应急处理也是学生需要了解的健康知识。造成运动损伤的原因主要有以下几点：①认识不足，措施不当。②准备活动不重视，不认真对待。③不良心理状况也会导致运动损伤。④身体素质比较差或者动作要领掌握不正确。⑤保护与帮助措施没到位。⑥课堂纪律混乱。⑦不良的气候变化。

常见的运动损伤处理：①擦伤，小面积擦伤可以用红药水涂抹，对于大面积擦伤，先用生理盐水洗净，涂抹红药水，再用消毒布覆盖，最后使用纱布包扎。②撕裂伤，轻度开放伤，用红药水涂抹即可，裂口大时，则需要立即就医，进行止血和缝合伤口。③挫伤，因撞击造成的红肿、皮下出血情况，在24小时内冷敷或涂药。24小时以后，可按摩，如果怀疑有内脏损伤，则立即到医院就医。④肌肉拉伤，轻者可立即冷敷，24小时后可实施理疗，如严重立即就医。⑤关节、韧带扭伤，立即冷敷或用自来水冲淋，喷药。24小时后热敷理疗，严重扭伤同样立即就医。⑥急性腰扭伤，轻者可按摩、热敷，重者平卧，用担架抬送至医院诊治。⑦骨折，骨折后肢体不稳定，容易移动，会加重损伤和剧烈疼痛，可找木板等将肢体骨折部位固定，送到医院急诊。总的来说，在体育课中出现运动损伤，遵循一个原则：第一时间报告老师。

2. 体育锻炼意识与习惯

（1）体育锻炼的动机

随着我国经济、文化、国力的不断发展，人民生活水平的不断提高，人们越来越关心孩子的身体素质，国家越来越重视体育教学的改革发展，家校社越来越关注中小学生参与体育锻炼的整体情况，这一系列发展与学生体育锻炼的动机有着密切联系。学生参加体育锻炼的动机有内在动力和外在动力两个方面。

内在动力即人能自己意识到体育锻炼能提高身体素质，能够提高运动系统的功能，促进自身生长发育。小学生积极进行体育锻炼，可以增强骨质，促进生长发育，使身高迅速增长，肌肉可以变得粗壮、结实、有力，发育均衡，体态端正，防止肥胖症。不仅如此，运动还能提升孩子的正面情绪，增加大脑的活跃度，放松神经，以积极向上的态度看待生活和遇到的问题。

另外，"兴趣"也是内在动力。兴趣是人们力求探索某种事物或认识某种活动的倾向。当孩子对某种体育运动产生浓厚的、稳定的兴趣时，就会趋向于该运动，表现出积极、乐观、坚强的意志力。在体育锻炼动机中，最现实、最活跃的成分就是体育兴趣，学生乐于参加，主动锻炼，甚至挤出时间锻炼。人们在主动运动的过程中能得到的是快乐和健康。

外在动力来自医生的嘱咐。当身体已出现严重状况，到了必须通过锻炼来缓解或者治疗时，运动锻炼才开始被重视起来。这种锻炼目的性太强，有可能得到缓解或者治疗后，就又会被轻视，但也有人因此养成了锻炼的习惯。

安安是某学校一年级的新生，进入小学后，不仅在学习上老师的要求比幼儿园的高，体育运动更是不在话下。其中，跳绳项目是一年级的小朋友必须学会的运动技能。体育老师在课堂上教学生跳绳的技术动作，课后要求学生利用放学时间进行练习。安安刚开始不会跳，第一个过绳就比较吃力，在老师和父母的帮助下用了三天时间才学会了跳第一个，然后进行第二个绳的连接跳、第三个绳的连接跳。花了一周时间，慢慢地安安能连续跳到10个。每天的练习和跳绳目标的增加，安安觉得很累也很无聊，开始向父母撒娇发脾气，有时候在体育课上也偷懒。但是老师和父母仍然对他严格要求，每天监督他完成当日设定的目标。一段时间后，安安连续跳10个、15个、20个、25个……160个。每一次的进步背后安安都有放弃，闹情绪，但是父母和老师的加油打气让他一次比一次跳得多。慢慢地，老师又对安安提出新的要求，对他进行时间的控制，让他完成1分钟跳绳不死绳。很多时候，安安都说讨厌跳绳，但是也因为每一次的坚持让他能够越跳越好。在一次学校的运动会跳绳项目中，安安以绝对优势得到了第一名，安安感到无比自豪。跳绳让他有了更多的自信，他也爱上了这个项目，每天回家，即使父母忘记了叫他跳绳，他自己也会主动要求完成跳绳运动。现在天天跳绳已经成为安安生活中的一部分，无论多晚他都会坚持完成，没有了之前的反感。

[分析与反思]

体育锻炼意识与习惯的养成，不是某一项原因促成的，它是多方面共同努力的结果。案例中安安同学天天跳绳的习惯养成的过程中有放弃，有坚持，有哭泣，有进步，有来自老师和父母的坚持监督与陪伴，也有来自在运动会中收获的成绩与自信。所以，在体育锻炼意识与习惯培养方面，年龄越小，孩子自己的意志力越弱，不仅需要来自外界的能量给他加油打气，也需要来自大人的监督与坚持，更需要孩子在习惯养成的过程中让他收获成功感与幸福感，这样就能增加孩子的兴趣，对习惯的养成也有很大的推动力。

（2）安全意识的培养

运动是为了让身体更强壮，让身体更健康，而运动安全是第一位，学校有义务教会学生在进行某种运动锻炼时，帮助他们形成安全意识。在日常体育课中，体育教师在每次课的实施过程中，都应该有意识地培养学生体育锻炼的好习惯。比如良好锻炼习惯的养成，团队锻炼中的安全保护。

3. 良好锻炼习惯的养成

良好锻炼习惯是指学生在体育教师的帮助和指导下，多次主动在科学锻炼方法与合理锻炼原理的指导下，根据自身兴趣爱好和个性特点，积极调整自己的锻炼行为和方法，并逐步发展成为个体需要的自动化的、自然性和定型性的行为方式。运动中的注意事项是每个人都需要掌握的知识，如运动时环境的选择，运动前要做好热身活动，运动后要做好拉伸与放松，了解自己每次的运动量是多少，找到适合自己的运动方式，以及私人、公共物品的整理，饮食习惯的调整等。当然，在课堂中学好受伤后的应急处理，一旦在运动中发生意外，能及时作出相应的处理。

（1）运动环境的选择

好的运动环境能给人带来舒适的运动感。运动时天气的温度、空气的质量都对人产生影响。比如，大雾天气、沙尘天气、高温天气等不适合户外运动。运动场地的选择也很重要，比如篮球、足球需要在专门的场地进行运动，不可在马路边上进行，不能在人多密集的地方追逐跑等。

（2）运动前的热身与运动后的拉伸与放松

做好热身运动不仅可以保证我们在运动中拥有良好的状态，也是运动伤病的第一道防线。通常的准备活动多是伸展运动，其中有静态伸展运动和动态伸展运动两种。静态伸展运动需要我们把肌肉拉伸到最紧的那一点后，继续保持一会儿；动态伸展运动则多是些快速的运动练习。

运动后的拉伸与放松也是非常重要的。因为这时做这些拉伸动作，可以有效地缓解你的肌肉酸痛，放松自己的身体。

（3）运动量的控制

"生命在于运动"，每个人都需要一定的运动量来维持身体的健康，但是运动也需要一个度，运动量过小不能达到健身的目的，运动量过大同样不利于身体健康，反而会给身体加重负担，影响身体健康。

（4）适合自己的运动方式

运动能带来很多好处，让身体保持活力，让体质更加健康。但是运动项目很多，要学会根据自己的情况或者季节的不同选择自己适合的运动。比如：正常的脚会产生自然弓形，足弓能够避免足底神经、血管受到压迫，脚部运动时，也能减少与地面作用时的冲击力。若足弓不明显，脚底与地面接触面积较大，称为扁平足，分病理及生理两种类型。足弓呈现塌陷状态，常是体重负荷所引起的生理型扁平足，矫正鞋型改善后，不会影响运动能力，若是病理型造成的足弓塌陷，运动过度会出现足、腿部酸痛、疲劳现象。这一类人就不适合跑步、田径、篮球、足球等需要长时间或激烈跑动的运动。

（5）物品的整理

因为运动的个人习惯和需求，多数人都会有一些运动"伴侣"，比如运动器材、运动水杯、擦汗巾、运动服装、运动耳机等。培养学生学会个人物品的整理，杜绝丢三落四，也是健康行为培养的内容。

4. 团队锻炼中的安全保护与帮助

体育不仅具有竞技性，也有团队性。在体育教学中注重学生在团队锻炼中的安全保护与帮助的培养是学校体育课程的需要，同时体育教育重要特性之一是在体育运动中互相合作，在合作中练就健康的心理，为营造健康和谐的校园环境打下基础。比如在体操类运动中，每一堂课的练习都不能让学生独自完成，学生之间的保护与帮助也是此类课学习的重点，学生人数多，教师只有一个，学生学会保护与帮助的方法，然后在练习中互相保护与帮助是保证课堂安全进行的重要条件，也是学生迈出学习技巧内容步伐的保证。在日常生活与学习中学会互相合作、安全互助是人与人之间交往所必须具备的重要素质之一，所以体育锻炼中的安全保护也是运动锻炼中健康行为的学习内容之一。体育教师只有在课堂中长期训练，学生才能养成安全互助的健康行为，并运用到课外的体育锻炼中。

（二）情绪调控与环境适应

1. 情绪调控

一个爱运动的人，往往因为有健康的体魄，精神饱满、朝气蓬勃、勇于进取。体育运动对缓解或消除学生的紧张、愤怒、疲劳、抑郁、慌乱等消极情绪，改善学生的心理健康都起着积极的作用。体育运动对提高学生的自尊自信感以及精力水平都有着正面导向，使人精神振奋且有积极作用。

2. 正确的胜负观

"无竞技不体育"，有体育的地方就有比赛。目前的学校体育学习或比赛中，我们也常发现一些学生存在着"好胜心过强""只想赢""输不起"的心理状态。体育锻炼中的比赛是锻炼学生树立正确胜负观的最好场所。因为比赛活动本身就是以胜负告终的，并且是胜利者少、失败者多。所以在具有竞争意识的环境里，"佛系"学生也会克服胆怯和懦弱的心理，"被迫"参与竞争。又因体育比赛日常化，它是随时可以组织一场竞争的，所以即使一次失败也可以重新振作，调整状态，为下一次的比赛作准备。而一次胜利也不能代表永久的胜利，胜利者必须保持谦虚谨慎、戒骄戒躁、不贬低对手的态度，自我加强才能争取保持好成绩。我们常听到一句话，叫"走下赛场，一切从零开始"。简而言之，即"胜不骄，败不馁"。

3. 自然环境与社会环境适应能力

人类生活在非常复杂的大自然环境中，时刻受到环境中各种生态因素的影响。有效的体育锻炼能改善运动系统功能，提高和保持运动系统的能力。

人是社会中的人，人与人的交往是不可分离的。同样，体育活动是有助于人际交往的。体育锻炼能增加人与人接触和交往的机会。大量体育活动如篮球、足球、橄榄球等多人团体项目均可以作为交往手段，促进人与人之间的认识交往。忘却烦恼，主要表现在学生全身心参与到体育锻炼中，就会从体育锻炼中找到自我，注意力转移，对自身调节起到有效的作用。面对比赛的胜负，学生能够反思自己的责任落实得好与差，能做到不推卸责任，并能虚心接纳教练或者队友的表扬和批评。这样的良好习惯也会让学生在日常的生活和学习中与身边的人良好地相处，同时培养了团结协作、协同交往的精神。

第四节
小学体育课程培养学生体育品德的实践

一、学生体育品德培养环境

（一）社会环境

社会环境是指一定的社会文化背景、社会意识形态和社会政治局面等。

上桥南开小学联合上桥社区开展趣味体育活动，由小学体育教师带队，社区组织中老年人与小学生共同参与体育活动。

活动主题	全民健身，你我同行
活动目的	引导健康社会风气，构建和谐社会，为小学生营造良好成长环境
活动内容	社区组织自愿参与体育活动的中老年人到指定场地开展活动，教师带领小学生共同参与，学校义务提供田径场，体育教师提供技术指导。活动项目包括太极拳、太极剑、健身操、趣味拔河、趣味跳绳和趣味踢毽等
活动过程	一支老年健身操队经过精心排练，表演一支旋律欢快、舞姿优美的健身舞。再在操场上开展拔河、跳绳以及踢毽子等各项活动。最后小学生表演活动压轴节目：五步拳
活动结果	学生参与活动的热情高涨，积极参与社会活动的各个项目，并取得较好成绩，很多学生也跟中老年人队伍学习太极拳和健身操，场面十分和谐融洽

社区很多热爱锻炼的中老年人都参与到活动中，与练习五步拳的学生们一起表演，形成了较为良好的社会风气。学生参与其中，感受深刻。良好品德的养成有时并不是通过说服教育，而是在一次次的社会实践中让学生参与、感受、感悟，进而认同、吸收、转化，使自己成为品德优良的人。

（二）构建适宜的家校环境

家庭是孩子成长的第一所学校，利用体育教育培养学生的品德，家庭环境不可缺失，构建适宜的家庭环境，加强家校合作，拓宽体育对学生品德教育的影响。家庭教育环境包括情感熏陶环境、道德和行为习惯养成环境、智力开发环境。

上桥南开小学的体育教师在暑假来临之际，组织策划了"家庭小老师"的活动。

活动目的	利用家庭氛围让学生养成良好的生活习惯和学习习惯，促进家庭关系和谐，增强家校合作的黏度。同时鼓励家长和孩子积极参加，通过劳动实现作为家庭成员的价值，让他们感受和谐家庭氛围
活动过程	首先，教师设定活动规则：暑假家庭运动打卡30天，每天晨起运动打卡，在班级群分享打卡，每打一次卡集一颗星星，打卡满30天，开学后可以得到奖品。其次，学生可以利用暑假广泛收集与锻炼身体、强健体魄相关的知识，通过画手抄报的形式展示出来，主动和父母、长辈一起学习坚持锻炼身体的价值，引导家里的大人和学生一起参与到暑假运动打卡的活动中，并将手抄报张贴在家里作为宣传海报。每天坚持晨起运动打卡，可以是家人一起跑步运动，也可以是一起跳绳运动，每天记录打卡的数据
活动结果	学生实际人数：1768名；参与打卡：1768名；坚持打卡：1538名；打卡满30天：1453名 全校大部分学生都能够在暑假期间坚持体育运动打卡，并在班级群反馈运动情况

续表

活动目的	利用家庭氛围让学生养成良好的生活习惯和学习习惯，促进家庭关系和谐，增强家校合作的黏度。同时鼓励家长和孩子积极参加，通过劳动实现作为家庭成员的价值，让他们感受和谐家庭氛围
活动意义	经过这次体育锻炼打卡，不少家庭养成了持续锻炼的好习惯，为学生健康成长创造了良好的家庭环境和家庭氛围。良好的习惯也会作用于他们的内心，坚定不移地坚持一件事，对他们人格和品德的养成都有较好的促进作用。此次活动也深刻践行了体育活动培养学生体育品德的目的

通过小小的暑假活动，学生监督家长一起锻炼，家长也鼓励孩子坚持打卡，最终班级大部分学生都坚持打卡满30天。活动虽然简单，但在参与过程中充分锻炼了学生坚韧不拔的精神，让他们明白坚持的重要性，还促进了家庭和谐，拉近了亲子关系。这也是利用良好情感熏陶环境的典型案例。

二、学生体育品德培养的内容

（一）学生个人修养品德的培养

学生的个人修养，指的是个人的认识、情感、意志、言行习惯修炼和涵养。个人修养的重要环节与道德品质的结构和道德教育的过程存在一致性，可以概括为知、情、意、行四个方面。道德认识是人们客观存在的道德关系及处理这种关系的道德原则。

如何提高学生的个人修养？首先，学生接受教育的主要场所是在学校。小学阶段是学生个人修养养成的重要阶段，学校对学生最重要的就是教师的言传身教的影响。要提高学生的素养，需要提高教师队伍的素质及水平。

（二）学生关爱社会品德的培养

关爱社会可以从社区开始，社区是我们共同生活的家园，社区在发展的过程中确实也会存在一些问题。社会更需要关爱学生，学校是社会的重要组成部分，学生大部分时间都生活在学校里，也应当关爱自己所在的学校。关爱社会还当具备忧患意识，关注在社会发展过程中存在的一些问题。

为了学生体验责任感和奉献精神，上桥南开小学三年级二班的黄老师在体育课上将班级学生分为几个小组，每个小组轮流负责体育器材的发放和保管。当别的同学在课间玩耍时，负责器材的小组需将课堂所需要的器材搬到场地上，要做到耐心仔细，确保每个学生都有相应的器材。体育活动所需要的器材种类繁多，有足球、羽毛球、乒乓球、篮球、跳绳、体操垫等，在体育课结束之后，还需要将器材放回库房，并按照种类放好。经过分组负责体育器材的发放后，这个班的体育器材总是摆放最整齐的，每次上课前器材都会提前准备好，小组成员也会将下课后所有的器材放归原位。其他学生监督他们的"工作"是否完成。

这样看似简单的分组活动，却在无形中培养了学生的体育品德。拿放器材是对学生责任心的培养，要求归纳摆放是对他们细心、耐心的培养，更重要的是在这个过程中，很多学生会自发帮助小组成员，帮他们一起收拾器材，以减轻他们的压力。这说明学生天生具有同理心，这也是中国人的精神内核，只要通过课堂上简单地引导，他们就会知道如何关爱他人，在集体中都需要有奉献精神、关爱精神。即使没有明确告诉他们如何关爱他人、关爱社会，但只要在教育过程中去引导他们就可以达到很好的效果。

走向社会奉献爱心。我们班成立了一个敬老、爱老的组织，上敬老院为老人表演精彩的节目，并献上自己精心挑选的小礼物，从活动中让学生感悟体会，并引导培养学生的创造能力，发挥学生主观性的过程中也提高了他们的积极性。更让学生体会到了成功的快乐，付出爱之后的愉悦。同时，我们要求学生在体会的同时，记下自己所想，写成体验性文章，深化感受，促进心理和品德的共同成长。

在端午节，学校组织学生到敬老院看望孤寡老人，这些老人已经年迈，行动受限，身体也不像年轻人那么硬朗。组织学生去看望他们，陪他们聊聊天，关心他们近期的身体是否健康，还组织学生为老年人打扫房间、换床单被套、扫地做清洁，让老年人感受到学生对他们的关怀。学校组织学生体验包粽子，为他们准备好原材料，然后教授学生包粽子的技巧，让他们为敬老院的老人包粽子。这样的活动，学生非常开心和愉快，他们认可自己在这个过程中付出的劳动，也认可劳动的价值。关爱这些老年人，其实也是在培养他们关爱他人的品德，能够设身处地地感受老年人的难处，让他们自然而然地对社会奉献，促进心理和品德的共同成长。

（三）学生家国情怀品德的培养

我们需要充分利用小学教育让小学生认识到中华民族优秀的历史、灿烂的文化、光辉的岁月及英雄的壮举。在爱国主义教育的渗透下，逐渐培养他们的家国情怀品德。

总之，我们在实际教育教学的过程中，需要善于发掘教材中实施爱国主义教育的机会，然后明确教学目标及教学方式，进而对学生实施爱国主义教育和渗透，不断地规范其言行，进而提高学生的道德素养。

三、学生体育品德培养方法

（一）学校课程中的体育品德培养

1. 国家规定课程中的体育品德培养

体育活动不仅有助于身体健康，也能增进心理健康。本课程十分重视通过体育活动来提高学生的自信心、意志品质和调节情绪的能力。在教学中，要防止只重视运动技能的传授，却忽视心理健康目标达成的现象；要努力使学生在体育活动过程中既掌握基本的运动技能，又发展心理品质。

①了解体育活动对心理健康的作用，认识身心发展的规律。达到该水平目标时，学生能够体验参加不同项目运动时的心理感受，如紧张、兴奋等；体验身体健康变化时的注意力、记忆力；了解身心之间的关系；了解运动愉快感的获得对人们坚持体育锻炼的影响。

②正确理解体育活动与自尊、自信的关系。在体育活动中具有展示自我的愿望，努力展示自我，对体育活动表现出较高的热情，正确对待生长发育和运动能力弱可能带来的心理问题，如身体发育的变化（月经）。消除因太胖或者太瘦的身体形态问题带来的自卑；通过积极的体育活动消除运动能力太弱带来的烦恼。

③社会适应。体育活动对于发展学生社会适应能力具有独特的作用，经常参与体育活动的学生，合作和竞争意识、交往能力、对集体和社会的关心程度都会得到提高，而且，学生在体育活动中所获得的合作与交往等能力能迁移到日常的学习和生活中去。在体育教学中应特别注意营造友好、和谐的课堂氛围，采取有效的教学手段和方法培养学生的社会适应能力。建立和谐的人际关系，具有良好的合作精神和体育道德。

例如，体操类运动兼具观赏性和健身健体多种功能，在小学体育课程中是较为重要的项目运动，可以有效促进学生的全面发展。从课程教育目标分析，体操类项目可以发展学生的运动技能与发展，让他们了解体操应当具备的运动技能；从健康行为上，引导学生积极参与体育活动，学会运用安全与健康的知识与技能，练习控制自我情绪，形成健康的生活方式。教师在教学过程中穿插讲解体育类运动对于健康的重要性，如穿戴、身体姿态、站位以及安全意识等等。教师可以通过体操运动培养学生的体育品德，让他们逐步具备良好的体育精神、体育道德以及体育品德。首先，对学生体育品德的培养需要渗透到教学的各个环节，体现出教学活动对学生品德的培养。如在各个体操活动中，培养学生自尊自信、勇敢拼搏、不怕辛苦、坚持到底、超越自我的精神，并引导学生将体育精神迁移到日常的学习和生活中。其次，体操课堂应强调课堂组织纪律，体操活动属于集体性活动，需要学生在课堂中配合教师实施教学，让他们形成遵守规则、诚信自律、自我规范、公平竞争的道德意识，形成体育道德。最后，体操教学对学生体育品德的培养还应当体现体育品格，在各体操动作学练中表现出文明礼貌、爱护和帮助同学，胜任运动角色，欣赏同伴的运动，履行自己的职责，积极为团队作贡献，具备社会责任感，正确对待比赛的胜负等等，并将这些良好品格运用到学习和生活中。

上桥南开小学体操类运动的教学方案分析：

学习阶段	水平一		
学习目标	1.能掌握前后、左右滚动的动作要领 2.学会保持身体团身姿势向前、向后、向左、向右滚动的方法 3.通过学习多种滚动的自我体验，对垫上运动感兴趣		
体育品德	教学活动体现对学生体育精神、体育道德以及体育品格的培养		
健康行为	引导学生积极参与体育活动，学会运用安全与健康的知识与技能，学会控制情绪，具有安全意识，形成健康的生活方式		
运动能力	提升学生体育技能与方法，并能在游戏活动中运用技能，发展体能，提高学生的身体素质		
学习内容	1.技巧：前后、左右滚动　2.游戏：有趣的地滚球		
程序	学习步骤	教师活动	学生活动
一	课堂常规	1.集合、整队 2.师生问好 3.宣布本节课内容 ①技巧：前后、左右滚动 ②游戏：有趣的地滚球	组织：四列横队 1.体育委员整队、报告人数 2.师生问好 3.要求：动作整齐，精神饱满
二	辅助练习	1.组织队列练习，教师讲解蛇行队列练习要领并带领学生进行练习 2.让学生带队进行练习，教师在一旁指导 3.以小组为单位进行练习	组织：一路纵队 1.认真听教师的讲解，进一步掌握蛇行队列的要领 2.在教师的帮助下进行集体练习 3.在小组长的带领下进行小组练习

续表

程 序	学习步骤	教师活动	学生活动
三	技巧：前后、左右滚动	1.组织学生做好腕、肩、头、颈等部位的准备活动 2.示范前后、左右滚动动作，提示学生观察教师滚动时身体的姿势。重点讲解前后滚动时团身要紧的动作方法 3.组织学生分组先后练仰卧直体的左右滚动，仰卧屈体团身的左右滚动，蹲势团身抱腿前后滚动，蹲势团身抱腿前后滚动	1.按教师提示的要求，通过观察教师的示范动作，说出不同滚动动作的身体姿势 2.各组分别由小组长带领进行自我模仿练习，练习中互相观摩，指出各自存在的问题 3.自由组成学、练小组，尝试多种滚动的动作，互相比一比，看谁完成滚动的方法多
四	游戏：有趣的地滚球	1.复习游戏的方法，引导学生分析存在的优缺点，重点强调有力的抛滚球动作 2.组织学生面对面站立，互相进行双手、单手、正面和侧面的抛地滚球练习 3.分组游戏时，启发学生的想象力，采用多种形式抛地滚球 1.整理放松 2.本课小结 3.师生再见	1.分组复习游戏的方法，通过互相观摩，能指出抛球不正、没有力量等问题 2.面对面练习抛地滚球动作时，着重体会抛球方向正、抛球有力的动作要领 3.在不违反规则的情况下，积极开动脑筋，以各种形式进行抛球，享受成功的快乐 1.整理放松 2.师生再见

（1）常规教师活动与学生活动设计意图

集合整队、体育委员报告人数，师生问好，并宣讲本次课学习内容。每次课前课后的整队、报告人数等教学步骤，体现出对学生规则意识、自我规范以及诚信自律等体育品德的培养。

（2）辅助练习教师活动与学生活动设计意图

辅助练习的环节，教师设计了组队练习的活动，在教学过程中强调集体活动，以小组为单位进行活动，体现出积极为团队作贡献，履行自身职责的体育品德。同学在课堂上互动频率大大增加，加深了同学之间的友谊，以集体为主开始活动，也培养了学生集体主义精神。在小组活动中，教师还组织学生进行小组比赛，体现对学生公平竞争、尊重对手等体育道德的培养。另外，学生为了小组荣誉，争取将动作做规范，为小组争光，还体现了为团队作贡献，爱护和帮助同学，胜任运动角色等体育品格的培养。

（3）技巧学习教师活动与学生活动设计意图

在技巧练习环节，教师耐心细致地教授动作要领，并做好示范，组织学生分解动作进行练习，尝试个人练习、小组练习等多种练习方式，帮助学生掌握前后翻滚等技术要领。

（4）游戏活动教师活动与学生活动设计意图

游戏活动可以极大地丰富课堂氛围，调动学生参与课堂的积极性。

（5）正确认识、把握体育与健康课程目标体系

根据"健康第一"的指导思想，适应社会需求、素质教育和学校、学生的实际情况，结合课程特点构建五个领域、三个层次的课程目标体系。

上桥南开小学的教学方案分析如下。

学习内容	武术基本步型	教学重点领域	
学习目标	1.指导并了解武术基本步型的动作名称和攻防含义 2.根据动作名称进行正确的基本动作练习 3.能吃苦耐劳，克服困难，并能做到同学之间相互帮助、团结协作	运动参与	√
		运动技能	√
		身体健康	√
		心理健康与社会适应	√
教学过程	一、课堂常规 1.集合整队，师生问好，清点人数，检查服装 2.宣布课程内容和要求 教法： 1.语言要清晰 2.教师讲解课堂内容和要求 要求：学生精、气、神足，教师和蔼可亲 二、热身运动 游戏："躲避大灰狼" 游戏方法：全班学生在规定的场地自由散开，由两名学生扮演"大灰狼"追逐其他学生；其他学生被"大灰狼"碰到就以立正姿势站好，等待其他同学救援，在规定时间内哪只"大灰狼"碰到的同学最多就将获胜 教法： 1.教师介绍游戏的玩法，并示范 2.学生在教师的组织下有序地进行游戏 3.教师小结 要求：听教师的要求，安全有序地进行游戏	设计思路：小学生天生活泼开朗，游戏教学是体育教育中经常使用的教学方法，让学生在玩中学，在玩中做，达到教学目的。"大灰狼"的游戏充分释放学生的天性，也活动开了身体，为之后的环节做好准备	

续表

学习内容	武术基本步型	教学重点领域
教学过程	三、基本部分 （一）防—马步 游戏："你推我挡" 游戏方法：两人一组，一个学生做双脚平行分开站立，另一个学生用双手推，推动防守的学生进攻方加一分，防守的学生没动加一分，最后在规定时间内谁的积分最高谁获胜（防守学生尝试不同高度的防守） 教法： 1.教师组织学生进行防守练习 2.在练习过程中，教师提醒学生可以降低自己的重心来进行防守 3.教师示范讲解马步的意义和练习方法 4.再次组织练习 5.小结"马步防守" 要求： 1.进攻方只能稍微用力，不得跑动加速去进攻 2.学生在游戏时要积极参与 3.游戏过程中注意安全 （二）攻—弓步 游戏："你推我守" 游戏方法：两人一组，一人进攻，一人防守；进攻方双脚站立，用一只手掌去推动防守方，并尝试不同高度的推掌，推动防守方加1分，推不动不加分；防守方采用双脚开立的方式 教法： 1.教师组织学生进行进攻练习 2.在练习过程中，教师提醒学生可以降低自己的重心来进攻 3.教师示范讲解弓步的意义和练习方法 4.再次组织练习 5.小结"弓步进攻" 要求： 1.进攻方不得跑动加速去进攻，只能做原地单手进攻 2.学生积极参与游戏，并注意安全	设计思路：由游戏引入正式内容，让学生保持对课程的兴趣。通过游戏学习武术的基础步型：马步和弓步，在游戏中穿插马步和弓步的意义及练习方法。如此设计，学生在体验中学习，更有利于他们理解动作的核心要义，使其能够快速掌握动作，并规范。 同时，游戏还设计了积分制，激发学生的竞争意识，让他们的注意力更加集中，提高课堂效率

续表

学习内容	武术基本步型	教学重点领域
教学过程	游戏："武林争霸" 游戏方法：全班学生以4路纵队的形式进行，第一名学生跑到终点以马步形式站立后第二名学生跑出，第二名学生用弓步推掌的形式推动终点的学生，防守的学生动了进攻方就站在防守的位置，防守方的学生跑回接力换下一名同学，以此类推；防守成功加1分，失败不扣分，积分最多的学生成为武林霸主 教法： 1.教师示范讲解游戏规则 2.鼓励学生积极参与游戏 3.学生练习，教师观察学生是否能够遵守规则 要求： 1.不能助跑发动进攻 2.不能用全力去进攻 3.游戏过程中注意安全 四、补偿性练习 1.俯卧屈腿10×3 2.俯卧石头、剪刀、布 3.两人面对直腿做立传接物 4.两人合作骑自行车练习 教法： 1.教师示范并领做 2.鼓励学生积极参与练习 要求： 1.全力做好每个动作 2.学生相互鼓励 五、放松练习 跟着音乐一起做八段锦，放松 教法： 教师示范领做 要求： 1.学生根据教师的提示进行吸气、吐气练习 2.练习过程中要求全身放松	设计思路：补偿性训练以学生间的合作为主，两两分组合作，共同完成任务，让学生学习相互配合，学会团结友爱、互帮互助 总结：从武术的基础步型学习开始，可以体现对学生坚韧不拔、吃苦耐劳的意志力的培养，体现对学生体育品德的培养。基础步型是后面练习组合套拳的基础，练好基本功才可以精进学习。教师设计的游戏活动都是从学生的认知水平和年龄特征出发，体

续表

学习内容	武术基本步型	教学重点领域
教学过程	六、结束部分 1.师生共同小结 2.师生再见	现了对学生心理健康的关注

制订教学方案时，应该注意以下几点：

①根据五个学习领域制订学年教学目标。在确定学年教学目标时，既要有运动参与、运动技能和身体健康的目标，也要有心理健康和社会适应的目标。

②根据"健康第一"的指导思想以及学校场地、器材的条件来确定每个学年的教学内容及各项教学内容的时数比例。

③根据年级教学目标和内容的安排制订年度教学计划；根据年度教学计划制订学期教学计划和单元教学计划；根据学期教学计划和单元教学计划，制订课时计划。

2. 情境体育课程中的体育品德培养

随着新课程改革的推进，体育教学应当遵循以学生发展为核心，重视学生体育品德的发展。

[案例分析]

案例一	快速跑
教学目的	练习快速跑，启发学生思考，培养学生独立思考的能力

案例一	快速跑
教学过程	"嘟嘟……"哨音响，同学们站在教师周围，聚精会神地听教师的讲授，比较随意的站姿拉近了师生之间的距离。 "同学们，有谁知道风是怎么形成的吗？"（通过问题导入情境，改变过去一上课教师就告知课程内容的习惯，留给学生思考的空间。）经过短暂的思索后，学生纷纷举手发言："风是因为空气对流形成的。"教师给予回答问题的学生以肯定和鼓励，接着告诉他们"今天老师要把空气'装'起来，跟大家一起玩'追泡泡'的游戏，大家想玩吗？"得到学生的肯定后，教师拿出事先准备的泡泡枪，喷出很多彩色泡泡，学生的热情一下就被点燃了。教师再让4个小组长也拿着泡泡枪在操场上喷射。在阳光下，七彩的泡泡飞舞着，学生也在操场奔跑着、玩耍着。正当学生玩得起劲时，教师又拿出塑料袋将泡泡装起来。（有趣的活动让学生不知不觉进入了教师预设的情境中，并完成了准备活动。）

续表

教学过程	"同学们，空气有没有阻力？"老师向学生提出了第二个问题，学生轻而易举就回答了老师的问题。"今天教师要让大家利用空气的阻力练习快速跑。"说完教师取出一只塑料袋贴在胸前，并做出快速跑的示范动作，胸前的塑料袋纹丝不动。接下来，学生按照教师的要求分散站着，朝着规定的方向，各自独立地尝试让塑料袋不落地，体会快速跑的感觉。有些学生在练习跑动时，塑料袋很容易滑落，教师让大家思考："在什么情况下塑料袋会掉下来？"适时组织学生分组尝试、体验和讨论。一会儿有学生回答："速度慢的时候，空气阻力变小了，塑料袋就容易掉落。"采用这样亲身体验、感受的方法，解决学生在学习中遇到的困惑，提高了他们的学习兴趣。在巡回观察的过程中，教师也一直在观察他们，并及时提醒大家"用前脚掌着地""注意两臂前后摆动""跑直了，上体稍前倾"。学生的塑料袋掉下的次数越来越少，而学生的积极性却得到了极大的提高。最后教师发挥了比赛的杠杆作用，再一次提高了学生练习快速跑的热情
案例二	绕障碍跑
教学目的	掌握绕障碍跑动作要领，培养学生坚韧的毅力
案例二	绕障碍跑
教学过程	A.教师事先安排好活动场地，并标画图案，其轮廓线条像中国的地图，并在各个转折点上放置标杆小旗，一共九面。导入情境"游历祖国"，再开始绕障碍跑，要求学生从起点出发，沿着图案边线过场上的每一面旗子，跑一圈约600米。计时，看谁用时最短。教师将学生分为两人一组，起初很多学生都努力跑，还有部分学生跑出自己最好的成绩，但随着时间的推进，学生的积极性持续下降，有些松懈，没有第一轮那样努力拼搏 B.教师设计"火车站"课堂情境，叫号让每组的一号学生领取垫子，迅速到活动场地内的任意一点建立一个"火车站"，围坐候车；让每组二号学生以同样的方法建立"2号火车站"，要求与第一个车站相距7米左右，再以此类推。学生在三个点布置了9个分站。余下的学生作为"火车头"，自定义汽笛声作为标志，待口令响起，按自选路线去各站点接旅客。以一组先做示范，补充明确规则：（1）不落下本次列车乘客，否则需从头再来。（2）"火车"先回到起点总站，且整齐不散乱，即该小组获胜。学生在活动中表现出极大的热情，纷纷想要多玩一次。学生参与积极性高，练习效率得到了极大的提升，练习完三轮，只用去三分之一的课程时间，且学生热情高涨，不觉得跑步辛苦

总结与反思：

通过对上述案例的分析，可以了解到教师在设计教学方案时，需要充分考虑学生的参与积极性，让他们对自己设计的情境感兴趣。案例一是一节完整的体育情境课堂，从开始到结束，学生始终投入教师常设的情境中，在游戏、思考和实践中度过，不知不觉完成了教学任务。教师巧妙地将其他学科的内容也融入体育课，促进学生的全面发展。这节课生活化、人文化和综合化，教师利用生活中的现象，让教学更贴近生活。

案例二展示了两个课堂情境导入形式，达到了两种不同的教学效果。A方案虽然尝试将教学内容情境化，但没有站在学生的角度思考他们兴趣的维持程度，也忽略了学生的个体差异，导致身体素质较好的学生跑出最佳成绩后，严重打击了其他学生的自信心。B方案相较于A方案在设计上考虑了学生参与与效率的问题，学生对自己参与设计的课程自然更感兴趣，积极性也更高，虽然在课堂上满头大汗，却玩得十分开心，在增强体质的同时，身心也得到了健康发展。

情境课堂中培养学生体育品德的着重点：

① 注重学生主体性的发挥。积极倡导学生参与到教学活动的设计和实施中，让他们发现自己的思维成果，获得认可，由此产生成就感，再刺激学生持续保持兴趣，兴趣可以激发他们的创新精神和创新能力，还是促进学生综合实践能力提升的重要动力。

② 情境创设需注重人文化和生活化。要给予学生选择一些课的权利，让他们主动选择、主动学习，自主学习、全面发展。在体育课程中，学生身体差异带来的效果差异其实比较明显，在情境创设中安排一些可选择的内容，他们就可以根据自身的身体素质进行独立练习。

③ 情境创设还需充分考虑学生认知心理发展。小学阶段学生的身心发展具有规律性，需要根据规律健全学生的人格培养。

3. 慧根课程中的体育品德培养

上桥南开小学根据"以体育人，灵性发展"的教育思想，充分挖掘节日文化之美，传承中华五千年劳动人民的智慧，启发他们的家国情怀，让种子在每一位学生的心中发芽。

（二）家庭锻炼中的体育品德培养方法

小学体育教学目标是体育指导思想的具体体现，还是体育教师组织和进行体育教学活动的重要指南，更是评价体育教学质量标准的依据。上桥南开小学根据学段体育教学目标，制定了一、二年级，三、四年级和五、六年级的家庭体育锻炼方法，体现了对学生体育品德的培养。

年级	锻炼内容	组数	指导建议	温馨提示
一、二年级	1分钟跳短绳	3组	注重动作的完成度，尽可能不断绳，不加垫跳绳（争取做到优秀）可连续定时跳两分钟，每天坚持，提高肺活量和耐力素质	前脚掌着地，保持较快的速度，尽量不断绳，记录最好的成绩 与父母比赛跳绳，可以挑战花样跳绳，如带人跳、开合跳等
	踢系绳子的毽子	每组20个（3组）	左脚踢20个，右脚踢20个，左右脚交换踢20个（争取能够做到连贯踢毽子）	控制好踢毽子的高度 小腿摆平，用脚内侧踢毽子 方向要正
	1分钟坐位体前屈	2组	脚跟靠拢，膝盖伸直不弯曲，勾脚尖，直尺自我测量超过脚底长度	上体靠大腿，两脚伸直勾脚，双手尽量伸超过脚尖 自我数数，热身30秒 辅助练习：孩子吸气上举，呼吸触脚时，家长用双手压在孩子膝盖或者背部，根据孩子的状态借力帮助
	10秒直臂支撑	2组	注意躯干与四肢均匀用力，体会腰腹肌发力	身体成一条直线，眼看前方，双臂距离要合适，和父母比一比谁更厉害
	仰卧举腿	每组6个（2组）	平躺在瑜伽垫或者床上，仰卧；进行举腿练习，两腿上举至垂直位置	两腿伸直，两手上举，脚轻轻落地
	3分钟横叉、竖叉	各一组	双腿尽可能打开幅度，以稍微有酸痛感为宜，逐渐提升	父母做好保护，多鼓励，适当增加助力
	原地高抬腿	每组30次（2组）	大腿积极提高，保持平衡	增强协调性，饱腹时不宜练习 家长可与孩子协作中速练习，胜过跑步

续表

年级	锻炼内容	组数	指导建议	温馨提示
一、二年级	10秒原地小步跑	每次30次（2组）	注意摆臂与步频节奏，保持正常身体弯曲，均匀呼吸	促进心脏和肺部的活动量，增加持久耐力，体会踝关节放松与交替用力
	20个开合跳	三组	身体自然伸展，两手两腿快速进行开合跳	与父母进行计时计数比赛，看看谁做得更多
	自我选择亲子游戏，如包剪锤、摇船等			
三、四年级	15秒高抬腿腿下去掌	2组	大腿积极抬高，有一定的频率，保持平衡，双手在腿下去掌	增强协调性，饱腹时不宜练习家长可与孩子协作中速练习，胜过跑步
	一分钟跳短绳	3组	协调连贯地完成跳短绳动作，尽量不断绳按照锻炼标准练习，达到优秀或者满分后，可加分练习3组完成后，组间休息一定时间，连续3分钟跳绳一组，每天坚持，肺活量和耐力素质能够得到明显提高	前脚掌着地，保持较快速度，尽量不断绳记录最好成绩可与父母进行比赛20秒双摇挑战
	一分钟踢毽子	2组	运用正确的动作，协调完成，尽量连贯，越踢越好，发展下肢力量	踢毽部位正确方向正拓展花样踢毽和父母进行踢毽游戏
	一分钟仰卧起坐	3组	动作规范，双手放在脑后，动作到位不间断20个一组，每天3组一分钟仰卧起坐，48个为满分	上网查询，可运用多种锻炼方法进行辅助练习，如卷腹等家长可与孩子协作完成，增加核心肌肉能力
	一分钟坐位体前屈	2组	脚跟靠拢，膝盖伸直不弯曲，勾脚尖，直尺自我测量超过脚底长度	上体靠大腿，两脚伸直勾脚，双手尽量远伸超过脚尖自我热身30秒辅助练习：孩子吸气上举，呼吸触脚时，家长辅助，双手压在膝盖或者背部，根据孩子状态借力帮助

续表

年级	锻炼内容	组数	指导建议	温馨提示
三、四年级	深蹲20个	2组	要求臀部向后坐，上身挺胸收腹前倾，膝盖不超过脚尖，大腿不得低于水平面，中速练习	身体正直，手臂配合，保持身体平衡 可负一定重量进行练习 可靠墙静蹲，时间自我控制
	20秒直臂支撑	2组	注意躯干与四肢均匀用力，体会腰腹肌发力	身体成一条直线，眼看前方，双臂距离要合适 和父母比一比谁更厉害
	仰卧举腿	每组10个（3组）	平躺在瑜伽垫或者床上，仰卧进行举腿练习，两腿上举至垂直位置	两腿伸直，两手上举，脚轻轻落地
	自选家庭亲子游戏，如家庭保龄球、乒乓球点球比赛等			
五、六年级	20秒高抬腿击掌	2组	大腿积极抬高，有一定频率 保持平衡，双手在腿下依次进行击掌	增强协调性，饱腹不宜练习 家长可与孩子协作中速练习，胜过跑步
	一分钟跳短绳	3组	协调连贯地完成跳短绳动作，尽量不断绳 按照锻炼标准练习，达到优秀或者满分后，可加分练习 3组完成后，组间休息一定时间，连续3分钟跳绳一组，每天坚持，肺活量与耐力素质得到提升	前脚掌着地，保持较快的速度，尽量不断绳 记录最好的成绩 与父母进行比赛 可以拓展花样跳绳 40秒双摇挑战
	一分钟踢毽子	2组	运用正确的动作，协调完成 尽量连贯，越踢越好 发展下肢力量	踢毽部位正确 方向正 拓展花样踢毽，和父母进行踢毽游戏

续表

年级	锻炼内容	组数	指导建议	温馨提示
五、六年级	一分钟仰卧起坐	3组	动作规范，双手放脑后，动作到位 不间断20个一组，每天3组 一分钟仰卧起坐时，50个满分	上网查询，可运用多种锻炼方法进行辅助练习，如卷腹等 家长可与孩子协作完成，增加核心肌肉能力
	一分钟坐位体前屈	3组	脚跟靠拢，膝盖伸直不弯曲，勾脚尖，直尺自我测量超过脚底长度	上体靠大腿，两腿伸直勾脚，双手尽量远伸超过脚尖 自我热身30秒 辅助练习：孩子吸气上举，呼吸触脚时，家长辅助，双手压在膝盖或者背部，根据孩子状态借力帮助
	俯卧撑5次	2组	胸腹尽量不贴地面，控制好动作	手臂发力，身体呈直线，头放平 家长可用衣服放在孩子腹部，提拉帮助孩子完成
	深蹲20个	2组	要求臀部向后坐，上身挺胸收腹前倾，膝盖不超过脚尖 大腿不得低于水平面 中速练习	身体正直，手臂配合，保持身体平衡 可负重进行练习 可靠墙静蹲，时间自我控制
	30秒直臂支撑	2组	注意躯干与四肢均匀用力，体会腰腹肌发力	身体成一条直线，眼看前方，双臂距离要合适 和父母比一比谁厉害
	立卧撑15个	2组	立撑膝盖充分顶直，动作规范	身体呈直线，完成后跳起头顶击掌

续表

年级	锻炼内容	组数	指导建议	温馨提示
五、六年级	家庭自我挑战赛：如推小车、反趴赛、家庭摸高赛等			
备注	1—6年级		十字跳：前中、后中、左中、右中 校园特色素质操每天一遍，素质环节要认真完成，可带父母一同挑战 眼保健操每天一遍 温馨提示： 1.所有运动开始先做准备活动，练习结束拉伸放松，计时穿衣洗漱避免着凉 2.穿运动服装和鞋子，整理运动空间，清除障碍物，准备好运动器材 3.注意运动幅度和发出的声音，不要影响邻居休息 4.贵在坚持，所有的内容可以选择组别进行，按照自我能力进行练习，中间要有组间休息时间，并控量补水 5.要有目标，善于记录，了解自己的身体素质	

此家庭体育锻炼方案，根据学段教学目标，详细规划了学生在家可以做的体育练习，并且很多环节家长可以参与进来跟小朋友一同完成。在坚持锻炼的过程中，学生的毅力得到了极大的锻炼，也养成了良好的体育锻炼习惯。

上桥南开小学在新冠肺炎疫情期间，设计和实施了此家庭锻炼方案，体育教师还贴心录制了每个动作的视频，帮助家长了解每个动作的要领，获得了较好的效果。学生回校上课，经体能测试，状态良好，精神十足。由此可见，家庭锻炼对学生体育品德培养的重要性及必要性。

1.亲子合作锻炼中的体育品德的培养

亲子合作锻炼有利于学生体育品德的培养，建立良好的亲子关系，拉近家庭与学校之间的关系，着力发展家校合作。学校组织亲子合作的方式很多，主要有亲子运动会、互动交流会、户外活动等等。亲子运动会不仅可以拉近亲子之间的关系，还可以展现师生良好的精神面貌，更能让学生从运动会中感知竞技的魅力，增强情感的体会。

（1）上桥南开小学亲子运动会实施方案

上桥南开小学为了倡导阳光体育，快乐成长，设计和策划了小学亲子运动会：

上桥南开小学亲子运动会	
运动会主题	和谐、阳光、健康、快乐
运动会目的	为了展现良好的校园风貌,丰富学生的学习生活,增强学生身体素质,并培养他们健康向上、团结合作、吃苦耐劳的体育品德
运动会时间	2020年10月5日下午1点
运动会场地	上桥南开小学田径场
参赛对象	全体学员参与,每个孩子可带一位家长参加
奖项设置	每项竞赛的第一名得3分,第二名2分,第三名1分,分组设一、二名和精神文明奖
活动流程	1.运动员入场。2.校长领导致词。3.校长宣布亲子运动会开始。4.亲子运动会正式开始。5.校长总结亲子活动情况,宣布比赛结束
竞赛项目	袋鼠跳、掷飞镖、运送鸡蛋、两人三足走、赶小猪、双人跳绳、踩石过河 每项活动每个班安排10组家庭和同组其他家庭进行比赛,各班班主任提前做好安排,做到全员参与。还未到竞赛的学生及家长由各班班主任统一带领在指定地点进行观看
活动名称	(一)袋鼠跳 1.活动目标:通过模仿袋鼠跳跃,学习双脚并拢向前跳,发展学生下肢力量,体验活动乐趣 2.比赛方法:家长和学生各一路纵队,相向而站,距离30米,采取迎面接力的形式,先完成的队伍为胜 3.比赛要求:比赛过程中袋子必须套在腿上,双手抓住袋子,如有摔倒,继续套好袋子进行跳跃 (二)掷飞镖 1.活动目标:提高学生的投掷能力,增加学生积极参与体育的兴趣 2.比赛方法:每个班级一个篮子和5个毽子,学生手持5个毽子在线后投掷,家长手持小篮子,站在呼啦圈内接毽子,一组家庭结束后计数,换下一组,直到所有的家庭都完成,统计总数,若是数目一样则用时短者获胜 3.比赛要求:家长接毽子时不允许走出呼啦圈,每组家庭需要在30秒内完成投掷 (三)运送鸡蛋 1.活动目标:增强学生的合作性,体会活动的快乐,发展学生的灵活性 2.比赛方法:起点前准备,听到开始哨后一组家庭把鸡蛋(乒乓球)架在两根棍子上,中途鸡蛋掉落捡起继续,到30米终点后将鸡蛋放到篮中,迅速返回起点将道具交给下一个家庭使用,率先完成的组为优胜者 (四)两人三足走 1.活动目标:训练学生步调一致大步向前行进的能力,强化学生的节奏感和四肢协调性 2.比赛方法:学生和家长两人一组从起点三组走,20米来回,采取接力形式,先完成的班级获胜

续表

活动名称	（五）赶小猪 1.活动目标：训练学生手脚协调运球的能力，增强学生的合作能力以及体验活动的乐趣 2.比赛方法：学生和家长各执一棍子，将篮球向前运，曲线运球绕过障碍物，运到30米终点处原路返回，球拍交给下一个家庭，用时最短的一组获胜 3.游戏规则：学生或者家长不能用身体任何部位接触球，每碰倒障碍物一次加5秒 （六）双人跳绳 1.活动目标：增加学生腿部小肌群力量，发展学生协调能力 2.比赛方法：家长手握跳绳，学生与家长面对面站立，开始声一响，家长带着孩子一起跳绳，计时共10分钟，平均每组家庭1分钟，裁判员喊"换"，此时迅速将跳绳转给下一个家庭，最后以班级为单位统计总数，最多者胜 （七）踩石头过河 1.活动目标：锻炼学生核心肌群和平衡能力，让他们身体能够快速反应 2.比赛方法：一名家长和孩子利用两块泡沫垫通过30米宽的河，听到开始哨声响后，学生拿泡沫垫摆在地上，家长踩在泡沫垫上前进，学生移动泡沫垫，直到终点，从终点回来，交换角色回到起点，直到最后一组家庭完成，用时最短的班级获得胜利

（2）反思与总结

这次亲子运动会前期准备工作充分，每个体育比赛项目都是经过体育组精心设计的，包括确定活动目标、道具准备、活动规则等，准备充分效果自然十分良好。不少家长反馈这样的亲子体育活动很有意义，拉近了与孩子之间的距离，一起合作完成一个活动，特别有成就感，也感受到学校的良苦用心。通过亲子合作锻炼活动，很多家长能够看到自己孩子身上的闪光点，即使没有获得最终的胜利，但孩子完成每一个项目都十分认真、努力，不抛弃不放弃，还与家长相互鼓励打气，这也是体育教育所追求的对学生体育品德的塑造。很多学生也表示对趣味体育项目特别感兴趣，很愿意参加，从中也感受到和家长一起玩耍的快乐。

由此可见，家庭亲子合作锻炼对学生体育品德的重要性，学校可以创新多种形式的亲子合作锻炼项目，让家庭教育与学校教育有效合作，共同促进学生的德智体美劳全面发展，让他们健康快乐地成长。

2. 家庭参与户外活动中的体育品德的培养

家庭参与户外活动对小学生体育品德的培养有着重要促进作用。户外活动让学生有机会亲近大自然，通过所见所得增长自身见识，通过家庭的参与，可以有效把控学生的安全性，在参与户外活动的时候可以设计体育锻炼相关的趣味项目，组织家长和学生积极参与到户外体育活动中，培养学生的能力，锻炼他们的社会交际能力以及团队协作能力。

上桥南开小学在2020年秋季组织实施了户外亲子活动，预先选择了环境良好、可以开展户外活动的场地，在学校班级群里发送活动信息，以自愿为原则，鼓励以家庭为单位积极参与。最后，很多学生都积极报名参与了亲子活动。

教师安排了很多有趣的家庭户外活动，如企鹅行走：让小朋友和家长面对面，小朋友的双脚放在大人的双脚上，从一个地点走到另一个地点。三人四足：以家庭为单位，若干家庭为一个比赛小组，使用橡皮绳或者布条作为折返点标志物，终点为红线。学生和家长单腿捆绑在一起，在20米的距离处折返回到起点，先撞红线为胜利。拔河比赛：小朋友之间拔河，家长加油；家长参与拔河，小朋友加油；最后小朋友在前，家长在后，共同参与拔河。

在活动前，教师在班级群提醒参与户外亲子活动的家长预先带上食物和餐布，可以在公园的草坪上吃东西补充体力。最后给予每个家庭自由活动的时间，享受家庭亲子活动的美好时光，家长们也可以观察自己的孩子和同伴同学之间的交往，从另外的视角看学生的闪光点。

[分析与反思]

通过这种类型的家庭亲子活动，学生有机会亲近自然，与家长、同学亲密交流，更重要的是在活动中获得成长，如参与拔河比赛，部分得失心比较重的小朋友，输了比赛后觉得很难过，这时家长和教师及时引导和安抚小朋友，让他们认识到人生输赢皆是常事，要学会以平常心对待竞技比赛，努力就可以了，这是对学生心理状态的调节，帮助他们树立正确的输赢观。三人两足的比赛考验了孩子与父母的默契，在生活中很多时候孩子与父母是没有机会共同参与体育活动的。在这样简单的比赛中，家长和学生变成了合作者，是合作关系，从而让他们体会到活动带来的亲子乐趣。

3.社会活动中体育品德的培养方法

社会活动指的是面向社会组织各种类型的活动，利用社会对教育的影响，培养学生的良好品德，让他们吸收知识与经验，增长见识与阅历。

（1）参与社会体育比赛中体育品德的培养

为了进一步促进学生身心健康成长，培养学生良好的体育品德，上桥南开小学组织小学生参与了各种社会体育比赛，通过社会体育比赛培养学生良好的体育品德。

重庆市体育总会组织开展了武术比赛活动，面向广大热爱武术运动的市民、学生。上桥南开小学体育教师黄老师带领小学低年级学生参与比赛，并取得不错的成绩。

比赛主题：全民健身，健康重庆。

比赛项目：青、少年武术套路；武术传统项目；中老年教学项目；舞龙、舞狮等；拳击、跆拳道等表演。

上桥南开小学学生带来了一套五步拳基础套路，小朋友一个个精力十足，在场上也是努力表演，每个动作都争取做到最好，伴随着稚嫩的吼声结束了整个表演。虽然小朋友的马步扎得还不够敦实，出拳也没那么有力，却也赛出了自己的风采和水平。表演结束后，黄老师组织大家到观看台观看其他队伍的表现。小朋友们看得聚精会神，尤其是中老年人队伍表演的太极拳和太极剑，小朋友都目不转睛、啧啧称奇。回校了，黄老师组织大家写了这次参加社会体育活动的感想，每个学生写的内容都十分情真意切。有的学生说："看到有个老年人都长出白胡须了，但打拳的时候十分利落，很厉害，我要向他学习。"还有学生说："通过这次活动，我对武术更有兴趣了，武术是我国的优秀传统文化，我们应该发扬光大。"

通过这次社会体育活动，学生收获颇丰，不仅感受到武术的魅力，还学到了很多优秀传统文化，如谦卑有礼、以柔克刚的态度等，同时学生的体育品德也在无形间得到了培养。

（2）志愿者活动中体育品德的培养

上桥南开小学组织学生参加志愿者活动是为了进一步弘扬奉献、友爱、互助的志愿者精神，倡导社会新风气，让小学生能够受到良好社会风气的影响，身心健康成长，在活动中培养小学生的体育品德。

上桥南开小学在特殊日子都会组织学生开展短期志愿者服务活动，如环保日、植树节、我国传统节日等。

在环保日，学校组织开展了"弘扬志愿精神、争做环境小卫士"的活动。活动地点在校园内和校门前。主要内容包括清理花园中的垃圾，劝阻不文明言行等志愿服务活动，引导全校学生都自觉投身到文明校园的创建活动中，做遵守纪律的好学生。另外，学校还开展了"创建绿色校园之节能从我做起"活动。活动地点在校园内。活动的主要内容为：节约一滴水、一度电、一张纸，倡导学生志愿者经常在教学楼的各个楼层中巡逻，关闭空教室的灯，同时对同学们宣传节能观念，唤起大家的节能意识，引导全校学生树立节约光荣、浪费可耻的观念，为节约能源、创造绿色校园尽自己的一分力，倡导团结友爱、助人为乐、见义勇为的新风气。

上桥南开小学通过校园志愿者活动，引导学生积极参与校园建设，培养他们爱护环境、节约能源的意识。与此同时，学校还开展了社会志愿者服务、关怀弱势群体志愿者服务等面向社会的志愿者活动，旨在通过志愿者组织以及志愿者服务，增加学生的社会经验，让他们通过自身的行为影响社会，也让社会教育和影响学生的品德养成，放大社会的正面积极影响，促进学生全面发展。

（3）通过社会实践组织小型体育活动中的体育品德培养

开展综合实践活动课程可以全面提升学生的综合实践素质，挖掘他们的潜能，让学生得到全面、和谐的发展。近年来，随着大众教育理念的更新，大家越来越看重学生的综合能力以及他们的品德塑造，很多学校也在积极和一些美术馆、风景区、博物馆合作，开展研学活动。上桥南开小学为进一步培养学生良好的体育品德，锻炼学生的身体，让学生树立锻炼身体、强健体魄的意识，在体育活动中感受团结友好、合作共赢的氛围。

上桥南开小学体育组与铁山坪森林公园合作策划了一次丰富有趣的研学活动，学生和老师一起到铁山坪森林公园进行研学活动。

我运动，我快乐，我健康

活动形式：趣味拔河，抢宝珠大赛，趣味跳绳，海豚戏珠，摇摆桥……

活动方式：所有参与活动的学生分为2组，在两天的时间进行分组比赛，采取积分制，积分最多的小组获胜，获得荣誉证书。

活动要求：提前检查布置好场地，检查游戏器械是否存在安全隐患；游戏前对学生进行安全教育；提前一天通知学生穿便于活动的服装，并戴好防护用具。

此次活动，学校体育组教师十分用心，准备了体育活动需要的一切设备，也策划了丰富有趣的体验活动。学生尤其喜欢摇摆桥：全体学生都站在摇摆不定的桥上，凭借身体的晃动，让对手站立不稳，跳下桥，最后剩学生最多的小组胜利。很多学生都觉得十分新奇好玩，跃跃欲试，发现站在桥上不容易操作后，又积极观察分析，甚至制订战术，哪个站位是最稳定的，哪种方式摇晃是最有力度的。学生在活动的同时也都在认真思考，出谋划策。在活动结束回家的路上，很多学生都累得睡着了。

通过这次社会实践活动，学生不仅在大自然的拥抱中锻炼了身体，还启发了他们的多种思维能力。学生摆脱课堂的束缚，参与活动的主动性和积极性也越发高涨。在此过程中，每个小组成员都为了自己小组的荣誉不断拼搏，每个项目都热情参与，在一些团体活动中，更能看到他们的成长。他们会和小组成员商量，会想对策和解决办法，还会鼓励其他体质较差的同学。他们逐渐有了团队意识，以及团结友爱的团队氛围。这也是组织和策划活动的初衷，体育品德的培养并不是如学科知识那样可以平铺直叙地传授给学生，反而需要融入活动中，潜移默化地影响学生，让他们主动感知感受，主动观察学习，逐渐成为具有体育品德的个体，才真正达到对学生品德的培养。

第三章

课程创新基地的实践内容

上一章探究了体育学科核心素养的具体表现形式，介绍了我校体育健康课程创新基地是如何围绕体育学科核心素养来制定相应的课程目标，构建与之相关的课程项目的；还列举了大量的课程案例，说明体育与健康课程创新基地是如何促进核心素养的形成的。从这些案例中我们可以发现，很多课程项目的开展，有较多的交叉目标和同类属性。

本章通过梳理基地建设的各个项目，并将其按照课程的性质进行归类，可以看到体育与健康课程创新基地建设的内容，大概有四个大类：基础课程、特色课程、活动课程、体验课程。本章分为四节，详细地介绍了这四类课程，包含具体内容及其实施案例，并针对课程的实施过程给出了相应的建设意见。由此我们可以看到：体育与健康课程创新基地的建设，必须以"基础课程"为主导，它是出发点也是落脚点；与此同时，还要善于利用其他课程资源，创新课堂教学模式，开发新的课程实施路径，打造学校"特色课程"，形成学校体育名片，开展丰富的"活动课程"，营造良好的校园体育氛围，用创造性的"体验课程"来开阔学生的眼界。

第一节
小学体育与健康基础课程的开发与实施

随着我国教育事业的不断发展，体育与健康基础课程也在实践中改革创新。广大中小学在体育课程实践中，按照体育新课程标准大纲，严格制订教学目标，在课程中体现对学生体育学科核心素养的培养，提升学生整体身体素质，促进学生健康成长，并以学生发展为中心，关注个体差异，确保每个学生身心健康发展。在长期发展过程中，我国的体育教育取得了很大的成就，这与每个学校的教育工作者长年累月的坚持实践和社会、学校的大力支持分不开。每个学校在体育基础课程实施的过程中，必然也需要结合学校的实践情况，开展合适的教学活动，根据因材施教原则，将基础课程的教学目标落实到教学实施中，达到应有的效果。对此，本章将分享上桥南开小学基础课程的实施与拓展，根据案例，分析在日常体育与健康基础课程教学中，如何有效落实教学目标，促进学生体育能力发展。并围绕体育学科核心素养，分析基础课程的目标和内容，旨在为广大中小学校构建相互交流与学习的平台，相互借鉴和学习，共同发展和进步。

一、基础课程的实施

1.基础课程的微观背景

随着我国教育事业的不断发展，体育与健康基础课程也在不断地更新变化，从课程目标到课程评价，都在跟随时代需求而变革。1956年编制的第一套《体育教学大纲》，明确了体育与健康教学的目标与宗旨，让体育课程的实施有了指导性纲要，而后在1961年、1978年、1987年、1992年和2000年都颁布了体育教学大纲。不断改革的教学大纲，反映了我国体育教育改革的成就与发展，积累了大量宝贵的实践经验，在广大中小学体育工作者的共同努力和社会、学校的大力支持下，我国的基础教育体育课程改革取得重大成就，也为体育教育事业的发展奠定了坚实的基础。由此也可以看出，体育教育事业处于不断创新发展的过程，每次课程改革都是对时代的适应，使其符合社会发展的需求，践行体育强国，提高全体人民的身体素质。

2001年6月进行了第八次基础教育课程改革，教育部颁布了《全日制义务教育普通高级中学体育（1—6年级）体育与健康（7—12年级）课程标准（实验稿）》（以下简称《课程标准（实验稿）》）。《课程标准（实验稿）》是我国整个基础教育课程改革的重要组成部分，是由教育部颁布的关于中小学体育课程的指导性文件。它规定了中小学体育课程的性质、目标、内容标准和评价等，体现了国家对中小学在体育课程方面的基础要求，是课程管理和评价的基础，也是教材编写以及教学与评价的依据。《课程标准（实验稿）》的颁布意味着我国中小学体育课程改革进入了崭新的阶段，我国中小学体育课程发生史无前例的巨大变化。

2001—2011年，课程改革一直在实践中总结、反思与完善，在经过充分的探讨与深入的思考后， 2011年国家颁布了全新的《义务教育体育与健康标准》（以下简称《课程标准（2011年版）》）。《课程标准（2011年版）》既体现了新时期国家对转变人才培养观念和模式的新要求，也坚持了自2001年以来体育课程改革的正确方向，并将体育与健康基础课程定义为一门以身体练习为主要手段，以学习体育健康知识、技能与方法为主要内容，以增进学生健康、培养学生终身体育意识与能力为主要目标的课程，并确定了体育课程的育人价值。学生通过体育学习过程逐步形成价值观念、必备品格和关键能力，具备体育学科核心素养。综上所述，体育与健康基础课程是我国体育教育发展的缩影，代表了体育发展的方向和育人价值，基础课程也围绕着学科核心素养展开教学，构建适应中国的健康体育课程模式，努力提升我国青少年的体质水平，培养学生的健康意识与行为，促进其全面发展。体育与健康基础课程也将构建更为完善和全面的结构及内涵。

2.基础课程的目标

体育课程是一门以身体练习为主要手段，通过合理的体育教育和科学的体育锻炼过程，增强学生体质、增进健康和提高体育素养为主要目标的必修课程；是学生课程体系的重要组成部分；是实现素质教育和培养德智体美劳全面发展人才不可缺少的重要途径。体育课程是为实现教育目标而选择的体育教育内容的总和，既包含了体育学科的内容，也包括了有目的、有计划、有组织的课外体育与竞赛活动。

体育课程对于提高学生的体质和健康水平，促进学生全面和谐发展，培养社会主义现代化建设所需要的高素质劳动者，具有极为重要的作用。体育基础课程由体育教育观念、教学内容、课程目标、教学评价等多个方面组成，其中课程目标是课程内容设置、教学评价开展的主要依据，详细解读课程目标，能够让体育教学的方向更加清晰。教师在实际的教学过程中需要充分解读课程目标，规划和设计教学方法、教学活动，随着《中国学生发展核心素养》的颁布，探讨有效培养学生发展的核心素养也成为教育工作者的热门话题。体育学科核心素养是学生发展核心素养的重要组成部分，发展体育学科核心素养也是促进学生发展核心素养的关键。当前阶段，体育课程目标指向了学科核心素养，体育课程要真正落实立德树人的根本任务，充分发挥体育育人的功能与价值，就需要培养学生的学科核心素养。学科核心素养引领课程目标、教学内容、教学质量、教学方式和学习评价等，简而言之，体育课程所有的教学环节都要紧紧围绕学科核心素养进行设计和实践。培养学生核心素养成为教学效果的重要衡量标准之一，具备核心素养是真正意义上的教学质量的提高，促进学生体育学科核心素养的形成是体育课程的崇高追求。学科核心素养既是体育课程的出发点，也是体育课程的落脚点，由此可见，在分析基础课程的目标时需要深入了解体育核心素养，围绕核心素养落实课程目标。

核心素养是义务教育体育与健康课程育人价值的集中体现，是学生通过体育与健康课程学习而逐步形成的正确价值观、必备品格以及关键能力，主要由运动能力、健康能力以及体育品德三个部分组成。

首先，运动能力，主要反映学生在参与体育运动时的综合表现。运动能力包括发展基础运动技能，提高一般体能与专项体能水平，增强技战术运用能力以及体育比赛或展示能力等等，主要体现在体能、运动技能、运动认知与理解、体育比赛或展开等方面。将学科核心素养的具体要求细化到课程目标中，学生应当学习与运用体能和运动技能，提高运动能力。在义务教育体育与健康课程学习期间，应当充分激发学生对运动的兴趣，让他们乐在其中，享受运动带来的快乐，并掌握各种体能学练方法，积极参与各种体能练习，体质健康测试成绩可以达到相应水平的要求，改善青少年的体型和保持良好的身体姿态；在学练多种运动项目技战术和参与比赛或展示的基础上，掌握1~2项运动技能，能够认识体能和运动技能发展的重要性，掌握所学运动项目的基础知识和基本原理，了解并运用所学运动项目的规则；经常观看体育比赛，并能简要分析体育比赛中的现象与问题；形成积极的体育态度，提高创新意识和实践能力。

其次，健康能力，主要是增强学生身心健康和积极适应外部环境的综合表现。健康能力包括养成良好的锻炼、饮食、用眼、作息和卫生习惯，树立安全意识，控制体重，远离不良嗜好，预防运动损伤和疾病，消除运动疲劳，保持良好心态，适应自然和社会环境等，主要体现在培养体育锻炼意识与习惯、掌握与运用健康知识、调节情绪、适应环境等方面。将健康行为体现在课程目标中，主要概括为学生学会运用安全与健康的知识与技能，形成健康的生活方式。通过义务教育体育与健康课程学习，学生能够理解体育锻炼对健康的重要性，积极参加课外体育锻炼，逐步形成体育锻炼的意识和习惯；掌握个人卫生保健、营养膳食、青春期生长发育、常见疾病预防、安全避险和运动伤病预防等知识与方法，并运用在日常运动、学习和生活中；了解和体验体育活动对心理健康的积极影响，学会调控自己的情绪，积极应对挫折和失败，保持良好的心态；主动与他人交流与合作，适应自然环境与社会环境。

最后，体育品德。体育品德指的是在体育运动中应当遵循的社会行为规范、体育伦理，以及形成的价值追求和精神风貌。体育品德包括自尊自信、勇敢顽强、积极进取、超越自我、追求卓越、遵守规则、诚信自律、公平竞争、文明礼貌、相互尊重、团队精神、社会责任感、正确的胜负观等，主要体现在体育精神、体育道德和体育品格等方面。课程目标强调在义务教育阶段，体育与健康课程学习应当引导学生积极参与体育活动，养成良好的体育品德，其在参与体育学练和比赛或展示中，表现出自尊自信、顽强勇敢、积极进取、不怕困难、坚持到底、超越自我、追求卓越的精神，遵守规则、诚信自律、自我规范、公平竞争、尊重对手的道德；文明礼貌、爱护和帮助同学、胜任运动角色、履行自己的职责、积极为团队作贡献、具有社会责任感、正确对待比赛胜负的品格，能够将体育运动中形成的良好体育品德迁移到日常学习和生活中。

3.基础课程的内容

在义务教育阶段，体育与健康基础课程的内容以核心素养为导向，围绕着课程目标设置了五类课程内容，即基本运动技能、体能、健康教育、专项运动技能系列和跨学科主题学习。其中，基本运动技能包括移动性技能、非移动性技能、操控性技能；体能包括心肺耐力、肌肉力量和肌肉耐力、柔韧性、身体成分、反应时、速度、协调性、灵敏性、爆发性、平衡能力；健康教育包括健康行为与生活方式、生长发育与青春期保健、心理健康、传染病预防与公共卫生事件应对、安全应急与避险；专项运动技能系列包括球类运动、田径类运动、体操类运动、水上或冰雪类运动、中华传统体育类运动、新兴体育类运动；跨学科主题学习包括钢铁战士、劳动最光荣、身心共成长、破解运动的"密码"、人与自然和谐美。这是义务教育阶段体育与健康基础课程的主要内容。

水平一（小学1—2年级）的体育课程目标，结合学生身心特征，小学1—2年级学生的课程内容主要设置了基本运动技能，包括活动性游戏和基本活动。活动性游戏是指比较简单的、能够促进身体大肌肉群发展的模仿性、表现性的游戏。基本活动则包括队列练习，走、跑、跳、投等练习。活动性游戏是小学低年级学生比较喜欢的教学内容和形式，教师在组织的过程中，锻炼学生的身体，强化他们的身体素质，提升他们的心理健康水平。有趣的活动性游戏还可以促进学生与同伴之间的交往，发展学生的智力。小学低年级的活动性游戏是由一定的情节、活动方式、规则和结果构成的群体性活动。体育教学中，很多身体练习，如身体姿势练习、基本体操、简单舞蹈、韵律活动，各种跑、攀爬、平衡等都可以采用游戏的方式进行，如小篮球游戏、小足球游戏都深受学生的喜欢。基本活动主要集中于一些简单的身体基本活动和实用性动作技能，如队列队形练习、基本体操练习，走、跑、跳、投、攀爬练习，简单的舞蹈、韵律活动等。1—2年级基本活动的教学任务，是保证学生掌握各种基本动作，培养学生正确的身体姿态，发展身体基本活动能力，培养友好合作团结友爱的品质。

基本活动中，走主要是脚的着地动作，上下肢配合，有利于良好的身体姿态的培养。跑主要是通过各种形式的自然跑，初步掌握自然奔跑的方法和正确的跑姿，发展学生自然奔跑的能力。跳跃主要是一些简单的单脚、双脚跳跃练习和基本的跳跃方法。投掷主要是一些简单的自然投掷动作，包括左右肢体的单手投、双手投等。滚翻主要是最基础的接近生活的滚动、滚翻动作，以发展学生的柔韧性、灵敏性等素质，提高学生在滚翻时控制身体平衡的能力。韵律活动和简单舞蹈主要包括在音乐伴奏下的韵律活动、模仿动物的简单舞蹈动作等。

水平二（小学3—4年级）主要是引导学生乐于参加新的体育活动、体育游戏和比赛，理解简单的体育相关知识，完成多种基本身体活动的动作，初步掌握多种球类运动的方法等。通过多种练习发展学生的柔韧性、灵敏性、速度和力量；锻炼学生坚韧不拔的品格，克服困难完成体育学习和锻炼；初步了解体育道德，注意规范自己的体育行为；在体育活动中主动和同伴交流与合作。为了实现水平二（小学3—4年级）的课程目标，课程内容还要兼顾学生身心发展特点，能够锻炼大小肌肉群的、有组织的运动活动，如球类运动，简单组合体操动作，民族民间体育活动，舞蹈和韵律活动的简单组合动作，游泳、滑冰、滑雪的简单组合动作，保持正确身体姿势的徒手操，队列队形练习等等。还要选择能够发展速度和动作灵敏性的多种游戏，发展平衡和协调的练习，如各种跳跃游戏、跳绳等。

水平三（小学5—6年级）的课程内容主要为引导学生认识到适当进行体育活动是一种有效且积极的休息方式，让他们感受到体育活动和比赛的乐趣，获得成功的体验。可以初步具有自主学习、合作学习和探究学习的能力，初步掌握简单的科学锻炼方法；基础掌握球类运动项目的技术动作组合和一些体操类运动项目的简单技术动作组合等等。到了小学5—6年级，课程内容在符合学生身心发展特点的同时，还需要有效提高大小肌肉群控制精细动作能力的有组织的运动活动以及其他学习内容，如球类运动、体操、舞蹈、田径运动、水上运动和冰雪运动、民族民间传统体育项目和新兴运动项目；身体姿势练习，跨越、钻过和绕过障碍练习，接力跑、平衡动作和节奏练习；安全的运动方法，青春期男女生身体特征的变化，青春期的卫生，女生经期科学锻炼的知识，营养与健康的关系，体育活动时的营养、卫生常识，身体健康与心理健康，体育活动与自尊、自信的关系，体育活动与调控情绪，现代社会中获取体育与健康知识的方法等。

水平段	项目	具体内容	学习内容（按教材）	学习目标（按新课标）
水平一	基本身体活动	跑与游戏	1.自然直线快速跑与游戏 2.30米快速跑与游戏 3.各种方式的接力跑与游戏	1.发展奔跑能力，培养跑的正确姿势 2.发展速度、灵敏性、协调性和一般耐力等身体素质 3.促进下肢力量和内脏器官的发展 4.培养勇敢顽强、克服困难、与同学友好相处、团结协作等良好品质
		攀爬、平衡与游戏	1.模仿各种动物爬行与游戏 2.跪撑爬行与游戏	1.初步学会攀爬、平衡动作的基本方法 2.掌握基本动作技能，体验活动乐趣 3.发展灵敏性、协调性等身体素质 4.培养勇敢、协作精神和安全练习意识和习惯
	体操类活动	基本体操	1.模仿操 2.拍手操	1.锻炼学生身体，促进身体协调发展 2.初步掌握完成一整套操的动作能力 3.发展身体的协调性、节奏感，促进身体的各部分器官机能正常发展 4.培养学生形成正确身体姿势和良好形态，以及集体动作协同一致、相互配合的精神和能力。
		韵律活动和舞蹈	1.韵律活动 2.舞蹈	1.学生获得基本知识和美的感受与情感体验 2.初步学习韵律活动时身体的基本部位动作、组合和简单的舞步 3.发展身体的协调性、节奏感、想象力、表现力、创造力 4.培养良好的身体姿态以及文明行为，陶冶美的情操
	球类活动	小篮球游戏	1.原地多种姿势拍球 2.投活动篮游戏	1.通过游戏形式，学生获得篮球活动的简单知识，熟悉球性特点 2.初步学习和掌握抛接、拍运、传、投等简单方法和技能 3.感受活动乐趣，发展身体灵敏性、协调性、速度和力量等素质 4.培养认真学习、刻苦锻炼以及团结协作的良好作风与习惯

续表

水平段	项目	具体内容	学习内容 （按教材）	学习目标（按新课标）
水平一	球类活动	小足球游戏	1.踢球比准游戏 2.直线运球游戏	1.通过游戏的教学形式，获得小足球的简单知识 2.体验、学习颠球、踢球、运球等基本动作方法 3.感受活动乐趣，发展身体灵敏性、协调性、速度和力量等素质 4.培养认真学习、刻苦锻炼以及团结协作的良好作风与习惯
水平二	基本身体活动	跳跃	1.立定跳远与游戏 2.发展跳跃能力的练习与游戏	1.能够说出所学跳跃项目的名称和含义，初步了解跳跃的基本健身作用 2.掌握用单、双脚跳跃和立定跳远的方法，体验急行跳远、侧向助跑跳高的动作方法 3.能主动积极参与学习活动，体验学习乐趣，培养学生具有优秀的体育品德
		投掷	1.原地掷沙包与游戏 2.发展投掷能力的练习与游戏	1.能够说出所学投掷项目的名称和含义，了解基本健身作用 2.掌握原地投掷沙包和双手前掷实心球的基本技术和简单的锻炼方法，提高身体素质 3.能积极参与学习和锻炼，具有一定的安全意识和习惯，在锻炼中能够表现出自信、果断、坚毅等优良品质
	体操类活动	队列队形	1.两路纵队左（右）转弯走 2.疏散与密集	1.了解学习队列和队形动作的必要性和重要意义，并能积极参加活动 2.学会简单的动作，能较准确地掌握动作方法和要求 3.培养身体的正确姿势，并注意保持良好的身体形态，提高学生的协调性、灵敏性和节奏感 4.培养学生的组织性和纪律性，以及良好的集体意识和协同动作的能力

续表

水平段	项目	具体内容	学习内容（按教材）	学习目标（按新课标）
水平二	体操类活动	技巧	1.发展前滚翻能力的练习与游戏 2.跪跳起	1.学习掌握各种前滚翻、多种后滚翻动作方法和肩肘倒立及简单组合动作 2.发展腰腹、上肢力量以及灵敏性、协调性和平衡能力 3.体验运动乐趣，增强安全意识，学会同伴间的保护与帮助的方法
	球类活动	小篮球	1.原地运球 2.原地双手胸前传接球	1.能够说出动作名称及术语 2.初步掌握原地和行进间运球、原地双手胸前投篮的方法，并能够在游戏及比赛中运用 3.提高身体素质和对球体的感知能力 4.培养篮球兴趣与勇于克服困难的优秀品质
		小足球	1.脚内侧接地滚球和脚底接地滚球 2.发展足球活动能力的练习与游戏	1.能够说出动作名称及术语 2.初步学习颠球、盘球、拖球、拨球的动作方法 3.发展速度、力量、灵敏性和协调性素质，促进身体机能水平提高 4.培养学习兴趣，培养勇敢顽强、机智果断、遵守规则、互敬友爱等优秀品质
		乒乓球	1.正手发球和反手发球 2.发展乒乓球活动能力的练习与游戏	1.初步了解和学习握拍、正手发球、推挡球和正手攻球等基本动作方法，并能够说出所学动作名称和简单术语 2.培养学生学习兴趣，提高运动能力 3.培养身体素质，增强上下肢力量，促进身体机能的发展 4.培养自尊和自信、机智果断的良好心理素质，形成良好的合作意识
水平三	身体基本活动	跑	1.400米耐久跑 2.发展跑能力的练习与游戏	1.能够说出跑的一些动作名称及术语 2.基本掌握各种跑的动作方法 3.在各类跑的游戏中发展速度、力量、灵敏性等身体素质，提高运动能力 4.培养出良好的体育品德

续表

水平段	项目	具体内容	学习内容（按教材）	学习目标（按新课标）
水平三	身体基本活动	投掷	1.助跑投掷垒球 2.发展投掷能力的练习与游戏	1.能够说出投掷项目的一些动作名称及术语 2.基本掌握多种投掷实心球和投掷垒球的动作方法 3.能全身协调用力完成投掷动作，改进投掷技术发展力量、灵敏性等身体素质 4.基本掌握一些简单的投掷锻炼的方法，积极参加游戏比赛，培养优秀的体育品德
	体操类活动	技巧	1.滚翻组合动作 2.发展滚动、滚翻、倒立能力的练习与游戏	1.能够说出所学动作的名称，掌握技巧练习中保护与帮助的方法 2.能够完成简单动作组合成的联合动作 3.发展灵敏性、柔韧性、力量等身体素质 4.能积极主动参与练习，能认真保护与帮助同伴完成动作，具有较强的安全意识
		支撑跳跃	1.山羊分腿腾跃 2.发展支撑跳跃能力的练习与游戏	1.能够说出动作名称，掌握支撑跳跃练习的自我保护，相互保护和帮助的方法，知道练习时必备的安全意识 2.基本掌握动作方法 3.完成动作协调连贯，发展协调性、灵敏性、力量等身体素质 4.培养学习兴趣，在练习中，培养出勇敢、顽强、果断、不怕困难的优良品质
	球类运动	小足球	1.脚背正面射门 2.发展足球活动能力的练习与游戏	1.能够说出所学动作名称与术语以及简单的竞赛规则 2.基本掌握脚背内侧传球、脚背正面射门、停球以及头顶球动作技能 3.发展奔跑、跳跃等能力，提高速度、耐力、灵敏性、协调性等身体素质 4.培养学生团结合作，尊重对手，遵守规则的意识和能力，树立集体荣誉感，培养良好的体育品德

续表

水平段	项目	具体内容	学习内容（按教材）	学习目标（按新课标）
水平三	球类运动	软式排球	1.正面下手双手垫球 2.发展排球活动能力的练习与游戏	1.能够说出所学软式排球基本技术的动作名称及术语 2.能够掌握一些简单的基本技术 3.发展灵敏性、协调性等身体素质及快速反应能力 4.培养顽强拼搏、坚毅果断的意志品质以及相互配合的团队精神

4.上桥南开小学关于"发展跳跃能力的练习及游戏"的教学案例分析

（1）阐述本案例的教学指导及课程内容

教师组织的关于发展学生跳跃能力的练习和游戏是坚持"以人为本，健康第一"的指导思想。根据教学对象选取合适的教学内容，提高学生对体育学习的兴趣，并通过营造良好课堂氛围，组织趣味课堂活动，培养学生的创新精神与实践能力。在教学实施的过程中激发学生自主学习和合作学习的意识，培养他们团队协作精神和社会适应能力，逐步形成学生的终身锻炼意识。

从教学内容及教材来看，"发展跳跃能力的练习及游戏"是体育与健康课程水平二基本身体活动跳跃中需要掌握的基本内容，主要为锻炼学生的跳跃能力，以跳跃为基本手段，通过单、双脚跳等方式，发展学生力量、灵敏性、协调性等身体素质。跳跃也能培养学生自我保护的能力。从教案中可以看到教师将跳跃的基本动作融入小游戏中，在学练过程中充分运用小组合作和小游戏的形式，使课堂的形式更加丰富多样。游戏提高了学生的兴趣，还增强了他们的运动技能，发展了学生的多项身体素质。

（2）本案例的关键要素及必备条件

从学习目标来看，教师以"体育与健康课程标准"为基础，结合具体的教学内容和学生的实际情况，有针对性地制订科学合理的教学目标，坚持目标引领内容。教师从运动能力、健康行为和体育品德三个方面实现学习目标。

运动能力：通过激发学生对跳跃活动的兴趣，在游戏和练习中掌握双脚跳跃落地屈膝缓冲的技巧。通过学、练掌握双脚跳跃的节奏，且有90%的学生能做到跳跃落地后的屈膝缓冲；10%的学生能够在老师的指导下完成，发展学生的协调性、灵敏性等身体素质。健康行为：在学习中积极主动与同伴交流合作，表现出主动、积极的运动态度；在游戏和比赛中有自我保护和保护他人的安全意识。体育品德：在展示中主动调节自己的情绪，正确对待比赛的胜负，遵守规则，尊重同伴，能正确对待比赛的结果，客观自我评价与相互评价，敢于尝试，积极挑战。通过对教案的分析，可以观察到教师将学习目标贯穿教学始终，如在准备部分的热身练习，教师从音乐节奏着手，设置集中注意力小游戏、热身操等，通过音乐旋律，激发学生对学练的兴趣。在此过程中，穿插各种跳跃练习，学生模仿教师跟随音乐用交叉跳、上下跳、并脚跳的方式进行练习，达到发展学生协调性、灵敏性的学习目标。在基本部分的巩固阶段，教师设计了双人合作练习，让学生相互配合跟随音乐完成动作练习，增强学生之间沟通交流的频率，让他们在教学中展示出积极主动与同伴交流合作的态度，实现健康行为的学习目标。以上都是在学习目标的引领下完成的教学内容，教师在教学实践过程中目标清晰有逻辑，设计活动展示都是围绕着学习目标展开，能够更有效地达成目标，实现对培养综合运动能力的培养

从运动强度来看，教师注重科学健康的体育教育，在教学实践过程中，持续性关注学生的心率、运动密度和运动强度，在开课与热身阶段，学生的运动强度维持在80～100次/分；在准备部分，学生的运动强度控制在120～140次/分。在基本部分，学生的运动强度控制在150～180次/分。整体运动强度在1.5，符合水平二阶段学生的身体发展规律，是他们可以适应的运动强度，既能够锻炼学生的身体素质，也能够磨炼他们的意志力。

从体能练习的展现和分配来看，教师注重对学生多项运动能力的锻炼。体能练习是课程内容的重要组成部分，包括对学生心肺耐力、肌肉力量和肌肉耐力、柔韧性、身体成分、反应时、速度、协调性、灵敏性、爆发力、平衡能力的训练。在本节课的学习中，教师将体能练习分为基本部分、设计体能与补偿环节，着重强化学生的体能练习，如仰卧摆腿主要是锻炼学生的腰腹力量；小游戏"小飞机飞起来"锻炼学生的核心力量；小游戏"找朋友"锻炼学生的上肢力量；小游戏"疯狂快递员"锻炼学生的柔韧性和灵敏性。体能练习对于小学四年级学生来说是相对枯燥的练习，对学生的意志力、耐力都有很高要求，教师将其设计为各种游戏活动，大大增加了练习的趣味性，使动作的完成不再枯燥乏味。教师在体能训练过程中还强调了学生之间的合作练习，增进与教师之间的互动，让他们在激励中应对挑战，相互加油打气、团结互助，在一定程度上也锻炼了学生的坚韧品质。

姓名 单位	胡× 重庆市沙坪坝区上桥南开小学校	水平/年级	水平二 四年级	学生人数	40人
		课次	第13次课		

学习目标	运动能力：通过激发学生对跳跃活动的兴趣，在游戏和练习中掌握双脚跳跃落地屈膝缓冲的技巧。通过学、练掌握双脚跳跃的节奏，且有90%的学生能做到跳跃落地后的屈膝缓冲；10%的学生能够在教师的指导下完成，发展学生的协调性、灵敏性等身体素质 健康行为：在学习中积极主动与同伴交流合作，表现出主动、积极的运动态度；在游戏和比赛中有自我保护和保护他人的安全意识 体育品德：在展示中主动调节自己的情绪，正确对待比赛的胜负，遵守规则，尊重同伴，能正确对待比赛的结果，客观进行自我评价与相互评价，敢于尝试，积极挑战

主要教学内容	1.各种跳跃与游戏 2.补偿性体能练习

重点难点	1. 重点：屈膝缓冲，落地轻巧 2. 难点：跳跃动作的协调连贯

安全保障	跳跃游戏过程中随时制止不安全行为，引导学生注意安全，避免危险	场地器材	踏板41块、音响设备一套、口哨一个、U盘一个、平整场地一块

课的结构	教学内容	教师教学与学生学练	组织队形	运动负荷	
				时间	强度
开始部分（2分钟）	一、课堂常规 1.体委整队、师生问好 2. 宣布本节课内容、重难点 3.节奏导课	教师教学： 1.宣布课的内容及要求 2.师生问好 3.安排见习生 4.安全教育：检查服装，妥善放置其他物品 学生学练： 1.整队"快、静、齐" 2.向老师问好 3.认真听讲，明白本课的任务及要求	组织：学生面向老师成四列横队集合 要求： 1.学生集合做到快、静、齐 2.教师精神饱满	30 s	80～100次/分

续表

课的结构	教学内容	教师教学与学生学练	组织队形	运动负荷	
				时间	强度
准备部分（5分钟）	二、热身练习 1.集中注意力小游戏——"拍节奏" 规则： 全体学生坐在踏板后，用手拍板打出节奏（强调身体姿态） 要求： （1）学生做到有序进场 （2）积极参与到练习中；拍板过程中注意和老师节奏保持一致 2.热身操： 学生、教师跟着音乐一起跳斗牛舞 要求：动作熟练；姿态优美；富有表现力 3.各种跳跃的练习：学生模仿老师跟随音乐用交叉跳、上下跳、并脚跳的方式进行练习（练习过程中强调身体姿态） 要求：1.积极参与到练习中 2.动作准确 3.节奏和教师保持一致	教师教学： 教师首先讲解活动规则和方法；提出要求 1.教师带领学生拍节奏来集中学生注意力，激发学生学练的兴趣 2.教师领做热身操。语言引导鼓励学生充分展示自己的动作，激发学生自我表现力及感染力 3.教师领做各种跳跃节奏练习，激励学生坚持完成 学生学练： 1.跟随音乐模仿教师，积极完成拍节奏、斗牛舞及跳跃的节奏性练习 2.情绪饱满，动作舒展到位有力量 3.坚持不懈，努力跟上练习节奏 4.活动练习中时刻注重安全	组织：学生坐在踏板后 组织：学生站在踏板后面向老师 要求： 1.动作与音乐协调配合 2.动作的整齐度及力度 3.表现力和感染力的展示	180 s	120~140次/分

续表

课的结构	教学内容	教师教学与学生学练	组织队形	运动负荷	
				时间	强度
基本部分（22分钟）	三、巩固阶段 体验双脚起跳双脚落地屈膝 1."石头剪刀布"学生练习双脚跳跃，上板后跳下与同伴做游戏（10次） 要求： 双脚起跳、落地轻巧 2.双人合作练习：一人拍板控制跳跃速度，一个人根据拍打的节奏完成3次跳跃然后交换 3."魔幻风车"复习双脚跳跃动作方法：结合落地屈膝的要求4人一组跟随音乐进行跳跃的完整动作练习（在踏板周围空地用双脚起跳双脚落地的跳跃动作做循环练习）	教师教学： 1.教师示范双脚跳跃落下的方法 2.引导学生观察回答教师提出的问题："老师与你们的跳跃有什么不一样？"再模仿教师进行跳跃 3.教师示范讲解双人合作"石头剪刀布"练习方法及要求 4.教师组织学生完成双脚跳跃落地的动作练习，提出练习要求 学生学练： 1.观察教师跳跃动作回答问题 2.模仿教师动作，积极参与练习，挑战自我 3.与同学合作完成跟节奏降低速度的跳跃练习 4.结合音乐完成双脚起跳双脚落地的完整动作 要求：模仿到位、练习过程中去体验如何落地轻巧	组织：站到踏板后面向教师 组织：学生从板后踏上	180 s	

续表

课的结构	教学内容	教师教学与学生学练	组织队形	运动负荷	
				时间	强度
	四、强化阶段 强化落地技术动作 1."小小降落伞"踏上踏板跳下（教师根据前面的练习情况发现问题，根据问题提出用踩上踏板然后落地的练习方法感受屈膝缓冲） 2.4人小组重新组合踏板高度，做踩上踏板跳下的练习（增强屈膝缓冲的感受） 3."翻山越岭"（跳过一定高度落地）跳跃横向踏板的练习 4人小组围绕4块板进行循环跳过练习 4."飞跃彩虹桥"（跳跃一定远度）：单人站在踏板的侧面进行跳越竖板的练习	教师教学： 1.讲解示范感受落地屈膝的方法，要求通过不同方式练习体会落地轻巧的感觉 2.引导学生说出体验感受 学生学练： 1.在小组长的带领下，小组合作练习 2.互帮互助，4人相互鼓励完成连贯跳跃 3.积极参与到升级挑战中 4.说出体验感受 要求：提醒学生将屈膝落地的动作运用到跳跃踏板的练习中	要求：屈膝缓冲，落地轻巧 组织：学生在板后起跳，越过横向踏板 组织：单人竖板来逆袭 要求： 1.积极参与 2.互帮互助	240	150~180次/分

续表

课的结构	教学内容	教师教学与学生学练	组织队形	运动负荷	
				时间	强度
	五、运用阶段 1. "小小观察员"（跳跃之星活动的展开，小组互评跳跃之星） 要求：注重安全，落地轻巧，屈膝缓冲 2. "比比谁更远"（跳跃能力的运用） 规则：学生跳跃，然后利用手环设定自己的跳跃落点，再去挑战他人的落点，不断刷新纪录 要求：正确的跳跃动作，充分自我保护，注重安全	教师教学： 1. 教师示范动作，讲解闯关规则与方法 2. 教师组织学生进行横向和纵向跳跃踏板的练习。提出练习要求 3. 巡回指导，提醒要求 4. 正确评定学生表现，再次强调屈膝落地轻巧 学生学练： 1. 积极参与练习与挑战 2. 观察思考、模仿教师动作 3. 克服困难，挑战自我 4. 团结协作，注重安全 教师教学： 1. 教师组织学生4人小组进行跳跃能力的展示 2. 选出优秀，评价学生的跳跃展示 学生学练： 1. 积极展示自己的跳跃技能 2. 客观评价他人的展示	组织：4人小组循环练习 要求： 1. 合作学习，相互帮助 2. 动作协调有力度 3. 落地轻巧 4. 注意安全 组织：学生在踏板内侧	180	150~180次/分

续表

课的结构	教学内容	教师教学与学生学练	组织队形	运动负荷	
				时间	强度
结束部分（5分钟）	六、体能与补偿"体能大闯关" 1. 仰卧摆腿；（腰腹） 2. 小飞机飞起来；（核心力量） 3. "找朋友"小游戏（上肢） 4. "疯狂快递员"小游戏（柔韧性、灵敏性）	教师教学： 1.讲解终极挑战的规则和方法：利用手环设定跳跃目标 2.组织学生参与跳跃能力的比拼 3.评价各组学生表现 学生学练： 1.听清规则积极参与比拼 2.运用正确的跳跃技术动作 3.注意落地屈膝保护自己 教师教学： 1.讲解体能练习活动的方法和要求并组织 2.强调学生之间的合作练习，以及与教师之间的互动 3.强调安全，语言激励学生坚持完成相应的挑战 学生学练： 1.听清规则，挑战自我，坚持完成 2.相互加油呐喊助威，边做边数个数，团结协作，与同伴默契配合完成相应练习	组织：4列横队，学生在踏板上面 要求： 1.动作到位 2.注意安全 3.相互鼓励，克服困难 组织：4列横队 要求：心情愉快，尽量放松，以帮助尽快恢复身心		

续表

课 的 结 构	教学内容	教师教学与学生 学练	组织队形	运动负荷	
				时间	强度
	放松活动 "带我到山顶" 跟着音乐进行拉伸 和节奏律动	教师教学： 1.带领学生在音乐 的伴奏下放松，轻 松自然 2.动作能够配合提 示的语言 学生学练： 1.学生跟着教师起 舞放松，达到身心 的放松 2.学生认真听教师 的总结，思考自己 是否完成了本次课 的内容以及明确以 后的学习目标 3.学生收还器材， 与教师再见 教师教学： 1.教师总结本节课 目标达成情况，布 置课后作业 2.与学生再见 学生学练： 1.学生谈谈本课的 收获 2.学生收还器材， 与教师再见	组织：面向教师 集合 要求：心情愉 快、保持安静， 做好个人总结		
预计生 理负荷 曲线图				平均心率：140～ 160次/分 运动密度：75% 以上 运动强度：1.5	

5.实施与建议

在具体的实施过程中，教师按照教案一步步落实教学计划，首先是开课与热身环节，在开课前，教师先用节奏欢快的"斗牛舞"热身引课，充分调动学生的学习兴趣和积极性，在热身活动中运用节奏感小游戏和各种跳跃活动进行复习巩固。在之前的学习中，学生已经初步具备了跳跃的技能和认知，通过这样的热身活动，唤起学生的身体记忆，充分活动了学生身体，也促进了学科结构知识的发展，增强了学生的表现力以及对动作的控制力。

技能与能力发展主要集中在基本部分，在教学实施过程中，教师运用跳跃的基本动作配上热情的音乐及欢快的节奏，让学生充分感受到跳跃的多样性和趣味性。教师还安排了组长及优秀学生示范，起到模范带头作用，教师给予及时的评价和表扬，满足了学生的表现欲望，还大大提高了学生的学习兴趣。引导学生通过小组合作的方式，对器材进行不同形式的排列组合，并进行分组练习，让学生深刻感受到跳跃与游戏的魅力，进而引导学生自主探究，并培养学生协同合作的能力和勇于创新的良好品格。在教学过程中，教师以分组游戏挑战的方式，调动学生的运动情绪，呈现出他们的练习效果，有效提升学生的运动技能。

在体能练习实施过程中，教师将其设计成基本部分体能与补偿的环节，采用共同协作的方式，引入动感的音乐，让学生在快乐、兴奋中共同配合完成练习，有助于提升学生的上肢力量及核心力量。

最后，教师在放松环节引入经典民谣，引导学生跟随优美的旋律，轻松自然、放松身心，结束本堂课的学习，再结合一些课后练习加深学生对跳跃的理解。

本节课教师在课前准备充分，对场地器材都进行了细致检查，在课堂实施过程中不断强调安全问题，保障学生在安全前提下投入学习。课堂流程完善，教学效果良好，突出了教学优势，凸显了课堂特色。首先，教师把"教"与"学"转变，教学目标转为学习目标，将跳跃技术动作融入游戏和比赛，引导学生在游戏中学、在练习中学、在比赛中学，充分激发学习的兴趣，营造轻松愉快的学习氛围。其次，教师还借助新兴体育器材踏板帮助学生巩固动作技能，刺激其参与体育活动的欲望，使他们能够突破课堂的重难点，保证学习的质量与效果。再次，将本课的重难点以及相关知识、跳跃动作的运用、健康行为、体育品德等学习目标融入教学的各个环节，实现目标引领内容，用自学、互学、展评、比赛等多种教学方法和手段激发学生的表现力，培养他们主动学习的能力，充分发展学科核心素养，实现学习的目标。最后，遵循教师为主导，学生为主体的教育理念，结合学生的实际情况进行分层次练习，同时关注性别差异，关注学生个体差异性，有利于班级学生共同进步。

当然即使是成功的课堂教学也难免会存在一些需要注意和避免的问题以及需改善的地方，对其进行系统的梳理和反思有利于进一步提升教学能力，为今后的教学积累经验。例如在课堂上，设计了很多有趣的活动，切实地提升了学生对体育课堂的兴趣，但学生容易忽视游戏背后的知识学习，过于沉浸在玩游戏中，导致部分学生在跳跃时姿势不到位，稍有不慎可能会伤害身体。在培养学生竞赛精神时，如"比比谁更远"等课堂活动，教师需要提前向学生强调比赛的公平性，正确看待输赢，在保证自我安全的前提下努力争取名次，但有部分学生过于在意输赢，甚至输给其他学生会情绪失控，这种情况教师需要提前规避。最后，摸索新的教学方法和教学手段，在信息化时代，科学技术的运用为课堂带来了全新的教学手段，教师应当充分利用线上多媒体教学，让教学手段更加多元化。这些方面都是教师在课后反思中可以静心沉思的地方，只有积极反思，改善不足，才会摸索出更多教学规律、创新教法，总结组织教学方面的方法，解决诸多未能突破的误区。

二、基础课程的拓展

1.基础课程拓展的意义

根据义务教育体育与健康课程核心素养的理解，学科核心素养应当引领课程目标，课程内容围绕课程目标选取。体育学科核心素养强调学生应当通过体育与健康课程的学习逐步具备正确的价值观、必备品格和关键能力。上桥南开小学的基础课程是围绕核心素养培养、课程目标达成实施教学计划。除基础课程内容外，学校还根据实际教学情况以及学生的身心发展特征进行课程内容拓展，开展多种情境式教学内容，从解放学生天性，到引导他们进行身体探索，将课程内容设计为一个个故事情境，让学生投入情境中，提升学生的注意力、反应力以及身体协调能力。以情境游戏为主，充分激发学生参与游戏的积极性，让他们全情投入学习，在缓解学生学习压力的同时，还充分激发他们的创新精神和探索精神。学校设计了相对完善的情境体育课教学内容，包括水平一、水平二和水平三，情境游戏的学习内容难度也逐步递增，遵循学生的身心发展规律，调整学习目标，达到不同的学习效果。基础课程的拓展对小学阶段体育与健康教学的开展有其重要意义，能够进一步巩固基础课程的内容，如走、跑、跳跃等基础运动技能，还能锻炼学生的反应能力、控制能力、身体协调能力等。更重要的是，在新课程标准中，强调义务教育阶段，体育与健康教育应当形成跨学科主题学习，将不同学科的内容引入到体育教学中，与体育学习充分融合，促进学生的全面发展。情境体育课正是将音乐、戏剧、自然科学等多种元素都融入课程中，如"小种子发芽"，让学生利用自己的身体，进行无限伸展和收缩，并根据音乐营造的情境，尝试用身体展示和表达，完成音乐感受力和肢体表现力的提升。又如"不听话"的朋友，借助戏剧的力量，提升学生的观察能力，让他们努力发现最细微的不同，训练注意力的高度集中和长时间的保持等等。由此可见，基础课程拓展是进一步挖掘学生潜能，促进他们全面发展的重要方法和途径，各大中小学校都应当积极探索和实践适合本校的拓展方向，提升教学质量和效果。

2.情境体育课内容

水平段	单元学习项目	学习内容	学习目标
水平一	解放天性	1.筷子与煎蛋	提升学生的注意力、反应能力、协作能力，学会队形的排练与组织，为日后学习活动的开展打基础
		2.调大音量	提升学生的注意力，让他们逐渐学会释放自我并学会控制情绪和身体，解放天性
	身体探索	1.走走停	提升学生的注意力、反应力以及身体的协调能力、控制能力
		2.小种子发芽	让学生学会利用自己的身体，进行无限伸展和收缩，并根据音乐营造的情境，尝试用身体展示、表达，完成音乐感受力和肢体表现力的提升
	我用身体盖房子	"咯哩巴巴"变	通过初步练习，提升学生的模仿力、想象力、反应力和表现力
	动作接力棒	照镜子	通过模仿镜中人，锻炼反应力、模仿力和观察力
	我有一个"不听话"的朋友	1."不听话"的朋友	通过戏剧游戏，提升学生的观察能力，让他们努力发现最细微的不同，锻炼注意力的高度集中和长时间保持
		2.遇见小"胡闹儿"	模拟某个真实的场景，学会"真听真看真感受"，与他人进行生活化的交流和适应，并了解生活中的事情哪些是应该做的，哪些是不应该做的
水平二	解放天性	1.猎人回头	提升学生的注意力、反应力，逐渐学会控制身体的打开与收缩
		2.抱一抱	通过本节课的戏剧游戏，提高学生的协作能力、数字逻辑能力及反应能力
	身体探索	身体的重心	让学生了解、感知身体某个部位的触觉，增强想象力和感受力，为肢体的外部技巧做基础训练

续表

水平段	单元学习项目	学习内容	学习目标
水平二	我用身体盖房子	3D打印机	这节课是更加细腻的进阶模仿，着重锻炼学生的观察能力和细致的模仿能力，以及瞬时记忆能力
	动作接力棒	1.我是首领	这节课是更加细腻的进阶模仿，着重锻炼学生的观察能力和细致的模仿能力，以及瞬时记忆能力
		2.延时模仿	这节课的内容是镜子模仿的进阶，主要是考查学生对动作的短时记忆，提升他们的观察力、模仿力
	我有一个"不听话"的朋友	1.移形换影	由一人扮演两人的角色，要求瞬间转化为另一个角色，演出明显的性格区别和不同的行为，达到区别角色的目的，提升短时间内扮演其他角色的能力
		2.水果蹲	通过此游戏，提升学生的注意力、反应力及语言律动感受
水平三	解放天性	语言、动作一传一	通过此游戏，提升学生的注意力、反应力及语言律动感受
		声音墙	通过戏剧游戏，提高学生的协作能力、吐字归音准确率及声音的穿透力
	身体探索	画直线	在学生学会运用自己的身体"画直线"的同时，充分训练他们的想象力和肢体表现力，并通过肢体的"画作"，来展现和表达情感、情绪
	我用身体盖房子	变身!合体!	通过深入的模仿训练、自主创造队形位置的初步探索训练，提升学生集体想象能力、创造能力、协作能力、模仿能力，以及对空间感的把控能力
		建筑大师	通过综合的想象能力、创造能力、模仿能力、协作能力的进阶训练，学生学会用肢体进行模拟并有意识地进行空间构架，以及队形的排列、整体效果的呈现
	动作接力棒	肢体记忆	通过综合的动作记忆、模拟、反应的训练和呈现，提高学生的大脑记忆力、肌肉记忆和观察力、模仿力等
	我有一个"不听话"的朋友	影分身	本节课进行一人分饰多角的综合性瞬间性格转化训练，着重提升学生的记忆力、反应力、想象力和对人物形象的把握等

案例1：筷子与煎蛋

这是水平一解放天性单元学习项目，旨在提升学生的注意力、反应力、协作能力，学会队形的排练与组织，为日后学习活动的开展打基础。在实施教学前，让学生穿好便于活动的衣服。然后开始导入课程学习内容："欢迎大家开始学习一门新的课程——戏剧课!戏剧课?唱'戏'的课吗?当然不是!老师先不告诉大家咱们的戏剧课和演戏、唱戏有什么不同，玩得多了，慢慢你们就了解了。今天是我们的第一节戏剧课，先来玩和队形有关的游戏。这些小游戏需要相互协作才能玩得好，大家准备好了吗?"然后正式进入课堂过程。

首先是热身活动。带领学生扩扩胸、扭扭腰、高抬腿、拉拉背……热身活动做得充分、到位，他们才能有效参与到游戏中。

其次是进入课程主要情境创设。男生、女生各成一列，全班变成一双"筷子"，这就是练习的第一种队形——筷子队形。然后，问学生："大家都见过圆圆的荷包蛋吧?"所有的学生手拉手，迅速拉成一个大圆圈。这就是第二种队形——煎蛋队形。

最后一种队形是"散落站立"。学生面对老师，前后左右自动分散，保持便于活动的间距，并且每个人都能看到老师。

在活动过程中，播放节奏感强的音乐，带领学生随意切换练习三种队形，中间可以加入动物角色，节奏或快或慢，可快速变队形，也可以悄悄地带着角色改变队形。提醒学生一定注意协作，这样才能迅速完成队形切换。

最后，舒缓结束。带领学生再简单做拉伸运动，逐渐放松身体，呼吸回到日常状态。

此课程实施建议及评价：

这堂戏剧课的练习主要是要求学生在游戏中学会队形排练，培养他们的合作精神。因此，在教学最后，让学生分享自己的感受，总结"筷子和煎蛋"游戏中顺利变化队形的关键是什么，有助于深化他们的体验。观察学生参与游戏是否积极，在游戏过程中是否能够做到准确反应。

案例2：调大音量

水平一解放天性单元学习项目，旨在提升学生的注意力，让他们逐渐学会释放自我并学会控制情绪和身体，解放天性。

在实施教学前，让学生带水，防止喉咙嘶哑。再进行教学导入："各位同学，今天的戏剧课我们要玩和上次不一样的游戏——调大音量。这可不是按按手机调节音量键或拧拧收音机音量键的游戏，而是要尝试用声音和动作来控制我们身体的'音量'，让我们试试看吧!"

正式进行课堂学习，教师先带领学生进行热身活动，做一做跳跃运动、唇齿运动等，拉伸四肢，避免在游戏过程中受伤。

开始时，让全班学生手拉手围成一个大圆圈，按照顺序"大声地、清晰地"喊出自己的名字。提醒学生，游戏的要求是"大声地、清晰地"喊，学生充分释放自己的音量!

接下来，问学生："同学们不是有自己的小名或乳名吗?大家一起分享吧!依然是那两个要求哦!"

游戏过程中可以让学生适当加入自己最喜欢吃的东西或最不爱吃的东西，然后大声地喊出来。

之后，告诉学生："我们已经打开自己的声音了，下面试试打开我们的身体吧!"

教师双手举高，代表身体"疯狂"的幅度，原地随意疯狂地动;双手落下，则身体静止。注意让学生感受这个过程中释放与控制的变化。

进行完分解的声音与身体的释放，就要二者结合起来玩。教师引领，左手的高低代表声音的大小，右手的高低代表身体疯狂的幅度，左右交替，让学生感受其中的打开和收缩。

最后，舒缓结束。学生放松，舒缓身体和声音。问学生："你是如何打开了自己，又是如何学会控制自己的声音和身体的呢?"

此课程实施建议及评价:

游戏前，教师先进行示范，然后请一名学生进行演示，这样更有助于分步调动学生的情绪和参与度。注意先制订游戏活动的规则，并进行原地训练，以免学生乱喊乱动。游戏时，一定要多多给予学生鼓励。观察学生是否能积极参与，在课程进行过程中是否能够做到准确反应、收放自如。

案例3: 走走停

水平一身体探索单元学习项目，旨在提升学生的注意力、反应力以及身体的协调能力、控制能力。在开始教学前，学生准备手鼓或小鼓。再进入课前导入: "同学们，戏剧课中，我们的身体就是我们创作的工具。今天，我们要玩的戏剧游戏叫'走走停'，就是让大家在玩的过程中，不仅要学会打开身体，更要学会如何控制我们的身体。"教师带领学生一起做热身活动，如肩颈运动、高抬腿活动等，充分舒展身体，确保身体能够有足够的灵活性，真正参与到戏剧游戏中。

开始真正学习时，首先让全体学生散落站立在教室里，然后听口令做动作。当教师喊"走"时，全体学生在教室内自由穿梭，布满整个教室，但不许碰到任何人;当喊"停"时，全体学生迅速"定住"，教师试图打扰以检查他们是否能够坚持住。这一环节的要求是动时可以疯狂舞动、奔跑，静时必须纹丝不动。

接下来开始深入，将全班学生分为男生、女生两组，以鼓点为口令。敲击一下，表示"男生跑女生停"；敲击两下，表示"女生跑男生停"，要求所有学生跟随鼓点指令迅速反应，做出相应指令的动作，看是否会受另一组影响。

然后慢慢增加指令，敲击三下，表示"全体快速跑"，学生要互相穿梭躲闪，布满整个教室；敲击四下，表示"全体迅速停止"。停止后的要求是刚才是什么动作和表情，在停时依然保持同样的动作、表情，不必浮夸、扮丑，第一时间静止为好。

敲击五下，可以表示"全体将身体缩成最小"或"时光变慢"等。

将前面几种指令融合或打乱进行训练。在这个过程中，告诉学生："我们的身体是无所不能的，关键是我们怎么打开和控制它。"

最后，舒缓结束。带领大家做一些拉伸运动，充分放松身体，避免剧烈活动后的不适感。同时，学生回味刚才在游戏中是如何打开与控制自己身体的，加深他们的体验。

此课程实施建议及评价：

游戏前，教师先进行示范，可以找一名学生演示如何在奔跑中穿梭躲闪，如何纹丝不动等。并告诉学生，动如脱兔，静若处子，打开自我时能像炸弹爆炸一般，但该控制时却可以静如止水，就说明大家已经逐渐学会控制自己的身体了。刚开始玩游戏，教师要和学生一起穿梭，注意并强调跑动中的安全，保证安全第一。教师需要在课堂上观察学生是否积极参与，在游戏过程中的反应是否迅速、专注和达到要求，以此来判断他们能否控制自己的身体。

案例4：小种子发芽

水平一身体探索单元学习项目，旨在让学生学会利用自己的身体，进行无限伸展和收缩，并根据音乐营造的情境，尝试用身体展示、表达，完成音乐感受力和肢体表现力的提升。

教师需要提前准备音箱、音乐《生命》。再利用疑问句激发学生好奇心，从而导入新课："外科医生的工具是手术刀；士兵的工具是枪；画家的工具是画笔和颜料，那戏剧演员的工具是什么？对，我们的身体。因此，我们的身体无所不能！我们怎样才能让自己的身体变成最小的样子？又如何变为最大最伸展的样子呢？如果我们都是一颗小种子，从米粒大小变为参天大树，我们的身体将会发生怎样的变化？跟着音乐，让我们一同进入'小种子'成长的故事……"

首先，教师组织学生一起做拉伸运动等能够舒展身体的活动，这样能让学生更有效地探索自己身体伸展和收缩的最大可能。

其次，创设故事情境，和学生讨论并请一名学生示范，身体变成最小的样子会怎样，变成最大的样子会怎样，是不是还可以变得再大些，等等。

然后，开始讲述"小种子发芽"的故事，让学生用身体来表现和演绎故事情节的发展。

"同学们，现在我们都变成了最小最小的种子，被种在了肥沃的土地里（提示学生这时应把身体变成最小）。我们还未苏醒，但已经感受到了泥土里的黑暗和潮湿，还有冷……这时，走过来一位小朋友，给我们浇下了第一滴水。接着，水分进入我们的身体，我们的关节开始一点点打开，每一个细胞开始慢慢苏醒。我们轻轻地用头顶破一层泥土，第一次睁开眼睛，变成了一株小树苗。

阳光洒到了我们身上，我们不再感觉潮湿，而是暖暖地伸个懒腰，其他关节也慢慢张开，变成了一棵大树苗。这时。我们伸了腿和脚开始稳稳地站在地下，开始汲取养分并慢慢延伸，关节仍在伸展，我们逐渐变成了一棵小树。

突然，天空阴云密布，起了阵阵冷风，夹杂着土块和石子，渐渐地下起了瓢泼大雨。在风雨交加的这个夜晚，我们互相保护、陪伴着对方，度过了恐怖的一夜。

第二天，天气晴好，我们看到了刺眼的阳光和雨后的彩虹，身体里的每个细胞都精神饱满，我们又开始了生长。慢慢地，根茎越来越大，树干也越来越粗，枝繁叶茂，绿叶葱葱。就这样，经过很多很多年，我们变成了参天大树。

再低头看看曾经养育自己的土地，如此肥沃、干净，抬头看看天空，我们惬意地享受着和煦的阳光和清脆的鸟鸣。一群孩子在下面抱着我们，玩耍、嬉戏、乘凉，依偎着我们睡午觉。当恶劣天气来临时，我们张开双臂，为他们遮风、挡雨……就这样，我们幸福地过了几十年。

幸福还来不及回味时，没有了蓝天，没有了鸟鸣，没有了活泼的孩子，换来的是浓重的汽油味、轰鸣的电锯声、可憎的掠夺者的脸和一棵棵倒下的同伴……

最不想发生的事还是发生了，电锯锯断了我的一个个关节、手指、小臂、大臂……我不能再拢着学生玩耍了，不能再为他们遮风挡雨了……我的身体慢慢萎缩、断掉，树干也变得不再笔挺。曾经参天的我们，最终变成了一个个孤零零的树墩……

空中淅沥沥地下起了细雨，夹杂着汽油的味道，很冷……一位老者默默拄着拐杖坐在我的身上，叹了口气。雨水打湿了他弯曲的脊柱，他替我们擦了擦身上的水珠。这时，就像一场梦，我们又回到了土壤的怀抱里，变成了最小的样子……"

通过故事情境的创设，学生进入情境中，跟随故事的人物一起成长和学习，达到学习的目的。

最后，舒缓结束。学生围坐成一圈，讨论彼此的感受，加深体验，平复心情。然后适当做些拉伸身体的活动，结束本节课。

此课程实施建议及评价：

整个过程中，教师可将教室的窗帘拉上，播放舒缓的轻音乐，让学生全部闭上眼睛，用身体去感受即可。教师即兴地、慢慢地讲述这个故事，让学生一起感受每一个场景和变化，自然地做出相应的肢体动作，不用任何表情和情绪，全部用肢体感知、表现。可适当加入拟声词。为了营造更加真实的情境，中途尽量不要跳出故事营造的氛围。教师不必浮夸地去表现故事情境，观察学生是否认真地进行感知，是否投入此规定情境。生长和收缩的样子不必拘泥于一种形式或一种状态，只要身体对情境、情绪的表达准确即可。

3.情境体育课建议

情境教学法在当前素质教育理念下，在各个学科实际教学中普遍实施和运用，都取得不错的效果。情境教学符合学生的认知发展心理，在教学实施过程中，能够以学生为主体开展学习，激发学生学习的积极性和兴趣，主动投入学习过程，健康快乐地成长。也正是基于此，学校开展的情境体育课，能够在体育基础课程上进一步拓展，发挥情境教学的良好作用。在教学实施过程中，颇受学生的欢迎，教学效果显著，但仍然存在一些不足，如部分教师在实施情境体育课时，过度注重情境化设计，而忽略了情境体育课作为基础课程拓展的真正价值，导致课堂中关于体育教学内容被弱化，学生难以从中巩固体育技能，锻炼反应力、灵敏性等，不利于学生体育教学目标的达成。因此，学校和教师都应当立足于体育与健康课程，发展情境体育，集中学校的师资力量，不断创新情境体育课程内容，使其与学校的教学实际和学生的身心发展需求更加契合，实现新课程改革背景下，体育与健康课程的课程目标，培养学生的学科核心素养，促进其全面健康发展。

第二节
小学体育与健康特色课程的开发与实施

2016年，国务院办公厅印发了《关于强化学校体育促进学生身心健康全面发展的意见》（以下简称《意见》）。《意见》提出"让学生熟练掌握一至两项运动技能，逐步形成'一校一品''一校多品'教学模式"。"一校一品"是指一个学校一个品牌，创建一校一品体育特色，即一个学校结合自己学校实际情况，如师资、场地等特点，设计创建符合本校发展的特色体育项目，在体育课程中形成独立的专项体育教学内容。这是一所学校区别于其他学校的具有自己专属特色的东西，是学校重点宣传的一种教育教学理念，是能够让人接受并记住的。

因此"特色课程"的构建是实现"一校一品"的重要途径。此外，特色课程既是学校体育工作的亮点所在，又是体育与健康课程创新基地的优势体现。如何打造学校体育特色课程，树立学校体育文化品牌，是学校体育与健康课程创新基地发展的重要内容之一。

一、建设"特色课程"基本原则

1. 优质原则

优质是教育特色的本质特征，而教育特色是教育品牌的具体呈现形式。学校要在特色项目的选定、培育、提炼和升华上多下功夫，将其打造成优势项目和强势特色，在全区、全市，乃至全国范围内形成一定知名度。

2. 个性原则

个性原则是学校办学的独特个性，表现为独特的办学思想、独特的办学内容和独特的办学策略。学校要在一般学校共性的基础上，体现出自己的个性，树立"人无我有，人有我优，人优我特"的办学理念。

3. 人本原则

人本原则表现为教育品牌的建设要成为全校师生认同的发展目标、师生全员参与和共同受益。要坚持以人为本，关注教师的专业成长，把办学理念转化为师生的实际行动，激发广大教师的参与热情和工作积极性，让每位学生成为学校品牌建设的最大受益者。

4. 稳定原则

稳定表现为办学的优质性和独特性不断地保持与发展，能经受住时间的检验。要充分考虑和分析"五客观"：学校的客观基础、社会的客观需要、办学的客观需要、办学的客观条件、教育的客观规律。

5. 持久原则

持久表现为学校品牌的形成不是一蹴而就的。树立现代教育观，在学校长期积淀的基础上，科学规划学校发展，循序渐进，稳步推进品牌建设。

二、特色课程的构建策略

（一）抓住特色运动项目

运动项目的选择，对于特色课程的建设尤为关键。

球类活动是小学生喜爱的体育活动，篮球运动因其广泛性、便捷性，更是深受师生的喜爱。上桥南开小学拥有两个标准篮球场、两个小篮球场，篮球专项体育教师2名，因此将篮球作为学校的特色课程，必然会有很好的优势基础。将篮球项目发展成为学校的特色文化，成为学校的体育亮点，首先要树立正确的课程目标，构建合适的课程体系，其次要提升校园篮球文化氛围，扩大篮球基数，做到人人爱篮球，人人会篮球，人人皆可赛。最后要让篮球运动走进学生的生活，塑造终身体育意识；走进学生的心中，塑造其人格和品质。

武术又称"国术"，是我国传统文化的重要组成部分，是集强身健心、增进健康、防病祛病、防身自卫于一体的具有独特民族风格的体育项目。《体育与健康课程标准》（2011年版）提出，在小学阶段"要重视选择武术等民族民间传统体育活动项目进行学习"。2020年，《关于全面加强和改进新时代学校体育工作的意见》也指出"深入开展传承的力量，加强宣传推广，让中华传统体育在校园绽放光彩"。上桥南开小学有300平方米专用武术教室，武术专项教师一名，具备了基础的武术课程资源。因此将武术作为学校特色课程项目之一，开展全校性的武术课程及活动，能够很好地促进学生身心健康发展，激发他们的爱国主义热情和民族自豪感。

综合考量：篮球和武术在学校有一定的发展基础，且硬件设施齐全，师资力量丰富，因此，根据上面特色课程的构建原则，以及课程的目标，学校结合现有资源及师生发展的实际需求，决定将篮球和武术两个运动项目作为学校体育品牌，建立上桥南开小学体育与健康课程创新基地"特色课程"。

（二）明确课程目标

特色课程的目标确立应该以促进全校师生身心健康发展为核心，注重体育与课程的学科核心素养，用先进教育教学理念、优质的体育课程、完善的课程体系、丰富的校园体育活动、良好校园体育文化氛围来推动学校体育的全面发展。

具体可从以下几个方面落实：

①丰富校园体育文化；

②促进核心素养落地；

③促进师生身心健康；

④展现学校文化内涵；

⑤完善全校课程体系。

（三）把握课程的主要内容

特色课程的主要内容应当以篮球和武术两个项目为主要载体，贯穿于学生整个小学的学习生活，实现全时段、全场景覆盖。课程内容还应该具有基础性、广泛性、针对性和自主性，每个学生都能从中找到适合自己的课程内容。基于这样的要求，学校构建的特色课程内容包含了以下几个部分：

①常规基础课；

②情境体育拓展课；

③慧根课程兴趣课；

④课余训练课；

⑤赛事及活动。

三、特色课程的具体实施办法

1. 重视常规基础课

这是体育与健康课程在小学阶段对于不同水平段关于小篮球和武术学习的基本要求。课程规定了小学阶段不同水平段学生在小篮球和武术单元的学习过程中应该达成的学习目标，以及主要的学习内容和教学建议。特色课程还结合体育与健康课程创新基地对学生核心素养的体现，因此形成了特色课程的常规基础课的基本纲要。

篮球特色课程常规基础课基本纲要

学段	达成目标（核心素养）	主要内容	重难点
水平一	1.通过游戏的形式，学生获得篮球活动的简单知识，熟悉小篮球的球性特点 2.初步学习和掌握小篮球的抛接、排运、传、投等简单方法和技能，享受篮球活动的乐趣 3.发展速度、力量、灵敏性、协调性等身体素质，促进内脏器官机能发展 4.培养学生认真学习、刻苦锻炼以及团结协作的良好作风和行为习惯	1.抛接小篮球 2.球绕环 3.原地多种姿势拍球 4.原地拍球比多 5.投球进筐游戏 6.投活动篮游戏	水平一：重点在于要让学生在游戏活动中了解相应篮球知识和技术方法，培养学生的学习兴趣。难点在于通过练习获得以上肢控球的基本技术动作，如抛接球、拍运球、传球、投球等单一技术动作

续表

学段	达成目标（核心素养）	主要内容	重难点
水平二	1.能够说出小篮球的动作名称及专业术语 2.初步掌握小篮球原地和行进间运球、原地双手胸前投篮的动作方法，并能够在游戏和比赛中运用 1.发展速度、力量、灵敏性、协调性等身体素质和对球体的感知能力 2.表现出对小篮球学习、游戏及比赛的兴趣，能够在练习、游戏及比赛中与伙伴形成良好沟通，能够表现出积极向上、克服困难的心态	1.原地运球 2.行进间运球 3.原地双手胸前投篮 4.原地双手胸前传接球 5.发展小篮球活动能力的练习与游戏	教学重点是抓好篮球运传球基本功的培养，从原地运球到行进间运球，进一步掌握运球技术，为学习行进间曲线运球和行进间投篮等技术打下基础 难点在于：运用篮球技能参与游戏和比赛，以及发展相关的体能
水平三	1.能够说出所学小篮球基本技术的动作名称及术语。了解小篮球运动的基础知识，了解其锻炼价值及简单的比赛规则 2.能够初步掌握和巩固小篮球的基本技术，并能够在篮球游戏及比赛中综合运用，提高学生的速度、力量、灵敏性、协调性等身体素质，发展学生体能 3.学生能够积极主动参与小篮球的练习、游戏及比赛，能够体验小篮球活动的乐趣，表现出承受挫折、克服困难的意志品质，表现出尊重对手、遵守规则、服从裁判的优良品质	1.专项移动：侧身跑、变速跑、变向跑 2.行进间双手胸前传接球 3.体前变向还手运球 4.单手肩上投篮 5.发展篮球活动能力的练习及游戏	重点：了解篮球比赛相关规则，掌握篮球的移动步法，通过练习深度学习掌握小篮球运、传、投相关技能 难点在于，能够运用篮球相关知识和技术动作参与游戏或比赛。提升篮球运动意识

武术特色课程常规基础课基本纲要

学段	达成目标	主要内容	重难点
水平一	1.学生在教师的引领下了解武术的基本知识和运动特点 2.初步学习掌握简单的武术基本功、基本动作和武术健身操。增强肌肉和韧带的伸展性和弹性，加大关键活动的灵活性和幅度 3.发展身体柔韧性、灵敏性、协调性等素质，体验武术动作的速度、力量和节奏 4.培养学生认真学习、刻苦锻炼、与同学友好相处、以礼相待、相互交流与合作等行为习惯	1.武术基本功：正压腿、侧压腿、压肩 2.武术基本动作：基本手型、基本手法、基本步法、基本腿法 3.武术健身操	重点：了解武术的文化，掌握武术的基本功及基本的武术动作，如拳、掌、钩、抱拳、冲拳、弓步、马步等 难点：把握武术动作的力度幅度以及节奏，彰显出武术的精气神
水平二	1.了解所学武术动作名称的含义，能够运用正确的术语描述学过的武术动作 2.初步掌握武术的基本动作和简单的动作组合 3.发展身体的柔韧性、灵敏性和协调性，提高动作的准确性和连贯性，为学习武术套路奠定基础 4.激发学生民族自豪感，培养其吃苦耐劳、积极向上、勇于进取的品质和爱国主义精神	1.武术基本功：正踢腿、侧踢腿、仆步压腿 2.武术基本动作：弹踢、摆掌、撩掌、穿掌 3.武术组合动作：摆掌撩掌类（上步接手马步击掌—弓步双摆掌—弓步勾手撩掌—弹踢推掌—马步击掌）	1.重点：巩固武术基本功、基本动作；掌握武术动作组合的动作要领和方法 2.明确组合动作的演练顺序、动作方向及手脚协调配合
水平三	1.能够说出武术基本动作和少年拳中一些动作的名称和术语；了解其基本锻炼价值和攻防含义 2.掌握基本动作中每个动作的动作方法以及少年拳的第一套完整套路，能够协调连贯、劲力顺达、形神兼备地完成动作演练 3.学生能够积极主动参与各种集体、分组的武术练习，以及个人展示和攻防演练中，能够体验武术活动的乐趣 4.表现出承受挫折、克服困难的意志品质，表现出尊重对手、遵守规则、服从裁判的优良品质	武术少年拳第一套： 震脚架打 蹬踢架打 垫步弹踢 马步横打 弓步撩掌 虚步架打 跳步推掌 撩拳收抱	重点：学习并掌握"少年拳"完整套路，动作协调连贯，方向正确 难点：能够独立完成个人展示，也能同小组合作完成基础编排并展示，能够做到动作刚劲有力，节奏鲜明，气势恢宏

　　每学年体育教研组会针对各水平段的小篮球及武术单元进行集体备课，每个水平段小篮球、武术单元备足18次课。要求各水平段授课教师每学期针对这两个单元，结合学生的实际情况，选取至少8次课进行课堂教学，至少要包含一次测评检验。在课堂教学中要有核心素养的渗透，要让学生在获得技能的同时，还要发展学生的体能，体验运动项目带来的乐趣。

2. 创新情境体育拓展课

　　大家从上一节可以了解到，情境体育课程是学校在体育与健康课程的基础上结合"戏剧课程"通过整合而开发的拓展课。其对激发学生体育学习兴趣，培养学生核心素养发展有很好的促进作用。篮球和武术运动项目作为特色课程，也将融入情境体育拓展课程中。

　　每学年体育教研组将制订出篮球和武术两个项目与情境体育拓展课的融合主题。每学期选定两个主题针对不同水平段的同学制订教学设计并实施。

运动项目与情境体育主题的融合模型

主题内容	教材融合	素质体现	表现方式	适用水平
筷子和煎蛋	熟悉篮球的球性	协调性、力量	将手比作平底锅，手指和双脚比作筷子，球比作蛋，跟随情境，抛接球、运送球等	水平一
	队列队形	速度、灵敏性	在规定时间内完成队列队形的变换	水平一
调大音量	小篮球运球	速度、耐力	用音量大小或节奏来控制跑动速度	水平二、三
	武术组合动作	协调性、力量	用音量大小或节奏来控制武术组合动作的幅度和节奏	水平二、三
猎人回头	篮球传球	灵敏性、速度	行进间传接球，在规定时间内通过障碍（根据水平段要求设置障碍的难易度）	全学段
	武术套路	平衡、力量	学生完成武术套路，当猎人回头时，必须停止动作，猎人转身后，再继续完成接下来的动作	水平三
语言 动作—传一	武术	协调性、力量	一套拳法的分解动作由多人串联起来	水平二
	篮球的运球技术	协调性、灵敏性	篮球运球技术动作练习，采用几个变相动作的结合，形成一个循环	水平三

续表

主题内容	教材融合	素质体现	表现方式	适用水平
走走停	武术	协调性、灵敏性	口令节奏或者指定声乐来控制套路动作的快慢停顿	水平二
	篮球急停急起	灵敏性、速度	听口令或者指令完成急停急起	水平一
身体的重心	篮球、排球	下肢力量、灵敏性	篮球、排球项目中的移动步法要求不同重心做滑步、交叉步、并步、鸭子步等	全学段
	武术	下肢腰腹力量	一个完整组合中感受重心的变化，或者在不同重心中展示出相应武术技术动作	水平二

情境主题：调大音量
体育与健康课程融合内容：小篮球运球

一、教学目标

1.提升学生的注意力，让他们逐渐学会释放自我并学会控制情绪和身体，解放天性。

2.在情境活动中，能够跟随音量大小、节奏快慢，完成原地的低运球、高运球技术动作；能够一边运球一边观察并模仿教师的动作。

3.注意控制好安全距离，学会与同伴协作完成任务。

二、教学准备

音响、小篮球40个，带水杯，及时补水。

三、教学导入

各位同学，今天的戏剧课我们要玩和上次不一样的游戏——调大音量。这可不是按按手机调节音量键或拧拧收音机音量键的游戏，而是要尝试用声音和动作来控制身体和篮球的"音量"，让我们试试看吧！

四、教学过程

（一）热身活动

带领学生做一做跳跃运动、唇齿运动等，拉伸一下四肢，避免在游戏过程中受伤。

（二）课程内容

开始时，让全班学生手拉手围成一个大圆圈（大喇叭），按照顺序"大声地、清晰地"喊出自己的名字。提醒学生，游戏的要求是"大声地、清晰地"喊，让学生充分释放自己的音量！

你们能运着球喊出自己的名字吗？要求呼喊的声音越大，运球的声音和力量也越大，可以挑战吗？

接下来，问学生："同学们，是不是有自己的小伙伴呢?大家一起分享吧!依然是刚刚那两个要求哦!"

游戏过程中可以让学生适当加入自己对同伴的鼓舞或赞扬，然后大声地喊出来。

之后告诉学生："我们已经打开自己的声音了，下面试试打开我们的身体吧!"

教师双手举高，代表身体"疯狂"的幅度，原地随意疯狂地动；双手落下，则身体静止。注意让学生感受这个过程中释放与控制的变化。

下面两个伙伴一组，你们能够一边运球，一边模拟同伴的动作吗？要求同伴的动作越大你的运球节奏和幅度越大。开始挑战吧！

进行完分解的声音与身体的释放，进而就要二者结合起来玩。教师引领，左手的高低代表声音的大小，右手的高低代表身体疯狂的幅度，左右交替，让学生感受打开和控制。

（三）舒缓结束

学生放松，舒缓身体和声音。问学生："你是如何打开了自己，又是如何学会控制自己的声音和身体的呢?"

五、实施建议

游戏前，教师先进行示范，然后请一名学生进行演示，这样更有助于分步调动学生的情绪和参与度。注意先制订游戏活动的规则，并进行原地训练，以避免学生乱喊乱动。游戏时，一定要多给予学生鼓励。

六、评价

1.观察学生是否能积极参与，在课程进行过程中是否能够做到准确反应、收放自如。

2.观察学生能否在各种节奏或动作中控制好手中的球。

情境主题：照镜子

体育与健康课程融合内容：少年拳

一、教学目标

1. 通过模仿镜中人，锻炼反应力、模仿力和观察力。

2. 在教师的指导下完成"少年拳"武术套路的巩固复习，做到动作协调，方向正确。

3. 提高学生的沟通交流能力，培养学生的团队协作能力。

二、教学准备

大落地镜。

三、教学导入

同学们都照过镜子，里面照出来的除了不会出声，所有的动作、神情都和我们一样，只是有一点，动作的方向是"反的"。如果让镜中人走出来，再照镜子会如何呢?今天，我们就来玩一玩"照镜子"的模仿游戏吧!

四、教学过程

（一）热身活动

教师带领全体学生适当做一些有助于放松的肢体运动，然后大家一起模仿教师即兴的动作，为接下来的戏剧课内容做准备。

（二）课程内容

教师先带领全体学生照一照教室里的大镜子，大家散落于教室站立，和教师做同样、同一方向的动作，接着教师转过身不动，学生仔细观察镜中的教师。

老师提问："同学们，如果你们都是从镜子中走出来的人，而老师正在照镜子，那么你们每个人就都是镜子中的我。如果我这样做（变化动作），你们将会怎样呢?"

教师做武术套路"少年拳"的镜面动作（慢节奏），学生模拟完成。

如果有学生做动作时弄反方向，应及时指正，帮助他们迅速、准确地做出和照镜子的人一样的动作。

教师：大家的镜中人模拟得真不错。如果我加快速度，你们还能跟上吗?

教师做武术套路"少年拳"的镜面动作（正常节奏），学生模拟完成。

你们完成得真棒! 接下来你们两人一组合作，看看能不能模拟好"镜中人"。

全体学生对正常节奏动作的反应练习熟练之后，两人一组进行照镜子的模仿练习，互相转换练习。

练习一段时间后可改变模拟情境，也可以设定比如早晨刷牙、梳头发、无实物穿衣服等。

（三）舒缓结束

全体学生一起做拉伸肢体的放松动作，然后围坐讨论：怎样才能模仿得既及时又准确？

五、实施建议

在正式开始前，让学生观察普通的模仿和镜子中的模仿有什么区别，明白"方向是反的"是最大的不同，而且后者跟随模仿的速度基本是同步的，集中注意力进行观察，并且四肢协调、能够迅速正确反应是模仿成功的关键。

六、评价

1.学生是否集中注意力，能够观察准确、快速进行模仿，并注意表情等细节的模仿是否到位。

2.观察学生能否完成各个方向的组合动作展示，做到动作连贯，方向正确。

3.慧根课程兴趣课。慧根课程是一门全校性的"缤纷课堂"选修课，也是各门学科的兴趣拓展课程，是师生双向选择的过程。每周星期四的下午规定了两节课的时间，学生根据自己的兴趣选择，打破班级限制，进行全校的走班学习，真正做到了个性化的学习。慧根课程下一节将会做详细的介绍。本节主要介绍篮球和武术慧根课程的开展。

篮球慧根课以水平二和水平三的学生为主，每学期约40名学生参加，由两名教师任教。篮球慧根课程有别于体育与健康基础课程和训练课，其主要目的还是激发学生的运动兴趣，增加篮球人数，营造良好的篮球氛围。因此在教学设计上多以游戏和竞赛为主。

篮球慧根课程课时计划

教学内容	小篮球运球与游戏	课次	第4次课	学生人数	40人
学习目标					

教学内容	小篮球运球与游戏	课次	第4次课	学生人数	40人

学习目标	1.运动能力目标：了解小篮球行进间运球活动的方法和安全知识，知道并能说出所学行进间运球的动作方法，大部分学生初步掌握各种方式的行进间运球技术动作，并能运用于比赛，其余学生也能在同学的带领与帮助下完成，发展上肢力量、速度、灵敏性、协调性等素质 2.健康行为目标：积极参与行进间运球练习，在分组运球学练中与同伴分享交流成功心得，并能模仿更好的动作，树立安全意识，活动中与同伴有序跑动学练，正确对待比赛胜负 3.体育品德目标：学生能在行进间运球时主动克服困难并表现出创新意识，小组学练中大声评价做得好的学生，不嘲笑动作不协调的同学，在比赛中养成遵守规则的品质
主要教学内容	1.结构化运动知识和技能：熟悉球性游戏、"鱿鱼"游戏、"石头、剪刀、布"游戏、数字游戏等； 高、低原地运球游戏、行进间运球熟悉球性、两人或多人配合行进间运球投准游戏 2.拓展练习：运球、消极防守与投篮游戏 3.比赛或展示：2人一组运球得分，3VS3运球与得分 4.体能挑战：高抬腿、折返触物、鸭子步运球回家、穿山过桥、无敌风火轮
重难点	重点：行进间运球触球的部位及对球的控制 难点：各动作间的协调配合
安全保障	1.课前：检查器材、场地，排除不安全隐患 2.课中：教学组织严谨，强调练习方法，合理控制运动量和运动强度，提醒学生注意练习要求，避免相互碰撞，确保安全 3.课后：及时收拾体育器材

| | 场地器材 | 1.篮球41个
2.标志垫50个
3.投篮圈20个
4.音响一套
5.心率监测仪器一套 |

续表

课的结构	具体教学内容	教与学的方法	组织形式	运动负荷	
				时间	强度
开始部分（激趣导学）（1分钟）	课前游戏：高人、矮人 一、课堂开课 1.体育委员集合、整队并向教师报告人数 2.师生互相问好，安排见习生 3.教师语言引入本课"发展运球能力的练习和游戏"及学练要求	师：1.语言开课精准，评价学生集合情况，树立教师主导地位 2.安排见习生，宣布本节课学练内容及安全等要求 生：1.听口令集合，队列队形整齐划一 2.认真听老师宣布本课内容和要求，主动融入学练环境	组织方法： 成4列横队集合。 ■■■■■■■ ■■■■■■■ ■■■■■■■ ■■■■■■■ ▲ 要求：快静齐，听口令，注意力集中	1分钟	100~105
开始部分（增趣促学）（5分钟）	二、准备部分 热身活动：热身慢跑与防守、滑步、抢断、投篮等动作相结合，充分进行热身 专项准备活动 1.自抛自接 2.双手拨球 3.抛球击掌接球 4.抛球吸腿，腿下击掌接球 5.体前左右拉球 6.胯下"8"字绕球	师：1.播放音乐，学生以4人为1小组，绕垫热身慢跑，引导学生热情地和旁边同学问好 2.在该过程中边做边评价学生的动作和参与情况 生：1.认真听老师宣布的内容和要求 2.跟老师一起做热身游戏，注意观察老师的动作，并模仿	要求：以4人为1小组有序跑动，不推搡，注意同伴安全距离	5分钟	125~130

课的结构	具体教学内容	教与学的方法	组织形式	运动负荷	
				时间	强度
基本部分（素养提升）（25分钟）	三、基本部分 学习一："鱿鱼"游戏 1.复习原地运球 2.换手尝试 3.高运球、低运球 听口令"停"快速做出持球动作	师：1.播放音乐，组织学生体验各种方式的原地运球 2.教师参与互动，引导学生快速作出反应和培养学生对球的把控能力 3.过程中评价学生的参与和快速作出反应的能力	要求：教师口令指挥，学生对此练习作出自我评价	2分钟	130~135
	学习二："石头、剪刀、布"游戏 1.两人一组"石头、剪刀、布"，胜利者原地持球蹲跳，输者快速绕两个标志垫运球一小圈 2.换手尝试	师提问：如何把球稳稳地控制好，运得又快又好 生：1.听音乐，认真与同学默契配合，体验行进间运球 2.注意观察同伴的运球和动向，认真学练	散点	4分钟	150~160
	学习三：数字游戏 运球"打电话" 1.运球找数字，给爸爸或妈妈打电话，尝试换手	师：1.与同学相遇怎么办（靠右行） 2.提出学练目标和队形要求，巡视视导		8分钟	
	2.穿插找点做加法（学科融合）等方式 3.数字接力赛 体脑双用，完成迅速	生：1.认真观看示范，听清游戏方法，掌握游戏规则，积极学练 2.和同伴默契配合，积极呼应起来			
	练习一：老鹰捉小鸡 1.4人1组，老鹰进攻，母鸡移动保护小鸡 2.采用消极防守	生：1."老鹰"运球进攻，"鸡妈妈""小鸡"防守积极移动 2.注意力集中，观察同伴动向	要求：学练中要照顾同伴的感受，注意安全距离	7分钟	160~165

续表

课的结构	具体教学内容	教与学的方法	组织形式	运动负荷	
				时间	强度
体能素质（6分钟）	练习二：投圈比准游戏 1.四人一组，三人依次运球投准，一人持圈 2.进球后与同伴商量角色互换 比赛 3VS3运球与得分 体能素质： 1.折返触物 2.鸭子步运球回家 3.穿山、过桥 4.无敌风火轮	生：1.两人配合默契，注意力集中 2.持圈同学注意保护自己，持圈方向很重要 师：1.教师分组，学生示范，讲解学练方法，提出安全要求 2.提出学练目标和组织队形要求，巡视指导 3.与生互动，从旁鼓励学练 1.3米折返触物 2.鸭子步取球、运球回家 3.一人俯撑成"山洞"，同伴左右移动并控制好小篮球，移动10次后互换。"过桥"同之 4.两人配合头顶、胯下传接球		4分钟 6分钟	165~170 175~180
结束部分 （放松恢复） （3分钟）	四、结束部分 1.随音乐和老师一起放松身心 2.师生共同小结本课，同学们开心吗？你们今天都有什么收获？ 3.布置作业 4.师生再见！器材放回原处	师： 1.带领学生做放松练习，评价情况 2.巩固总结本课学习情况 3.师生再见，组织回收器材 生： 1.随老师一起做放松练习 2.师生共同小结，回忆本次重难点内容 3.师生再见，学生将器材放回原处	要求：随音乐身心放松 	3分钟	115~120
预计负荷	平均心率	155~160次/分钟			
	运动密度	70%~75%			

武术慧根课程以水平一和水平二的学生为主，每学期约40名学生参加。武术慧根课程的授课模式主要采用的是以老带新的模式：让学校武术队的学生（10人左右）全部进入武术慧根课程，每名队员带领两名新同学进行武术学习。课程以推动民族传统文化、培养学生的武术运动兴趣、发展学生的身体素质为主。

武术慧根课程课时计划

内容	武术基本腿法	课次	第5次	学生人数	40人
学习目标	1.了解弹踢动作的练习方法，积极参与练习及游戏活动 2.掌握弹踢的动作要领，腿部运动方向、发力点及眼神方向和手的位置，认真完成体能练习，发展腿部力量，提高身体平衡能力 3.学会管理情绪，并适宜发泄情绪，表现出吃苦耐劳、坚韧不拔的品质 4.养成团结友爱、遵守规则的意识				
主要教学内容	1.准备活动：听口令及音乐做相应动作（木头人游戏，拉伸练习） 2.基本腿法练习：正踢腿、侧踢腿、蹬腿练习 3.弹踢的技术方法和动作要领 4.眼神、手的配合，发力点，弹踢气球练习 5.体能练习：上步单腿起跳+斗鸡游戏 6.放松活动：听音乐拉伸，齐唱歌曲身心放松				
重难点	1.学生学习的重难点：敢于克服控腿的磨炼，大胆尝试弹踢时保持稳定的方法，保持情绪稳定 2.教学内容的重难点 （1）弹踢的动作要领（发力点、重心稳定） （2）体能游戏的方法及脚下移动 3.教学组织的重难点 （1）在观看视频时的组织，小组长管理设施设备 （2）分组练习：踢打气球游戏的要求明确，以及练习时间距把握恰当 4.教学方法的重难点 （1）示范+自主练习，提示动作要点及注意事项 （2）游戏法：气球及斗鸡游戏，直观感受动作及发展体能				
安全保障	带领学生充分热身和积极放松；检查场地器材；及时关注学生心理变化；提示练习时保持安全距离，避免碰撞		场地器材	武术练习场地1块、气球20个、音响1个、口哨1枚	

续表

课的结构	具体教学内容	教与学的方法	组织形式	运动负荷	
				时间	强度
激趣导学	一、课堂常规 1.集合整队 2.检查着装、安排见习 3.口号练习，提升精气神 二、教学引入	教师： 1.鸣哨，整队 2.检查人数与服装，安排见习生 3.教师提问：口号内容、集中学生注意力、强调要求、宣布课次内容 学生： 听哨声，集合快、静、齐，精神饱满，注意力集中	X X X X X X X X X O O O O O O O O O X X X X X X X X X O O O O O O O O O △ 4列横排	2分	90~100
增趣促学	一、热身游戏 1."木头人"游戏 2.行进间拉伸练习	教师： 1.讲解游戏规则、要求、方法，并提示动作 2.口令提示学生绕场慢跑，播放设置音乐，提示学生听到音乐后做出相应的武术动作（拉伸、摆头、基本手型、基本步型、单脚站立等动作） 3.要求队伍整齐，注意力集中，评价学生动作优缺点，提示改进 学生： 注意力集中，遵守要求，及时做出动作，相互提示，认真练习并拉伸 教师： 1.提示组长学生带领学生做行进间练习 2.指导纠正集体性错误	绕场行进： X X X X X X X O O O O O O O O O X X X X X X △ 四路纵队： X O X O X O X O X O X O X O X O	3分 4分 9分 9分	150~170 140~160 140~160 150~170

续表

课的结构	具体教学内容	教与学的方法	组织形式	运动负荷	
				时间	强度
增趣促学	二、基本腿法练习（正踢腿、侧踢、蹬腿）	3.评价动作并请学生展示 学生：听要求，积极练习，主动思考改进，大胆展示动作 教师： 1.讲解示范动作 2.提示组长组织学员观看视频，做到有序安静 3.要求主动思考，对照练习 学生： 1.在组长组织下有序观看弹踢教学完整视频，以及分解动作示范 2.模仿练习动作	X O X O X O X O △ 分小组练习（4人）： X O X O X O X O X O X O X O X O X O △		
	三、弹踢腿学习（动作方法、发力顺序、发力点）	教师： 1.集中讲解动作要领：弹踢时力打脚尖，大腿齐平地面，重心前移控制，收回迅速 2.讲解气球辅助练习方法：两人一组，一人先将气球吹到适宜大小，一人持球与腰高，一人取好距离，脚背弹踢气球 3.讲解弹踢要求（控制力量，稳定重心，不同高度） 4.及时发现优异者，当众展示并评价			
	四、教学辅助活动"弹踢气球"练习	学生：组长有序组织练习，在练习中，每次感受发力动作，同伴间友好配合，相互指导，轮换练习	分小组练习（2人）： X O X O X O X O X O X O X O X O X O △		

续表

课的结构	具体教学内容	教与学的方法	组织形式	运动负荷	
				时间	强度
素养提升	一、上步单脚起跳（力量及平衡）	教师： 1. 示范动作，指导学生听口令上步练习 2. 要求落地轻，并单脚落地控制重心，保持稳定 3. 纠正动作，学生展示 学生： 主动练习，模仿动作，头努力上顶，落地屈膝缓冲，控制平稳	四路纵队（组长在前）： X O X O X O X O X O X O X O X O X O X O △	10分	160~180
	二、游戏（斗鸡）	教师： 1. 找学生配合，进行游戏示范 2. 讲解规则，提示安全 学生 2人一组，单脚着地，另一只脚扣腿，在场地范围内相互顶腿、压腿比拼。积极练习，遵守规则	两人一组，场地范围分散： X X O X O X O X O X O X △ O X O X X O X		
放松恢复	一、听音乐放松（拉伸、齐唱） 二、课堂小结 三、师生再见	教师： 1. 组织听音乐放松 2. 总结课次 3. 学生评价，互谈体会 4. 宣布下课 学生： 认真放松，大胆发言，自评互评，师生再见	拉开间距，散点坐： X X O X O X O X O X O X △ O X O X X O X	3分	100~120

3. 完善课余训练课

篮球和武术两个特色项目的课余训练课分为两大类，一是课余提升训练课，二是高水平专项训练课。课余提升训练课，是针对运动项目有深度学习需求的学生开设的训练课。它既满足了学生的运动兴趣，也是各项目校队成员的主要来源，是梯队建设的重要方式。高水平专项训练课，是针对校队成员开设的训练课，其主要目的是参加各级各类比赛争取成绩。这两类训练课相辅相成、彼此依托。

水平一（1、2年级）篮球提升课训练计划书

项目	内容
指导思想	启发爱好，体验乐趣，培养兴趣， 细化内容，讲究方法，奠定基础
训练目标	1.培养对篮球运动的兴趣与爱好 2.初步掌握基本技术动作方法 3.了解基础配合的战术方法 4.提高灵敏性、协调性、柔韧性等素质 5.培养尊重人、守纪律、负责任的良好习惯 6.培养好奇心，启发多提问
训练任务	1.传授篮球相关知识、趣闻 2.传授基本功训练手段、方法 3.传授进攻技术的动作方法 4.传授防守技术的动作方法 5.传授进攻战术基础配合的方法 6.传授防守战术基础配合的方法 7.传授灵敏性、协调性、柔韧性的训练方法 8.培养好奇心，提高球性感知
训练内容	1.基本功练习 2.进攻技术方法练习 3.防守技术方法练习 4.基础配合方法练习 5.灵敏性、协调性、柔韧性训练 6.游戏训练 7.心理训练 8.反应速度、动作频率训练
训练要求	1.球性熟练，球感灵敏性，手法、步法比较协调 2.多采用示范、观摩、观看录像等手段帮助掌握正确的基本技术 3.多采用游戏的方式启发兴趣，培养竞争意识，全面发展各项身体素质 4.掌握基本技术的手法、步法、身法，养成正确的动作习惯，在移动中完成动作 5.重点发展反应灵敏、起动灵敏、脚手灵敏协调和关节柔韧素质 6.注重启发教育，培养学生尊重人、信任人、守纪律、负责任的良好习惯 7.严格控制运动负荷

续表

项目	内容
训练态度	1. 培养从事篮球运动的积极性，自觉自愿参加训练 2. 养成训练的良好习惯 3. 对于有关训练的事情作出积极的决定 4. 加强注意力的稳定性训练 5. 运用表象训练法提高学习效果
比赛安排	1. 每年20~30场训练比赛 2. 参加训练比赛与对抗竞争比赛 3. 了解篮球比赛的过程 4. 培养参加比赛的乐趣和竞争精神
身体素质	力量 5%~10%　　　　速度 15%~20%　　　　耐力 15%~20% 柔韧性 25%~30%　　　灵敏性 25%~35%
训练比重	身体 35%　　　　　　技术 40% 战术 10%　　　　　　心理 15%

上桥南开小学篮球队学年训练计划

结合学校的实际情况，并根据队员的身体素质、技术情况以及位置分工的需要，篮球教练组制订了球队全年训练计划。

时间	主要任务	重点内容
秋季训练： （9—12月）	9月：全面身体素质练习，初步熟悉球性练习 10月：身体素质练习，重点篮球基本动作练习 11月：重点身体素质练习，改进和熟悉各种基本动作 12月：基本战术演练	1. 组建篮球代表队，对队员进行思想品质教育以及有关篮球运动知识的教育，对队员进行身体素质和技术的测验 2. 进行全面身体素质和篮球基本动作的训练 a. 全面身体训练内容。 跑：快速跑，耐力跑，速度耐力练习。跳：发展腿部力量的各种蹲跳，发展协调的助跑起跳。力量：发展臂力的立卧撑、俯卧撑、重量快速举，发展腿部力量的对沙坑双脚连续跳、蛙跳 灵敏性：听铃，向不同方向快速跑，看手势，做转身练习 b. 篮球基本动作的训练内容 滑步：前、后、侧滑步。运球：原地单手，两手交替运球，高运球，低运球，引进向单平高运球。投篮：学习投篮的正确动作，初步掌握投篮要领

续表

时间	主要任务	重点内容
春季训练：（2—6月）	3月：身体素质练习，耐久跑，熟悉基本动作 4月：身体素质练习，速度耐力 5月：基本功练习，滑、运、投，熟练技能，身体素质练习为速度耐力 6月：基本战术跑位，比赛演练	1.身体素质练习内容 跑：以耐力跑和速度动力为主 跳：以协调的跑跳为主力量，为本阶段较重要的内容，上、下肢以及腰腹肌力量的练习将采用大运动量的。灵敏性：同上一阶段训练 本阶段为打基础阶段，重点为身体素质训练，专项练习，利用寒假进行对前面的练习成果的检验和学习新的内容 2.专项练习内容 滑步：复习前后侧滑步。运球：巩固行进高运球，后运低运球，熟悉双手交替运动，使动作高度参加。投篮：能用正确的动作进行原地投篮

上桥南开小学校篮球队阶段训练计划

阶段任务	周期	具体内容
第一阶段： （提高个人基本技术）	两个学年	1.移动、滑步 2.传接球、断球 3.如何运球 4.投篮、跳投 5.个人防守、集体防守 6.抢篮板球、夹击 7.三步上篮、变向 8.如何提高弹跳力
第二阶段： （提高强度训练）	一个学期	1.篮球队员的速度训练方法 2.篮球队员的力量训练方法 3.篮球队员的恢复训练方法 4.篮球队员的专项身体训练内容 5.训练中锋位置、中锋原地投篮 6.训练前锋位置（大、小前锋） 7.训练后卫位置（控球、得分）

续表

阶段任务	周期	具体内容
第三阶段： （提高技战术训练）	一个学年	1.滑步防守 2.如何抢断 3.胯下变向运球 4.突破运球，接后转身投篮 5.行进间运球时的投篮 6.挤过、绕过配合 7.交换防守，掩护配合
第四阶段： （针对比赛技战术训练）	一个学期	（针对比赛技战术训练） 1.联防技战术训练（二一二/二三等） 2.进攻技战术训练（快攻等） 3.集体技战术训练 4.调整训练（针对比赛计划）

上桥南开小学篮球队周训练计划

时间	上午（早上）	下午（5：00—6：30）
星期一	1.力量训练 2.跳跃练习	1.中锋、中锋原地向后投篮 2.提高有氧能力，提高长时间工作的专项耐力
星期三	1.速度训练 2.投篮练习	1.抢篮板、防守、前锋、个人技术练习 2.教学比赛、恢复训练
星期四	1.运球练习 2.投篮练习	1.控球后卫（PG）得分后卫（SG）练习 2.教学比赛（3~5人比赛）投篮练习
星期五	1.耐力训练 2.柔韧性练习	1.滑步防守，如何抢断　"体前+胯下"变向 2.行进间运球时的变向投篮、比赛练习
自　练	1.自己练习 2.辅导、比赛	1.提高投篮命中率 2.运球练习、投篮练习
注意：每天的具体时间按学校的进程调整		

2021—2022年武术竞赛队训练计划

一、指导思想	坚持以人为本、以武术队员为主体、以教师为主导。初步了解武术的基本含义和技术特点，传授武术的手法、步法、武术操、人物拳等基本技能，通过故事培养武德礼仪、坚韧意志等内在品格，帮助学生形成自立、自信、自强的良好心理素质，增进学生身心健康，全面提高综合素质，具有健康的体魄与自我保护的能力，培养健康第一和终身体育的兴趣爱好
二、教学目标	1.学习武术基本技能，增强体质，提高队员综合素质 2.掌握武术基本功、规定拳等规定套路，形成个性化技能特长 3.通过武术故事加深学生对武德礼仪的了解和激发其对体育锻炼的兴趣，提高其自我保护和自我训练的意识 4.通过武术改善和弥补心理、形体上的不足，促进身心健康发展
三、教学内容	1.武术基本功：直摆性腿法、屈伸性腿法、击响腿法、难度动作 2.武术音乐操："自编武术操" 3.组合拳："自编组合"拳 并步抱掌、开步推掌、砍掌、亮掌、劈掌、弓步盖掌、穿掌、转身推掌、撩掌、马步架掌、收式 4.套路：42式太极拳、规定拳、初级刀、初级枪、初级剑等规定套路 5.体能素质：腿部力量（蹲起、蹲起跳、蛙跳、单腿跳）
四、课时安排	1.课程安排：每学年为108节课，每周3课（1个半小时） 2.教学环节：热身活动、复习基本功、兴趣引入、快乐教学、游戏互动、武德礼仪、身心放松

4.构建项目赛事及活动

赛事及活动是学生获得运动乐趣的最佳方式，也是检验特色课程实施效果的重要手段。如果"体育创新基地"将篮球和武术作为特色课程的项目，那么就必须要构建起全校性的篮球、武术赛事体系和活动模式，来激发学生的运动热情，营造良好的体育氛围，持续推动学校基地特色课程的良性发展。

篮球方面： 2019年，上桥南开小学创建了"篮球嘉年华"。彼时全校参与篮球运动的人数较少，篮球氛围和水平都不强，因此，我们根据学生的实际情况举办了"第一届校园篮球技能大赛"。本次比赛以单项篮球技能作为比赛项目，根据各水平段的学生情况，制订相应的比赛规则，力求吸引更多的学生参与到篮球活动中。此外，还针对低年级参与课余提升训练的学生举办了"篮球亲子活动"。本次活动很大程度上激发了学生参与篮球活动的兴趣，篮球人数迎来了爆发式的增长，篮球水平也得到了逐步提升。次年的"篮球嘉年华"举办了第一届"智慧杯"校园篮球联赛。各班建立起了篮球队，并组织开展了长达一个月的篮球联赛。2021

年，学校持续开展了"篮球嘉年华"活动，将篮球运动项目融入大课间活动中，让篮球运动辐射到更多的学生，丰富了大课间活动形式，提高了大课间活动效果，将学校的篮球氛围推向了高潮，也逐步建立起了有特色的校园篮球文化。"篮球嘉年华"的创建实施，对于篮球项目特色课程的发展起到了积极的促进作用。时至今日，学校的篮球人数达到了70%以上，做到了学校有校队，年级有年级队，班级有班队。

武术方面：以武术表演和展示为主。2019年，学校组建了"武术表演队"，开始在学校各类大小型活动中进行开幕表演，集中性地向全校师生推广"传统文化"，发展武术项目。2020年，学校推出了以"传统文化"为主题的运动会，借此让各班积极走近武术运动，发现其中的文化底蕴，感受武术的魅力。2021年，学校将武术操作为大课间的活动内容，学生通过武术操练习，真切地感受到中国传统文化展现的精气神，能够获得强烈的民族自豪感，引发了全校性武术学习热潮。这股热潮也席卷了众多的教师群体，从而组建起了学校的"教师武术队"，还代表学校参加了区级的"八段锦"比赛，获得优异成绩。

体育与健康课程创新基地
运动项目专项发展计划2019年"篮球嘉年华"

活动背景：体育课程创新基地在上桥南开小学已经悄然落地一年，体育课程创新基地正以它特有的方式，影响着围绕在它身边的每一个人。随着创新基地各个项目的稳步发展，基地给学校、教师及学生都带来了良好的促进作用。体育赛事及活动是创新基地建设的一个重要项目，而篮球专项运动更是该项目的重点建设目标。12月21日是国际篮球日，学校有必要组织一次与篮球相关的体育活动，进一步深化创新基地特色项目的发展。

活动目的：

（1）深化体育课程创新基地的发展，稳步推进基地项目的有效建设。

（2）通过本次活动，甄选出部分优秀学生，组建篮球运动队梯队，完善学校篮球运动的发展体系，推进项目的可持续发展。

（3）通过本次活动，要进一步在全校范围内营造良好的体育氛围，同时通过丰富的体育活动，带动更多的学生以及教师参与到体育创新基地课程的建设中，也要充分发挥基地的辐射作用。

活动形式：本次活动以篮球运动项目为主体，计划开展篮球专项技能赛以及篮球亲子活动两个活动项目。

活动对象：针对上桥南开小学1—6年级全体学生及部分家长。

活动内容：

一、篮球技能赛（针对全校师生）

1.技巧运球；2.投篮技巧赛；3.传球趣味赛。

比赛方法：

1.技巧运球

一、二年级：参赛学生从篮球场一侧底线原地运球五次后出发，行进到中线绕过标志桶，然后以后退运球的方式返回到底线，接着绕左侧4个标志桶行进绕"S"运球，到达中线后，直线运球返回起点，最后以人和球都回到出发点为完成比赛。

三、四年级：参赛选手从篮球场一侧底线原地运球五次后出发，绕4个标志桶做"S"线行进，到另一半场后任意选择三个圆圈，每个圆圈运球3次，接着快速运球绕过底线标志桶，最后直线运球返回起点。以人球都过底线为完成比赛。

五、六年级：参赛选手从篮球场一侧底线原地运球5次后出发，绕4个标志桶"S"线行进，到另一半场在每个圈内运球1次，接着快速运球到底线拿另一个篮球，做双手的同时运球（5次），最后直线运一只球返回起点。以人球都通过底线为完成比赛。

2.投篮比拼

比赛规则：在篮球场地标注的红色圆弧线外投篮得2分，在红色圆弧线内投篮得1分，自投自抢，限时投篮，一、二年级限时120秒，三、四年级限时90秒，五、六年级限时60秒，最后以规定时间内获得的分数为最终成绩。

3.趣味传球

比赛规则：本次比赛采用对墙传球的方式，在墙面上画有不同大小的线框，将球传到墙面对应的线框内，则获得相应的分数，没有传到线框内则计0分，每个参赛选手有10次传球机会，累计10次传球的得分总和为最终成绩。

二、篮球亲子活动（针对篮球课外训练班）

1.亲子篮球技巧赛

比谁运得快：亲子运球接力，父母从篮球场一侧端线运球出发，将球给到另一侧的孩子，由孩子运球回到出发点则完成比赛。先完成的队伍获胜。

看谁传得准：在球场上设置2组，每组4个圆环障碍，孩子和家长合作传球，要求成功通过每一个障碍，用时最少的小组获胜。

比谁投得多：孩子或家长在规定区域（孩子距离篮筐近一点，家长则远一点）完成限时投篮，一人投篮一人帮助抢篮板。规定时间内投篮成功次数多者获胜。

2.亲子篮球游戏

"筷子、煎蛋":筷子和煎蛋共计三轮,第一轮,用双脚当筷子,"夹球跳跃"与孩子完成折返接力,成绩计时;第二轮,父母和孩子合作,每人出两个手指头,将球运送到指定位置,成绩计时;第三轮,父母和孩子合作,利用两根体操棒,将篮球按照规定路线运送到指定位置,成绩计时。统计三轮的总时长,用时最少的队伍获胜。

3.奖励办法

每一项目比赛前三名发放奖状和奖品,前八名获得优秀奖奖品,其他参赛选手获鼓励奖奖品。

三、特色课程实施建议

(1)常规基础课程的实施应该保障适宜的运动量和运动强度。

(2)教师在实施常规课程中,每学期应该根据学生的实际情况,针对已撰写的大单元进行调整,选择更有针对性的内容,促进学生的发展。

(3)慧根课程的实施要注重趣味性,不要把兴趣课堂作为训练课堂。

(4)情境体育拓展课的开发要与体育与健康课程内容结合更为紧密,创设的情境要有逻辑性、生活化,与技能和体能的融合更为自然,不能生搬硬套。

第三节
小学体育与健康活动课程的开发与实施

体育活动课程是学校体育工作的重要组成部分,是体育课的补充和深化,是提高学校体育整体水平和实现学校体育目标任务的重要手段之一。学校为落实阳光一小时体育锻炼政策,培养学生终身体育锻炼的意识,每天开校后的第一件事是体育运动,最后一件事也是体育运动。上桥南开小学体育创新基地在基础课程与特色课程的基础上利用课外时间开展体育活动课程,实行零点体育晨跑运动、阳光大课间活动、延时体育活动、主题运动会、奥运课堂、校外运动一小时。让体育贯穿在学校的各个时间段。促进学生健康成长,让学生主动参与体育锻炼,享受体育活动,为最终让学生形成健康意识和终身体育观打下基础。

一、零点体育

零点体育是一项源自国外的体育教学课程，即在每天第一节文化课之前让学生选择自己喜欢的运动项目进行体育锻炼。零点体育主要通过体育运动让学生大脑做好准备，为一天的学习奠定基础。由于这节课通常安排在一天中的第一节文化课之前，所以称为零点体育，又叫学习准备型体育课。

为增强学生体质，保障学生身心健康，培养学生良好的生活习惯，促进学校学风建设，要求每周二到周五，四、五年级的学生进行晨跑运动。学生利用早上到校的时间，用体育晨跑的方式打开一天的学习生活。每天的晨跑有体育老师、正（副）班主任老师和家长志愿者一起参与，做好学生的安全保障。

1.指导思想

为全面贯彻党的教育指导方针，同时落实《学校体育工作条例》和《国家学生体质健康标准》，培养学生良好的生活习惯，增强学生体质，促进上桥南开小学校学生在德、智、体等方面全面发展，提升学校学风建设水平，营造健康向上的校园风气和体育氛围。

2.晨跑目的

通过晨跑锻炼，提高学生的心理以及道德素质，促使学生主动参与体育活动，使锻炼成为习惯，终身受益。同时增强学生的体质，养成健康积极的生活习惯，强健体魄，振作精神，使学生能够更好、更有效地投入学习以及生活中。

3.实施要求

①晨跑对象：四、五级学生。

②晨跑时间：

五年级学生：周二、周三 8：00—8：30

四年级学生：周四、周五 8：00—8：30

③晨跑地点：学校运动场（规格：250米）

④晨跑具体时间安排和步骤：

7：40—7：55　学生进校，整理自己的书包和服装，做好晨跑的准备。

7：55—8：00　学生操场集合，各班体育委员清点人数。

8：00—8：30 各班开始热身跑，每个班各跑一条跑道，成两列纵队慢跑，三圈以后回到操场指定位置进行分班徒手操准备活动和原地素质练习。各班热身以后开始5圈晨跑。最后做好拉伸与放松。

⑤安全保障与考勤方法。对学生每天的晨跑进行纸质、电子考勤记录，学期末系统统计入档。学生每天必须在规定的时间内，按照规定的要求进行晨跑锻炼。每天有两名体育教师负责晨跑锻炼，指导学生锻炼，各班每天有一名带班老师和一名学生家长做好协助和后勤保障；值周校领导每天会到操场进行晨跑锻炼的视察与监督工作。

⑥注意事项：学生晨跑那天身着运动装和运动鞋。

学生早饭需要在7：20以前吃完。

学生早上出门之前可以带一张吸汗巾。

学生任何时候如果有不适要主动告知老师或者家长志愿者。

4.免跑规则

①凡经由家长申请，学校批准的身体有特殊情况、残疾等不适宜晨跑的学生，可持申请免跑。

②因病或身体不适暂时不能参加晨跑的学生，可向当天代班老师或者学长志愿者说明原因，当天不进行晨跑锻炼。

③遇有异常天气（如雾霾、雷雨天气）或其他特殊情况，暂停晨跑。届时，学校会提前通知。

④凡晨跑成绩不达标的学生，将被取消评优评奖资格。

5.考核纪律

①学生在晨跑锻炼中要遵守纪律，听从指挥。

②体育教师、带班教师和家长志愿者要按时到达，认真履行职责，做好学生的服务与保障工作。

③负责统计晨跑记录的班级班委要细致认真并且如实准确地对晨跑进行考勤。

6.组织要求

晨跑是学生课外体育活动的主要组成部分，是提升学校优良学风的重要举措，也是规范学生良好行为习惯的有效途径。因此，各班要认真做好学生积极参与晨跑锻炼的宣传组织与发动工作，同时与学生家长提前做好有效沟通。

学校成立由相关校领导、教师、家长志愿者组成的执勤小组，对各班学生的晨跑做好保障，并对晨跑情况进行汇总统计和宣传。实施中遇到的问题与解决方法：

①学生早上到校的时间会受季节的影响。夏季日照时间长，冬季日照时间短，

夏季比冬季的早上天亮得会早一点，温度也会让人感觉舒服，在夏季，学生的起床效率高，学生到校就会准时一些。而冬季早晨寒冷，学生有起床困难和到校后不愿运动的现象。针对这个问题，学校主要从以下方面着手解决：①考勤鼓励，每天由各班教师和志愿者家长对学生的出勤做好记录，对每天出勤的学生进行积星，一周后做一个情况小结，各班根据自己班上的奖励制度，对出勤好的学生给予奖励；②家校合作，每天家长在家要督促孩子按时睡觉和按时起床，每天早上在家和孩子进行良好沟通，让孩子用一个好的心情开启一天的学习和生活；③师生同练，每天在晨跑前，各班的正（副）班主任都提前到校等待学生的到来，并陪同学生一起晨跑，给学生做好表率，用这种方式给学生加油打气，学生也会因为自己老师的参与而积极参与。

②学生的早餐对晨跑运动也会有很大的影响。晨跑之前不能吃早餐，因为食物进入胃中需要一定时间消化，吃了早餐之后马上进行晨跑，全身血液会集中于四肢，在胃部的血几乎为零，这样会造成胃壁与胃中的食物直接摩擦，届时在晨跑中易出现胃部不适等症状，甚至个别学生在晨跑过程中会出现呕吐的情况。针对这个问题，体育教师有责任给学生做好运动前的常识教授，让学生知道饮食与运动的关系，同时各班教师要和家长做好沟通，让家长们提前给孩子做好早餐，确保早餐在7：20之前吃完，以不感到胃胀为宜。

③学生坚持度差。坚持晨跑可以增强体质，提高免疫力，改善精神状态，同时对意志力也是一个考验。跑步会很累，学生会因为累不能坚持而找借口不出勤或者跑一会儿就停下不跑或走。针对这个问题，首先，体育教师要对学生晨跑做运动技术指导，在日常的体育课中对学生途中跑技术加强练习，比如晨跑途中的三步一呼三步一吸，手臂的前后摆动，途中跑的重心移动，跑步中的节奏控制等。其次，严格的监督也具有很重要的作用，学生年龄小，自控能力相对较弱，需要有成人的帮助，所以体育教师和各班教师要时刻督促学生坚持跑完。

④热身环节和放松环节对于任何运动训练都极其重要，也是学生最容易忽视的环节。热身的重要性在于可以在很大程度上避免运动损伤的发生，降低损伤的风险系数。而运动后的肌肉放松则可以缓解肌肉酸痛和疲劳，也让学生从心境上得到放松，轻松、愉悦的心情会对身体产生良好的促进作用，让身体感觉不那么"累"。有的学生不重视运动前的热身，勉强应对每一个口令，晨跑完后身体疲倦，想着任务已经结束就更不想动了，只想能坐在旁边偷着休息一下，或者想早些回教室就放松运动草草了事。针对这种情况，体育教师做好知识普及的同时也要做好监督工作，每一个活动环节要督促到位，各班老师和志愿者家长要做好配合和

监督。

晨跑的意义如下：

①增强学生身体素质。晨跑锻炼不仅提高学生的肺活量，锻炼学生的耐力，还增加了对学生心脏的刺激，让心脏变得更强。通过一段时间的晨跑运动后，老师们惊奇地发现学生的身体素质更强了，心肺功能、运动能力有了显著提升。

②促进学生课堂学习。晨跑会使孩子大脑的持久力得到延长，神经系统得到活跃，使其一直处于一种较为兴奋的状态，让学生的头脑保持清醒，在学习中也更有精力，积极地投身于一天的学习课堂中去，进而促进学生的课堂学习。

③提高家校沟通交流。晨跑拉近了家校距离，每天的晨跑各班都有一名家长志愿者参与，他们会实时把学生的锻炼情况发到自己的班级群和朋友圈里，家长们看到学校对学生体质如此重视，进而提高了家长们对于学生体育的重视程度。通过晨跑活动这个媒介，家长对于孩子的在校生活不只关注学习，同样还关注孩子在校的"健康生活"，这就增加了家长与学校交流的机会、内容，促进了家校之间良性的沟通交流。

④培养学生体育锻炼习惯。学校体育的目标是以培养学生养成终身体育习惯为目的。要让学生养成体育锻炼习惯就需要在日常的学习生活中长时间、多次、重复地进行有效的体育活动，让学生养成自觉的锻炼习惯，培养学生对体育的兴趣、爱好，最终养成终身锻炼的习惯。所以晨跑活动是让学生定时定量长期通过反复运动，让学生身体形成无意识的记忆，从而获得趋于稳定的锻炼行为，为最终体育打下基础。

二、 阳光大课间活动

上桥南开小学阳光大课间活动在校领导的领导下，体育组老师的认真策划下，编排了具有特色的跑操路线锻炼，创编了具有校园特色的武术操和体能操。全校师生共同参与，充分发挥教师的引领性和示范性，体现学生的主体性和主动性，确保人人参与，人人锻炼，这是保证学生每天一小时体育锻炼的重要手段。同时，为确保阳光大课间不受恶劣天气影响，学校还制订了室内活动方案，主要内容为分班进行室内体能操（视频示范）和室内游戏。

为了确保阳光大课间质量，学校还制订了评分标准，每天由各年级行政依据评价标准交替进行评分，并于每周一的集体早会进行反馈，对评分高的班级颁发流动红旗，以此来激励师生共同进步。阳光大课间，与素质教育、学科教育、德育教育、综合实践教育相融合，时刻为培养有体魄、有理想、有道德的社会主义接班人做好准备。下面以阳光大课间为例进行讲解。

1.指导思想

为认真贯彻落实党的十九大和全国教育大会精神，把学校体育工作作为全面推进素质教育的重要切入口和突破口，吸引广大学生走向操场，走进大自然，走到阳光下。积极参加体育锻炼，确保"阳光体育运动"落到实处，培养学生良好的体育锻炼习惯，切实提高学生的体质健康水平。学校把开展"大课间操"活动作为重要途径之一，保证学生每天一小时体育锻炼时间，增强学生的体质，提高学生的心理素质和道德素质，促使学生主动参与体育活动，使锻炼成为习惯，使学生终身受益。

2.目标和原则

（1）目标

①有效促进学生健康成长，并形成健康意识和终身体育观，确保"健康第一"思想落到实处。

②让全体学生自愿参与、学习、享受体育，培养学生良好运动习惯，发挥学生锻炼积极性的同时激发运动潜能。

③改革学校课间操，优化课间操的空间、时间、内容、形式和结构，激发学生乐于参加，主动掌握健身方法并自觉锻炼的积极性。

④丰富校园文化生活，营造积极向上的学风。

（2）原则

① 教育性原则：开展大课间活动，以达到对学生的促德、健体、调智、审美等的教育功能，重视活动过程的素养形成。

② 科学性原则：根据学生的身心发展规律及特点，以及学校的实际情况，科学合理地安排大课间的课程计划和活动内容。

③ 全体性原则：师生全员参加，充分发挥教师的主导性和引领性，体现学生的主体性，激发学生的积极性，达到全体健身的目的，也促进师生间、生生间的和谐关系。

3.活动时间及主要内容

（1）阳光大课间活动时间

冬季作息时间：10：10—10：40

夏季作息时间：08：40—9：10

（2）主要内容

①入场热身。

②武术自编操：少年中国说+精忠报国。

③体能自编操：5.6.7.8-steps。

4.实施办法

大课间活动共有两套实施办法，天气状况良好时进行室外活动，天气状况不佳时，则开展室内活动。以下着重介绍室外活动办法。

5.大课间活动流程

（1）入场热身

当下课铃声响起，各班学生在当堂课老师的带领下在教室外的走廊安静排好队，迅速出发按照指定路线到达操场做操的位置。到达以后，各班整理好队伍开始做热身操。（热身操是自编操，主席台有学生示范带领。）

（2）自编操

① 根据音乐及口令完成武术自编操。（优秀学生领操）

② 根据音乐完成体能自编操。（优秀学生领操）

（3）跑操

① 体能自编操音乐结束后，各班迅速向前（后）靠拢，以两路纵队的形式有序到达跑操位置；

② 各班根据音乐提示按指定路线进行跑步，教师领跑；

③ 进场后根据音乐提示进行6~7分钟的跑操活动；

④ 当跑操音乐结束以后，在体育老师的带领下统一进行拉伸放松，最后由正副班主任带领学生有序离场（各班按就近通道离场）。

备注：室内活动方案舍弃了跑操活动，增加了一套15分钟的室内体能操，将由正副班主任带领，分班放视频练习或者负责年级的体育老师不定期地提前到班上带领学生做室内体育小游戏，或者"微体育"活动。

6.入场路线和跑操路线图

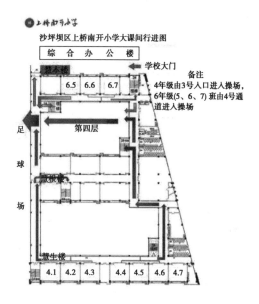

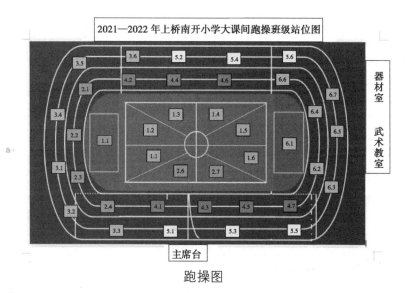

跑操图

说明：

① 跑1、2跑道及篮球场、排球场、足球场班级为逆时针方向；

② 跑4、5跑道班级为顺时针方向；

③ 在跑道上跑操的各班级为4路纵队；篮球场、排球场、足球场场地的班级为两路纵队。

（备注：室内活动场地安排在各班教室及教学楼空旷楼道。由正、副班主任配合相关体育教师组织学生在室内指定区域活动，安排室内体能操和防控操及体育游戏。）

7.评价标准

上桥南开小学大课间活动由各年级行政依据评价标准交替进行评分，并于每周一的集体早会进行反馈，对评分高的班级颁发流动红旗。

上 桥 南 开 小 学 大 课 间 评 价 表

检查日期：　　　　　　　　　　　　　　　　　　　　检查人：

得分　内容　班级	集合			出勤		广播体操				跑操			分班活动			退场			班主任出勤		总分	备注
	快	静	齐	全勤	缺3人以上	优	良	可	差	队列整齐	口号一致	班距	有序	教师组织	器材收还	整齐	纪律	无早退	在岗	跟操		
	3	3	4	10	5	30	25	20	15	7	5	3	7	5	5	5	3	2	5	5		
年　班																						
年　班																						
年　班																						
年　班																						
年　班																						
年　班																						
年　班																						

注：大课间结束后，有序站队，从指定通道慢跑进入教学楼。

8.活动注意事项

①师生不得迟到、早退，大课间活动时间不得以任何理由占用、挤用。

②室外活动时间班主任、副班主任必须管理到位。

③师生参加大课间活动必须穿好运动服、运动鞋，不携带坚硬物品，落实好安全防范措施。

④活动全程由广播音乐指挥。

⑤分管体育教师对活动进行巡视与指导。

⑥相关行政根据各年级表现进行评价并打分记录。

体育与健康课程创新基地通过更新大课间活动内容及模式，在以往大课间活动形式的基础上，定期更新不同的韵律操，以及室内活动操，同时调整了大课间的活动时间，形成适合学生自己的活动方案，解决了以往不良天气对体育活动的影响。

实施中遇到的问题与解决方法如下：

①学生从教室到操场的时间太长。针对这个现象，体育组从以下几个方面着手解决：主要对全校老师提出要求，只要听到下课铃声响起，所有当堂任课老师必须停下手里的事情，组织学生迅速集合。其次，对各班学生排队集合到操场的路线进行合理规划，并对出操路线进行多次练习，确保全校师生高效率到达操场的同时，也保证师生行进途中的安全。

②学生到达操场后做操不积极。针对这个问题，体育组联手德育处制订了一套评分方案，每天由行政和体育组老师轮流对各个班做操时的动作完成度和精神风貌进行打分，并于每周五下午公布得分情况，于次周的周一集体朝会时对优秀

的班级颁发两操流动红旗。其次，由学校领导班子牵头对教师提出要求，正、副班主任在队列的一前一后，学校领导和全校教师一起做课间操，以此带动全校学生共同完成锻炼。有了学校领导和教师的表率作用，学生也受到了极大的影响，很大程度上提高了学生做操的积极性。

③跑操时班与班之间的间距容易把握不好。针对这个问题，每天负责大课间的体育教师在主席台上根据实时情况进行统一调控，再由一名体育教师在主席台对面协助调节。每班的正、副班主任老师一前一后同学生一起跑操，对班级学生的行进队伍进行实时调整，确保队伍在跑操过程中都能整齐前进。通过这样的方式，整个跑操过程有序进行。

阳光大课间的意义如下：

①大课间体育活动是保证阳光体育一小时的有效手段。体育与健康课程创新基地要落实阳光体育一小时就必须开展好大课间体育活动。大课间体育活动是全体师生同时进行的集体活动，它确保了在校的每一位学生每天都能参加运动。它对缓解学习疲劳、增强学生体质、调节学生学习节奏有着极其重要的意义。

②大课间体育活动有利于培养健康生活方式。适度的体育锻炼不仅是学生保持身心健康的重要手段，更是学生养成良好生活方式的重要内容。大课间体育活动的内容丰富，组织形式多样，因此能够很好地激发学生的锻炼兴趣、培养学生的体育意识和健康生活方式，为终身体育锻炼打下基础。

③大课间体育活动是展示校风、校貌的重要窗口。大课间体育活动是学生每天都参加的大规模、全校性的集体性活动，长期有组织、有计划的大课间体育活动，对培养学生团结向上、勤奋认真、遵规守纪的良好校园风气起着重要作用。大课间体育活动形式多样、生动活泼，能充分体现学校良好的教学、生活秩序，反映学校管理工作的系统性、严密性和组织性，能全面反映学生的精神面貌和学习态度，也反映出学校教职员工的整体素质和各级领导严谨的工作态度。大课间体育活动不仅能锻炼学生的身体，陶冶学生的情操，也是学校精神文明建设的重要窗口。

三、延时活动

体育延时活动是学校的特色体育活动项目，是以年级为单位的全校性体育活动，以体育教师为主导，各班负责人协同完成。教师根据实际情况，选择相应的符合水平阶段的项目运动，进行分区活动。延时活动包括各种游戏、体能，该活动趣味性强，学生参与度高。学生得到了更科学合理的体育锻炼，提高了活动效率。下面以上桥南开小学的延时活动为例。

1.指导思想

为了认真落实党的教育方针，"切实保证中小学生每天一小时校园体育活动"，贯彻学校"健康第一""以人为本"的指导思想，进一步加强学校体育工作，以全面推动素质教育，切实加强学生体质，养成学生自觉锻炼身体的好习惯，促进学校体育课程的改革和开展，特制订本活动方案，以落实保证学生每天一小时体育活动的顺利进行。

2.活动目标

优化体育活动的时间、空间、内容和结构，根据学校特色的运动项目，结合学生和场地的实际情况，有针对性地设计活动内容，将运动项目与体育游戏融为一体。

促使学生乐于参加，主动控制健身的方法并自觉养成参加体育锻炼的好习惯，加强学生体质，让学生健康快乐成长，树立学生英勇、坚强、进取的向上精神。

3.活动时间及流程

（1）延时活动时间

夏季作息时间表：9：10—9：40

冬季作息时间表：15：30—16：00

（2）延时活动流程

①活动音乐响起后，各班以两路纵队的形式有序到达各年级指定活动区域；

②到达指定位置后进行热身运动；

③根据当天的活动，由负责摆放器材的学生或教师将器材摆放到各年级活动场指定位置；

④在分管体育教师的组织下由正、副班主任协助进行活动；

⑤活动结束后由教师或指定学生收还器材；

⑥正、副班主任整理学生队伍有序落座，放松离场（各班按入场通道离场）；

⑦分班活动完成后同学们调整间距原地坐下；

⑧分班活动完成后同学们调整间距原地坐下；

⑨各班教师整理好队伍，做好离场准备离场。

4.活动场地的分配

①一年级、二年级分班活动场地为慧心楼小操场。

②三年级至六年级分班活动场地示意图如下。

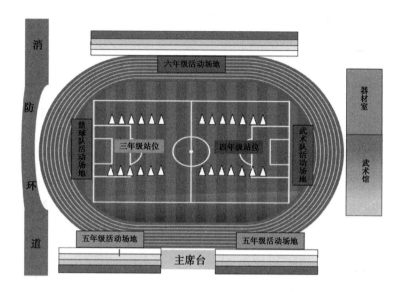

备注：室内活动场地安排在各班教室及教学楼空旷楼道。由正、副班主任配合相关体育教师组织学生在室内指定区域活动，安排室内操及体育游戏。

5.活动项目及器材

体育教研组根据学校的特色运动项目，结合实际场地及各年龄段学生的特点，设置不同的运动项目。在分管体育教师的组织下由班主任协助进行活动。室内活动项目由班主任根据体育教师提供的项目进行选择。

学校提供充足运动器材，保证活动的顺利开展，大课间室外活动开展时，由相关负责的体育教师配备好足够的器材，放置在合理的安全区域。活动开始后，由指定的学生将器材放置到规定的活动区域。（以其中一天活动为例）

各年级分班活动项目及器材配置		
年级	项目名称	器材及数量
一年级	过独木桥	自制垫子（1块）
二年级	摸石头过河	形体砖（21块）
三年级	跳皮筋	橡皮筋
四年级	趣味练习	绳梯（6条）、羊角球（4个）、体操垫（8张）、跨栏架（4个）、八边形框（8个）
五年级	素质练习	小栏架（120个）、小红旗（6面）
六年级	小篮球	小篮球（150个）、小红旗（7面）、自制篮筐（个）

备注：室内分班活动内容简介。

一年级：纸球入篓、七巧板、头顶气球、写字接力、象棋、开火车等。

二年级：过独木桥、击鼓传花、传口令、猜拳写字、画鼻子等。

6. 亮点及特色

①上桥南开小学作为全国校园篮球特色学校，以及区级武术训练点，在分班活动中设置了武术队和校篮球队的团队特色展示，并开展了武术自编操活动，以及六年级的小篮球活动，让特色项目起到了引领和辐射的作用。

②上桥南开小学延时活动真正体现了"以人为本、健康第一"的指导思想，根据学生的身心发展特点选择了有针对性的运动项目，融入各年级的分班活动中。

③全校师生参与分班延时活动，教师成为活动组织者、引领者和参与者，与学生一起在运动中玩乐，玩乐中强健身体，激发了学生的活动兴趣，提高了积极性。

④上桥南开小学延时活动打破了天气因素带来的限制，创造性地设计了室内活动的相关实施办法，真正做到了保障学生"每天运动一小时"的健康目标。

7. 活动注意事项

①师生不得迟到或早退，不得以任何理由占用延时活动时间。

②延时活动时间各班必须有一名老师在班上做秩序管理，确保活动正常运行；

③参加延时活动时，师生必须穿好运动服、运动鞋，不携带坚硬物品，落实好安全防范措施。

④活动由分管体育教师对活动内容进行组织、安排。

⑤各班老师要全力协助体育教师，指导学生完成活动练习。

实施中遇到的问题与解决方法如下：

①部分班级不能整齐有序快速到达操场。夏季作息时间延时活动时间和阳光大课间是一起完成，但是冬季作息时间，延时活动是下午第二节课以后。下午第二节课基本上是综合学科课程，大多数班级在功能室上课。当下课铃声响后，学生需要整理好功能室才能出发到操场，有的班级还会回教室放自己的学习工具。这些都是影响按时到达操场的原因。针对这种现象，学校对全校老师也提出要求，当堂课的老师提前3分钟做好下课准备，收拾好功能教室器材，如果学生需要回教室放自己的学习用具，该堂课的老师需带领学生回到教室，督促学生迅速做好排队准备。

②活动中的各个班容易出现混乱，有安全隐患。体育延时活动是全校性的集体活动时间，但不是统一安排统一活动，是分区域分年级同时进行不同的游戏或者素质练习。每个年级只有两名体育教师组织活动，一个年级六七个班级同时进行，学生活动范围大，教师对场面的把控就相对较弱。又因为学生自我安全意识

不够强，活动过程中同学之间会出现打闹现象。每个班级也会有规则意识不强的孩子，在活动过程中会出现安全隐患。针对这个问题，两名体育教师，一名在组织活动时，另一名一定要巡视全场。其次对带班教师进行安全意识的培训，让带班老师时刻管理班上的学生，并协助体育老师，指导学生完成游戏或者练习。

③学生对活动的参与度不同。体育延时活动以体育游戏和素质练习为主。在进行体育游戏时，学生的整体参与度要比体育素质练习高。又因为男生和女生的参与点不同，比如在球类的游戏中，男生要比女生参与度高，在两人协助完成的练习中，女生就会比男生合作更好。针对这种情况，体育组教师首先在游戏的设置上充分考虑到男女生的不同，让游戏的关卡上既有男生的闯劲儿也有合作的配合点，让男生和女生都能找到游戏的乐趣。其次，体育组教师需要时常创新游戏玩法，让学生感到新颖，这样他们的参与度才会提高。对于素质练习，体育老师和带班老师需要相互协助，督促学生完成每一个运动的练习，这样才能达到练习的强度。

体育延时活动的意义如下：

①学生体魄，培养学生体育积极性。学校体育延时活动是在双减政策下，根据学校自身的情况结合学校的特色开展的一项体育运动。它要以学生兴趣爱好为出发点，以学生个性发展和人格完善为归宿，拓展了学生参与体育锻炼的时间和空间，是学校阳光大课间的延续，为实现每一位学生每天锻炼一小时又一次提供强有力的保障。其学生身体得到锻炼的同时，也提高了学生对体育锻炼的认识，促进了学生素质的全面发展。

②学校形成了浓郁的校园体育锻炼氛围。延时体育活动受到校领导、家长和社会的高度重视。在学校的领导下，体育组认真研究制订方案，策划组织，由全校师生共同参与，形成了内容丰富、氛围浓厚、群众性体育锻炼风气，有效地促进了学生积极参加体育锻炼，切实提高了学生体质健康水平。它确保阳光体育运动在学校全面开展，做到有声势、有影响、有内容。

③对学生在校学习的时间具有调节作用。学生每天在校时间比较长，延时体育活动能舒展身心，充分调节学生紧张学习，能改善学生的生理和心理状态，有助消除读书带来的压力，恢复体力和精力；使疲劳的身体得到良好的休息，使学生精力充沛地投入接下来的学习中去。同时，体育锻炼可以陶冶情操，使人保持健康向上的心态，能充分发挥个体的积极性、主动性、创造性，从而提高学生的自信心和价值观，使学生在融洽的氛围中获得和谐、健康的发展。体育延时活动中的集体项目与竞赛活动可以培养学生的团结协作及集体主义精神。

四、运动会

学校运动会是学校体育运动竞赛的一种重要形式，主要指每年春秋两季的田径运动会。学校举办运动会的目的是让学生能够深刻认识到运动的精神或运动的本质，真正感受到运动带给他们的快乐。上桥南开小学运动会在开幕式和运动项目上都有新的调整。

上桥南开小学运动会开幕式打破传统的入场模式，举办有主题的开幕式。校运会开幕式表演作为校园内规模最大、人员最多、影响最广的体育活动，是对课堂体育教学的补充和检验，能更好地培养学生的体育意识、兴趣、能力、习惯，开阔学生的视野，提高体育审美意识，同时还能促进学生身心健康发展，有助于培养学生的学习积极性和创造性、分析能力和创新精神。校运会开幕式表演的意义并不是简单的几十分钟的表演过程，而是学生运动、表演能力以及体育教学成果的集中展示。每一次主题是由学校行政会议商讨确定，由德育处制订运动会开幕式的方案，以班级为单位，各班充分发挥想象力和创造力，体育老师精心组织，全校齐心协力，让开幕式充满新颖。2017年11月1日下午，上桥南开小学第一届万物启蒙蔬果综合运动会拉开序幕。只见场上学生身着各式各样的"蔬果"服饰，化身"小草莓""小葡萄""小辣椒""小蘑菇"……降临校园，天真烂漫、乖巧可人。本届运动会以"狂欢蔬果节"为主题，是新操场投入使用后的第一次盛会。继闪亮又华丽的开幕式之后，11月2日，本届运动会正式开启奋斗拼搏的新征程。率先登场的就是全校师生展示《希望风帆》广播操比赛。此后，学校连续举办了"万物有光　虫鸟有灵""跟着节气来运动""传诵经典　重返盛唐""童心向党追逐梦想""童心筑梦　智享科技未来"为主题的运动会。每次运动会开幕式都充分展示上桥南开小学学子的精神风貌，努力营造浓郁校园文化氛围，彰显出了上桥南开小学学子的青春与活力，让个人风采绽放耀眼光芒。运动会主题开幕式是学校推行中国传统文化，发展体育运动，提高学生素质的重要举措，同时也是学生展示风采、促进交流的重要平台。每次运动会主题新颖、高潮迭起，既展现了上桥南开学子蓬勃向上、勇于拼搏的良好精神状态，又体现了团结协作、互助进取的竞赛精神，极大地丰富了学生的校园文化生活！

上桥南开小学在运动会项目上也做了新的调整，常规的运动会以单项为主，竞技性强，但覆盖面较小，参与学生较少，大多数学生在运动会中缺少参与感；而体育课程创新基地的理念是要从各方面激发学生的潜能，注重学生的参与感和情意表现，因而学校将多项集体性的"趣味体育游戏"融入运动会当中作为竞技项目长期实施，让更多的学生参与运动。从反馈来看是积极的，学生在集体性的体育游戏中能充分感受到体育带来的乐趣，也提升了身体素质。

下面以上桥南开小学其中一次运动会为例。

1.比赛日期：××××年××月××日—××××年××月××日

2.竞赛地点：学校田径场

3.竞赛分组、项目设置：

（1）1、2年级：

个人：60米、300米、单人交叉跳绳、个人1分钟短绳；

集体：1分钟集体短绳、5分钟集体长绳、袋鼠跳、障碍跑接力赛、两人三足、迎面接力（备用）、求实求真（备用）、奔跑吧！少年（备用）。

（2）3—6年级：

个人：60米、800米、单人双摇跳绳、个人1分钟短绳；

集体：1分钟集体短绳、5分钟集体长绳、袋鼠跳、5人绑腿跑、障碍跑接力赛、迎面接力（备用）、求实求真（备用）、奔跑吧！少年（备用）。

4.参赛办法：

各组别：每人限报2个单项，每个单项限报男女各3人。

5.竞赛规则：

（1）采用中国田协审定的最新田径规则；

（2）60米：采用预赛＋决赛制。

6.录取名次与计分、奖励办法：

（1）1、3、5年级：录取前6名，单项分别按9、7、6、5、4、3计分，集体项目按18、14、12、10、8、6计分；

（2）2、4、6年级：录取前7名，分别按9、7、6、5、4、3、2计分，集体项目按18、14、12、10、8、6、4计分；

（3）团体总分以各项目得分之和排名，若总分相同进行并列排名。

7.集体项目规则介绍：（见附件1）

8.报名办法：

（1）报名截止日期：××××年××月××日

（2）报名办法：

网址：略　　　二维码报名：略

初始密码：******

9.注意事项：

（1）未尽事宜另行通知；

（2）本竞赛规程最终解释权归大会组委会。

10.集体项目比赛规则

项目一：1分钟集体短绳

参赛人数：每队20名队员（男女不限）

比赛器材：自带短绳

比赛方法：比赛开始前运动员站到指定的位置，并做好比赛准备，听到裁判员发令之后以最快速度开始跳绳，听到裁判结束哨声后停止。

比赛规则：运动员站到指定位置完成1分钟短绳，最后以每队20名参赛运动员的平均成绩进行排名。

项目二：5分钟集体长绳

参赛人数：

1、2年级：20人（男女不限）；教师或家长摇绳

3—6年级：30人（男女不限）；学生摇绳

比赛方法：摇绳者面对站立相距3米，手持1条长绳同时向1个方向摇动，其他运动员排队依次连续从A摇绳人边跑向摇动的绳子并跳过，再从B摇绳人身后绕过重复上述动作，使整个跑动跳跃过程形成1个8字形，如规定时间内跑跳过程中有人未能跳过，使摇绳中断，可继续比赛，不用退回；但该次跳跃不计数。

比赛规则：比赛过程中学生不可无故退出比赛（经裁判鉴定受伤除外）；以跳跃成功次数多少排出名次。

项目三：袋鼠跳

参赛人数：每班30名队员（男女不限）

比赛器材：布袋若干

比赛方法：每支队伍平均分为2个小队，记为A、B，相向各排成一纵队。比赛开始前，每组A队的第一名队员将布袋套至腰部，听裁判员发令后向B队前进，中途布袋不得脱离双腿，至B队时脱去布袋，由B队队员套上布袋向A队前进，如上述循环直至最后一名队员。

比赛规则：比赛过程中，如有摔倒可以自行爬起，但布袋必须始终套在腿上，如有滑落必须重新套上后方可继续比赛。从开始脱下布袋交接，至下一名队员的布袋完全套好前，整个交接过程必须在跑道端线以外进行，不能越线。所有队的比赛结束后，用时较短者获胜。

项目四：障碍跑接力赛

参赛人数：每队20人（男女不限）

比赛器材：障碍物若干，乒乓球一个，筷子一双，碗一个

游戏方法：学生成一路纵队站在起跑线后，比赛开始排头跑出，跨过垫子，穿过障碍圈，将碗内乒乓球用筷子夹入另一碗内，然后跑回和下一名同学击掌，第二人跑出，依次进行；以完成的时间判定各队名次。

比赛规则：裁判员发令后，计时开始，开始比赛，如果运动员在比赛过程中有一个项目未完成则该队总时间加30秒，以此类推；总用时少者获胜。

项目五（备选项目）（1—2年级）：二人三足

参赛人数：每队16名队员（男女不限）

比赛器材：绑腿若干、标志杆若干

比赛方法：比赛开始前，参赛队员要在规定的场地内，站在起跑线后，比赛开始时，参赛队员开始比赛，跑到终点标志杆绕过并返回，下一组开始比赛，依次进行。

比赛规则：参赛队员站在规定区域内，裁判员发令后，计时开始。中途如果出现绑腿掉落，需要就地绑好后出发，如未绑好则在该队总用时上加30秒；用时少者获胜。

项目六（备选项目）（3—6年级）：五人绑腿跑

参赛人数：每队30名队员（男女不限）

比赛器材：绑腿若干

比赛方法：比赛开始前，5名队员站在端线后，分别将腿绑到一起，裁判员发令后，比赛开始。参赛队员开始奔跑，摔倒后站起来继续，跑过终线后，下一队方可开始，依次进行；如小组未过终点线下一队就出发视为犯规，犯规一次在该队总用时基础上加30秒，以此类推；总用时少者获胜。

比赛规则：裁判员发令后，比赛开始。

项目七（备选项目）：迎面接力

参赛人数：每班30名队员（男女不限）

比赛器材：接力棒

比赛方法：比赛开始前，每班分两队分别站于两端，每个班各有一个道次，分别站在自己班道次前，裁判员发令后，比赛开始。

比赛规则：在比赛过程中学生要在自己的跑道上进行比赛，不得窜跑道，以名次取成绩。

项目八（备选项目）：求实求真

参赛人数：每队11名队员（男女不限）

比赛器材：1个大标志桶（用来接球）、一个眼罩、20个沙包（放在袋子或盒

子里)

比赛方法：每组选出一个选手戴上眼罩手持标志桶。其他选手每人2个沙包，将球投进垃圾桶内每人投两次。垃圾桶与选手间的距离约为3米。

比赛规则：裁判员发令后，比赛开始，接球者和投球者需站到标志线后；如越过标志线投进的球不计入总数；按投进球数量多少进行排名，多者获胜。

比赛目的：展示良好的沟通对于提升成绩的作用。

项目九（备选项目）：奔跑吧！少年

参赛人数：每队10名队员（男女不限）

比赛器材：竹竿1根

比赛方法：比赛开始前，10名队员站在起跑线后，第一名参赛人员双手抓住竹竿向前奔跑，到终点后第二名参赛队员接上一块奔跑，依次进行，按照规定路线奔跑，裁判员发令后，比赛开始，用时最少者胜利。

比赛规则：裁判员发令后，比赛开始，在比赛过程中每位队员的双手不得离开竹竿，未到达接应地点之前所有运动员不得超过起跑线；比赛距离10米。

比赛目的：此项目着重发展学生对手臂力量的控制力及团结合作的培养。

主题运动会的意义：

（1）校运会开幕式表演有助于推动校园体育文化建设。每一个学校都有自己独特的校园体育文化，上桥南开小学通过丰富多彩的开幕式表演进一步凸显了校园体育文化建设。学校开幕式表演在坚持与传统相结合的同时还与各个学科文化相结合，与地方文化相结合，更加体现了学校特色。开幕式为学生提供了有效的展示平台，因此重视开幕式表演的精心策划，可以完善校园体育文化，使学生既能享受运动带来的乐趣，又能调整认知行为，使之与校园体育文化环境相呼应。

（2）校运动会通过项目竞赛，全面检阅学校体育运动的开展情况，检查学校体育教学和训练成果，全面推动体育活动的开展，促进学生运动技术水平的提高。同时还培养学生奋发向上、遵守规则、集体主义和荣誉感等品质，并具有振奋师生精神，活跃学校生活等作用。

（3）让运动会成为大家的运动会。传统运动会在项目设置上单项竞赛较多，通常是少数体育尖子生的展示舞台，大多数学生都是旁观者，少有机会参与。学校通过设计一些比较简单、容易操作且参与人数较多的团体项目，让大多数学生都有机会参与，并在每次运动会上设置了一项教师团体项目，让教师也参与到运动会中，让大家成为真正意义上的参与者。

五、奥运知识

上桥南开小学是沙坪坝区排球传统项目学校、区级足球特色学校，还有篮球、武术、田径等项目都颇有建树。学校曾向国家、市、区级专业队和知名高等体育院校输送优秀运动员。学校充分利用深厚的体育文化资源，打造校园体育文化；结合奥运知识板块，设立了奥运名人堂文化墙和奥运知识角展板，还举办了奥运知识大比拼竞赛活动。

奥运文化墙主要是利用校园宣传栏、奥运走廊展示我国体育及优秀运动员的骄人成绩，对国家奥运会运动员的运动经历进行一个简单的介绍，通过无意识的方法丰富学生的奥运知识体系，营造良好的学校体育文化氛围来加强校园体育文化展示。同时建立学校历届优秀运动员荣誉长廊，利用电子屏、田径场围栏、各班黑板报普及各种体育赛会、体育赛制、比赛规则等知识。

奥运知识角展板主要以年级为单位，每个月定期进行一个主题内容的展示，从各年级众多学生的作品中选取部分展示到奥运角。在创作自己的作品时，多元化的奥运文化，充满能量的体育内涵必然会深深地影响他们。这不仅提升了学生的体育认知，也是发展教师综合素养的重要方式。

奥运知识竞赛活动方面，每学期期末对学生进行奥运知识检测，在每一学年度开展一次"奥运知识大比拼"的全校性比赛活动。初赛从每个班级开始，由各班进行测验，遴选出优异的学生代表参加最终决赛，让参与度得到更大的提升。通过这种方式，学生参与到体育文化的建设中并获得认同，这会让他们变得更主动、积极。

下面是上桥南开小学其中一次奥运知识决赛题。

体育奥运知识监测

适用年段：一、二年级　　　　　　　出题人：×××

一、选择题

1.北京冬奥会在哪一年举行？　（B）

A. 2030年　　　　　B. 2022年　　　　　C. 2025年　　　　　D. 2035年

2.北京冬奥会吉祥物设计原型是什么？（B）

A.老虎　　　　　　B.熊猫　　　　　　C.大象　　　　　　D.猴子

3.每年的奥林匹克日是几月几日？（B）

A.5月1日　　　　B.6月23日　　　　　C.10月1日　　　　　D.1月1日

4.北京冬奥村位于（A）区域内？

A.北京奥林匹克公园　　　　　　　B.解放碑

C.朝天门　　　　　　　　　　　　D.大兴机场

5.北京冬奥会的开、闭幕式将在（A）举行？

A.鸟巢　　　　　B.水立方　　　　C.工人体育馆　　　　D.天安门

二、填空题

1.奥林匹克运动会的格言是：更（高）、更（快）、更（强）。

2.中国国家体育馆的名称是：（鸟巢）。

3.奥运动会与冬奥会间隔（2）年举行。

4.奥运五环标志中的黄色环代表（亚）洲。

5.冬奥会每隔（4）年举办一次。

三、简答题

请你列举2个冬季奥林匹克运动会项目。

体育奥运知识监测

适用年段：三、四年级　　　　　　出题人：×××

一、选择题

1.冬季奥运会几年举办一次？（D）

A.1　　　　　　B.2　　　　　　C.3　　　　　　D.4

2.2022年北京举办的是第几届冬奥会？（C）

A.10　　　　　　B.13　　　　　　C.24　　　　　　D.29

3.北京冬奥会会徽的名字是（C）。

A.飞跃　　　　　B.跨越　　　　　C.冬梦　　　　　D.冬神

4.北京冬奥会吉祥物叫（A）。

A.冰墩墩　　　　B.雪容融　　　　C.冷冰冰　　　　D.雪飘飘

5.北京冬奥会在（A）举行开幕式。

A.鸟巢　　　　　　　　　　　　　B.水立方

C.首都体育馆　　　　　　　　　　D.国家速滑馆

二、填空题

1.冬奥运的全称是（冬季奥林匹克运动会）。

2.2022年北京冬奥会于（2）月（4）日举行开幕式。

3.奥林匹克运动会的格言是：更（高）、更（快）、更（强）。

4.奥运五环标志中的黄色环代表（亚）洲。

三、简答题

请你画出2022年北京冬奥会的吉祥物。

体育奥运知识监测

适用年段：五、六年级　　　　　　　出题人：xxx

一、选择题

1.冬季奥运会几年举办一次？（D）

A.1　　　　　　B.2　　　　　　C.3　　　　　　D.4

2.冰壶运动的主要装备有：冰壶、冰壶刷以及（A）。

A.冰壶鞋　　　　B.冰刀　　　　C.冰壶棒　　　　D.冰球

3.第24届冬季奥运会是哪一年举行的？（A）

A.2022　　　　　B.2024　　　　C.2026　　　　D.2028

4.北京冬奥会吉祥物叫（A）。

A.冰墩墩　　　　B.雪容融　　　　C.冷冰冰　　　　D.雪飘飘

5.北京冬奥会会徽的名字是（C）。

A.飞跃　　　　　B.跨越　　　　　C.冬梦　　　　　D.冬神

二、填空题

1.奥运五环标志中的黄色环代表（亚）洲。

2.奥林匹克运动会的格言是：更（快）、更（高）、更（强）。

3.2022年冬奥会由北京市和（张家口）市联合举办。

4.北京冬奥会会徽叫（冬梦）。

三、简答题

写出10个夏季奥运会运动项目和5个冬季奥运会运动项目。

四、校外1小时

随着"双减"政策的实施，"减负"的提出，学生在课外也有了相对宽裕的时间，一部分学生会参加各种培训，一部分学生会因为家长太忙无暇顾及，选择看电视、上网、玩游戏，这样导致学生的身体素质越来越差。体育锻炼不再是一种可有可无的无聊消遣，而是能够陶冶情操、保持健康、促进发展的活动。因此，学生充分利用课外时间和空间进行校外1小时体育锻炼是一个非常好的锻炼手段，让体育锻炼时时进行。

现在越来越多的家长关注孩子的身体健康，愿意为孩子选择体育运动项目，所以可以利用家长这个队友，由家长对孩子体育活动锻炼进行约束、监督，也倡导亲子运动，让孩子与父母更亲近。校外1小时运动中当父母与孩子一同进行体育活动之时，父母给孩子营造出了一种轻松的体育活动氛围，让快乐和幸福萦绕着孩子，孩子也很享受和父母在一起运动的时光，不仅培养孩子在体育锻炼时健康的意识习惯，而且为之后独立进行体育锻炼打下了基础。

下面以上桥南开小学六年级学生课外1小时锻炼的内容为例。

上桥南开小学课外1小时体育锻炼（低段）

时间	体能练习	运动量	专项运动	运动量	趣运动
第一周	原地蹲起30次 仰卧举腿20次	3组/天	1分钟跳短绳	3组/天	合成大西瓜
第二周	开合跳30次 直臂仰撑30秒	3组/天	30秒快速短绳 1分钟短绳	2组/天	切水果
第三周	立卧撑20次 左右摆动腿30次	3组/天	自编操2套	1组/天	平衡跷跷板
第四周	青蛙趴100秒 原地蹬地跑60秒	2组/天	90秒定时短绳	3组/天	大鱼吃小鱼
第五周	摸高跳30次 站位体前屈30秒	3组/天	定数200个	2组/天	水果快打
第六周	胯下击掌30次 坐位体前屈30秒	3组/天	自编操2套	1组/天	小蜜蜂
第七周	单腿90°转身跳 手足行走30米	4组/天	1分钟跳短绳	3组/天	摩天楼
第八周	靠墙蹲60秒 臀桥60秒	4组/天	30秒快速短绳 1分钟短绳	2组/天	小跳蛙
第九周	弓步交换跳30次 两头起20次	3组/天	自编操2套	1组/天	足球守门员
第十周	原地蹲起30次 仰卧举腿20次	3组/天	90秒定时短绳	3组/天	合成大西瓜
第十一周	开合跳30次 直臂仰撑30秒	3组/天	定数200个	2组/天	切水果
第十二周	立卧撑20次 左右摆动腿30次	3组/天	自编操2套	1组/天	平衡跷跷板
第十三周	青蛙趴100秒 原地蹬地跑60秒	2组/天	1钟跳短绳	3组/天	大鱼吃小鱼
第十四周	摸高跳30次 站位体前屈30秒	3组/天	30秒快速短绳 1分钟短绳	2组/天	水果快打

续表

时间	体能练习	运动量	专项运动	运动量	趣运动
第十五周	胯下击掌30次 坐位体前屈30秒	3组/天	自编操2套	1组/天	小蜜蜂
第十六周	单腿90°转身跳 手足行走30m	4组/天	90秒定时短绳	3组/天	摩天楼
第十七周	靠墙蹲60秒 臀桥60秒	4组/天	定数200个	2组/天	小跳蛙
第十八周	弓步交换跳30次 两头起20次	3组/天	自编操2套	1组/天	足球守门员

上桥南开小学课外1小时体育锻炼（中段）

时间	体能练习	运动量	专项运动	运动量	趣运动
第一周	开合跳1分钟 平板支撑1分钟	3组/天	1分钟跳短绳 30秒快速短绳	3组/天	合成大西瓜
第二周	侧滑摸桩1分钟 侧T支撑1分钟	3组/天	1分钟短绳 3分钟短绳	2组/天	切水果
第三周	高抬腿1分钟 青蛙趴100秒	2组/天	体能操 15分钟	1组/天	打雪仗
第四周	摸高跳30次 直臂仰撑100秒	3组/天	1分钟短绳	5组/天	吃豆人
第五周	收腹跳30次 立定跳远10次	2组/天	定数200个	3组/天	水果快打
第六周	1分钟仰卧起坐 跪姿俯卧撑	2组/天	体能操 15分钟	1组/天	躲避球
第七周	波比跳30次 仰卧举腿30次	3组/天	1钟跳短绳 30秒快速短绳	3组/天	摩天楼
第八周	原地蹲跳起30次 站立体前屈30秒	3组/天	1分钟短绳 3分钟短绳	2组/天	小飞猪
第九周	原地蹬地跑60秒 腹部拉伸30秒	3组/天	体能操 15分钟	1组/天	足球守门员
第十周	开合跳1分钟 平板支撑1分钟	3组/天	1分钟短绳	5组/天	合成大西瓜
第十一周	侧滑摸桩1分钟 侧T支撑1分钟	3组/天	定数200个	3组/天	切水果
第十二周	高抬腿1分钟 青蛙趴100秒	2组/天	体能操 15分钟	1组/天	打雪仗

续表

时间	体能练习	运动量	专项运动	运动量	趣运动
第十三周	摸高跳30次 直臂仰撑100秒	3组/天	1钟跳短绳 30秒快速短绳	3组/天	吃豆人
第十四周	收腹跳30次 立定跳远10次	2组/天	1分钟短绳 3分钟短绳	2组/天	水果快打
第十五周	1分钟仰卧起坐 跪姿俯卧撑	2组/天	体能操 15分钟	1组/天	躲避球
第十六周	波比跳30次 仰卧举腿30次	3组/天	1分钟短绳	5组/天	摩天楼
第十七周	原地蹲跳起30次 站立体前屈30秒	3组/天	定数200个	3组/天	小飞猪
第十八周	原地蹬地跑60秒 腹部拉伸30秒	3组/天	体能操 15分钟	1组/天	足球守门员

上桥南开小学课外1小时体育锻炼（高段）

时间	体能练习	运动量	专项运动	运动量	趣运动
第一周	前后交叉开合跳1分钟 平板支撑1分钟 坐位体前屈30秒	3组/天	1分钟跳短绳 30秒快速短绳	3组/天	合成大西瓜
第二周	侧滑摸桩1分钟 侧T支撑1分钟 靠墙（双人）压肩	3组/天	1分钟短绳 3分钟短绳	2组/天	切水果
第三周	高抬腿1分钟 原地100米跑 青蛙趴100秒	2组/天	体能操 15分钟	1组/天	投篮机
第四周	挺身跳30次 单腿90°转身跳 直臂仰撑100秒	2组/天	1分钟短绳	6组/天	吃豆人
第五周	收腹跳30次 立定跳远10次 斜板支撑30秒	3组/天	定数200个	3组/天	水果快打
第六周	1分钟仰卧起坐 并脚左右跳30次 俯卧撑20次	3组/天	体能操 15分钟	1组/天	躲避球

续表

时间	体能练习	运动量	专项运动	运动量	趣运动
第七周	波比跳30次 仰卧举腿30次 腹直肌拉伸60秒	2组/天	1分钟跳短绳 30秒快速短绳	3组/天	姿势大闯关
第八周	原地蹲跳起30次 直膝跳50次 站立体前屈30秒	3组/天	1分钟短绳 3分钟短绳	2组/天	小飞猪
第九周	原地蹬地跑60秒 弓箭步跳50次 腹部拉伸30秒	3组/天	体能操 15分钟	1组/天	足球守门员
第十周	前后交叉开合跳1分钟 平板支撑1分钟 坐位体前屈30秒	3组/天	1分钟短绳	6组/天	合成大西瓜
第十一周	侧滑摸桩1分钟 侧T支撑1分钟 靠墙（双人）压肩	3组/天	定数200个	3组/天	切水果
第十二周	高抬腿1分钟 原地100米跑 青蛙趴100秒	2组/天	体能操 15分钟	1组/天	投篮机
第十三周	挺身跳30次 单腿90°转身跳 直臂仰撑100秒	2组/天	1分钟跳短绳 30秒快速短绳	3组/天	吃豆人
第十四周	收腹跳30次 立定跳远10次 斜板支撑30秒	3组/天	1分钟短绳 3分钟短绳	2组/天	水果快打
第十五周	1分钟仰卧起坐 并脚左右跳30次 俯卧撑20次	3组/天	体能操 15分钟	1组/天	躲避球
第十六周	波比跳30次 仰卧举腿30次 腹直肌拉伸60秒	2组/天	1分钟短绳	6组/天	姿势大闯关
第十七周	原地蹲跳起30次 直膝跳50次 站立体前屈30秒	3组/天	定数200个	3组/天	小飞猪
第十八周	原地蹬地跑60秒 弓箭步跳50次 腹部拉伸30秒	3组/天	体能操 15分钟	1组/天	足球守门员

实施中遇到的问题与解决方法如下：

1.体育活动单一，涉及内容较窄

学校布置的课后1小时体育任务涉及锻炼的学生多，需要考虑到全面性，所以在策划的时候以素质练习为主。个人锻炼项目居多，很多锻炼内容都没有乐趣，导致很多学生在参与锻炼的时候出现了活动兴致不高的问题。兴趣是最好的老师，学生没有了兴趣，就感受不到快乐，容易放弃，难以坚持下去。针对这个问题，首先，学校制订方案的时候，进行主题环境设置，利用不同的道具，灵活运用周边环境开展具体的练习。其次，合理运用了第三方运动App，通过App里面的运动游戏，激发学生的运动兴趣。

2.活动氛围较差，学生兴致不高

学生在家进行体育锻炼多为一个人的练习，体育运动氛围不高，有时会出现不想动的想法。一旦学生在思想上有不愿运动的想法，踏出运动的第一步就很困难。针对这个问题，第一，选择在群里打卡监督加油的方式让学生互相督促；第二，家庭住址相邻的同学可以相约练习；第三，也可以运用运动App里的挑战功能和好友或班级同学PK，看谁跳得远、跑得快；第四，倡导亲子运动，让父母一起参与锻炼，营造家庭体育锻炼氛围；第五，教师每天运动打卡，做好榜样带头作用，带领学生一起运动。

3.评价体系薄弱，学生目标不清

由于每天锻炼内容单一，活动目标比较松散，突发情况也多，每一位学生的时间不能固定，很多情况下教师都没有具体的评价，只有对学生当天是否完成锻炼进行统计。这很不利于激发学生对体育课后锻炼任务的兴趣，也不能促使学生全力以赴去完成各项练习。针对这个问题，学校制订了两种方式的评价标准：第一，从打卡完成度出发，只要每天都能坚持课后1小时锻炼打卡，完成一周后，给予奖励；第二，每一个月对锻炼内容进行体测，根据学生实际情况，成绩达标的或者有进步的给予奖励。

校外1小时锻炼是让学生锻炼的一个重要途径。在现实生活中，对于体育方面的锻炼，很多家庭将体育锻炼视为学校的责任，从某种程度上来说极大地影响着学生的锻炼意识，导致孩子的体育锻炼仅限于在学校的体育课上，这样就大大降低了学生的锻炼时间。校外1小时锻炼，能督促学生走向户外锻炼，从而提高学生的体质健康水平。而且父母共同参与运动创造了良好的家庭锻炼氛围，增进了亲子关系。通过对学生提出校外1小时锻炼要求，学生自己、学生家庭和社会都成为学校体育的"合伙人"，共同促进学生全面健康成长。

小常识：体育锻炼的最佳时间

（1）6：00—8：00，低强度运动。清晨，身体在慢慢苏醒，人体各器官调节功能相对低下，关节和肌肉最为僵硬，建议大家不要做过于剧烈的运动，可以做一些强度较低的运动，如慢跑、快走、瑜伽、太极等。温和的运动，能够在早晨唤醒人们一天的精神，提高人体代谢水平。注意事项：①部分有锻炼基础的人可以晨起后空腹运动，但有血糖调节、心脑血管等问题的人，不能空腹运动，可能会引起身体的不适应症状。②晨起运动一定要多喝水。

（2）9：30—10：30，中强度运动。上午，人体的各项机能逐渐恢复，可以充分调动各器官有效地发挥作用，适当的运动会让人精力充沛，可以进行一些户外有氧运动，骑车、打球、跑步都是不错的选择。注意事项：早餐后一小时左右再开始运动，运动后休息一小时左右再吃午餐，减少对消化系统的不良影响。

（3）14：00—16：00，中高强度运动。午后，肌肉的力量和弹性开始上升，运动能降低受伤风险。建议进行一些适量的力量训练来锻炼肌肉，也可以趁着身体柔软，做一些伸展和拉伸性的运动。注意事项：饭后两小时以后开始运动较好。

（4）17：00—19：00，高强度运动。傍晚是一天当中最佳的高强度运动时间。此时间段身体的适应能力最佳，肌肉最为柔韧，人的体能达到顶峰，该时段适合做一些高强度的运动，也可以适度延长运动时间。注意事项：运动完一小时后方可进食。

（5）20：00—22：00，低强度运动。到了夜晚，身体开始慢慢进入休息状态，适合做一些强度较低的运动，如散步、拉伸运动等，减肥健身之余还可以帮助睡眠。注意事项：建议晚上不要做剧烈运动，运动时间不宜过长，以免影响消化和睡眠，运动与睡觉时间最好间隔一小时以上。

（6）对于学校的学生而言，学校体育课的运动量在每一个时间段都适合。学校校级特色运动队的训练也遵循最佳时间，放在了17：00—19：00。对于大环境的整体情况而言，只要主观上开始运动，听从自己身体的状态，那么任何时候都会是最佳的运动时间。

第四节
小学体育与健康体验课程的开发与实施

2016年，学校完成了改扩建工程，由两校合并成为今天的上桥南开小学。学校规模扩大，班级增长到40个左右，学生人数达到1800人左右，因此学生对体育项目的需求也迎来爆发式增长。2017年，学校结合现有资源，以及发展需求的实际情况，制订了以篮球、武术为学校体育特色，以田径、足球、啦啦操为辅助项目的学校体育运动项目发展路径。

2018年，体育与健康课程创新基地在学校正式立项。针对开展了一年多的运动项目发展，学校面向全校师生作了相关的问卷调查。调查结果显示：学校运动项目的开设基本满足学生的需求，但是也有部分学生没能找到适合自己的运动项目；学校教师资源丰富，教师专业涵盖广泛，很多教师没能在合适的岗位上展现自己的专业能力；学校硬件设施齐全，目前的运动项目的设立，没有达到饱和，造成了部分场地设施的闲置和浪费。因此增设体育运动项目，开设更为广泛的体育运动项目课程，是解决学生运动需求的重要途径。随着学校硬件、软件资源的提升，学校也有能力、有义务为学生带来更为丰富的体育运动项目。所以体育运动项目体验课程也由此应运而生。

【课程目标】

拓展学生的体育视野，激发学生的运动兴趣，完善学校体育与健康课程体系。

①满足学生个性化需求。

②拓展学生体育视野。

③丰富学校体育文化。

④完善"创新基地"课程体系。

⑤促进学生"核心素养"发展。

【核心思想】

体验课程的构建应该是基于体育与健康课程创新基地对学生核心素养的全面发展的要求，它是对体育与健康课程的拓展，是对课外体育活动的补充。要让学生在课程中学会技能，享受乐趣，锤炼意志，课程要以立德树人为根本任务，促进学科核心素养落地，培养学生成为德智体美劳全面发展的时代新人。

【实施策略】

体验课程的构建要根据学校的实际情况，以学生的发展为根本，制订体验课程的长期发展规划：首先要确立体验课程的项目，落实体验课程的模式，保障体验课程的效果，制订体验课程的评价机制。

【实施方法】

1.项目计划

体育运动项目，种类多样，能够给学生带来的体验也不尽相同，如何选择运动项目，成为体验课程的关键性问题。学校根据调查问卷的反馈结果（项目需求超过5%），结合未来学生的发展方向，以及运动项目的特点，计划带来以下运动项目的体验课程。

体验课程开设计划表

项目	项目来源	项目类型	主要体现	针对水平
艺术体操	校外引进	身体机能，器械	灵敏性	水平二
棒球	校外引进	器械操控	速度	水平二、三
橄榄球	校外引进	器械操控	力量	水平二、三
射箭	校内组建	器械操控	力量	水平二、三
拳击	校外引进	身体机能	灵敏性、力量	水平三
跆拳道	校外引进	身体机能	柔韧性、力量	水平一
网球	校外引进	器械操控	灵敏性、速度	水平三
平衡车	校内组建	器械操控	力量、平衡性	水平一
体适能	校内组建	身体机能	协调性、灵敏性	水平一、二
轮滑	校外引进	器械操控	协调性、平衡性	水平一、二

从表中可以看出：计划开设的体验课程运动项目比较广泛，有大众化的运动项目，有区域化的运动项目，有新兴的运动项目，有传统化的运动项目，涵盖了各个水平段的学生，从不同方面来促进学生的核心素养发展。

2.课程模式

学校体验课程采用选修课模式，由针对水平段的同学选修后，在规定的时段在校内集中授课。

3.课程安排

每项体验课程，时长为一学年，授课周期为：1课程/学期，每周授课1次（2

课时/次）；由两名（主教和主教）教师任教，每学期人数要达到30人以上。

4.保障机制

建立课程项目构建的审核机制：校外课程项目的引入，由分管领导进行审核，确定其教练或教师资质。校内组建，由体育组全体教师进行评定，无论是校外引进项目还是校内组建项目，授课教师需面向全体教师及分管领导，上一次公开课，然后评定等级，确定是否创建该项目。

建立课程管理机制：已经确定构建的项目，授课教师需向教导处提供学年、学期及阶段性的授课计划，要求每课有相应的课时计划，并且按计划有效实施，由分管领导和体育教研组长进行监管，要求每学期至少听课5次。

建立长效发展机制：校外引进项目，需定期给学校教师做课程培训，无偿分享课程资源。

建立课程评价机制：建立体验课程教师教学评价体系、学生学习评价体系。具体评价方法见第五章。

5.实施情况

从2019年起，学校开始陆续开展各项体验课程。结合实际情况，目前学校开设了棒球、橄榄球以及射箭三个项目的体验课程。

体验课程开设项目情况

项目	项目来源	引入时间	授课时长	辐射人数
棒球	校外机构	2019年9月	1学年	25人
射箭	校内教师组建	2020年9月	1.5学年	96人
橄榄球	校外机构	2021年3月	1学年	61人

学校引入的体验课程都是从学生的调查问卷反馈的结果中选取的，说明学生的需求旺盛。从表中可以看出，棒球的辐射人数没有达到基本的标准（每学期至少30人），射箭和橄榄球达到了相应要求，由此可见，棒球体验课程的实施存在着一些问题。

每一学年结束，学校将针对引入的体验课程进行综合性评定，结合体验课程的辐射人数，参考了看课教师对课程的实施的评价，以及学生学习后的评价，得出最后的等级。

体验课程等级评价量表

项目	辐射评级	教师评价	学生评价	综合等级
棒球	不合格	良	合格	不合格
射箭	优秀	优	优	优
橄榄球	合格	优	良	良

从表中可以看出，在引入的三项体验课程中，射箭的评价是最高的，棒球的评价不高，辐射人数不达标，等级评价为不合格。

6.实施建议

①体验课程的时间，可根据课程效果及学生需求适当增加。比如橄榄球课程可增加至2个学年。

②由校内教师组建的"体验课程"项目，如果评价等级高，学生需求高，可逐步发展成为常规运动项目，甚至可以发展成为特色运动项目。比如射箭项目，已经组建起了射箭队伍，还参加了市级比赛，获得了不错的成绩。

③体验课程项目的引入应该结合时代热点，比如可借助2022年的冬奥会热度，引进部分冬奥项目，促进冰雪运动的发展。

④体验课程项目的引入还可以与民族传统文化相互结合，比如我国传统的摔跤、赛马等。

⑤课程的评价体系应当更为完善，具体到学生核心素养的落地。

⑥体验课程的等级评定，可每学期进行一次，这样才能够更加准确地判定课程实施过程中的优缺点。

第四章

小学体育与健康课程评价创新

体育与健康课程评价是指根据体育与健康课程教学目标和教学评价的相关原则和要求，将评价内容和行为融入学校体育活动、教学过程中的一种行为。其主要通过系统收集学生课内、课外体育学习态度与表现、课内外体育锻炼成效等相关信息，根据学业质量合格标准评估学生学习体育与健康课程的情况以及核心素养水平，此举有利于课程建设的持续完善。

自实施素质教育以来，依据"中国健康体育课程模式"，上桥南开小学体育与健康评价无论是从理论上还是实践上都越来越受到重视。眼下，培养学生需要把健康放在首位，坚持以人为本，注重强化学生的实践能力，形成创新精神。在此教育理念下，在教学中体育与健康教学备受重视，体育教学在整个教学体系中的分量不断提高，重要性也越来越突出，教学活动评价的内容更加全面，教学活动评价方法和手段更加多样，评价结果更为科学、客观和有效。

《体育与健康课程标准》在对学生的评价上注重发展，对学生的评价涉及诸多方面，比如体能、情感和态度、知识与技能等。虽然教师评价依旧占据主要地位，但是新课标也非常注重学生的自我评价，并鼓励学生相互作出评价，强调结合终结性和形成性两种评价。上桥南开小学成功申报沙坪坝区体育与健康课程创新基地近2年，经过众多理论与实践的探索，研讨出许多评价手段、方法和工具，并逐步建立起"促进学生全面发展的评价体系"，推动了学校体育与健康的发展。

第一节
建立完善的课程评价机制

一、学校课程评价的现状及问题

（一）课程评价理念辨析

课程评价有一定的依据，即课程标准和系统信息。在课程评价过程中需要运用科学方法对课程目标、要素以及实施情况进行检查，从而对课程设计效果作出判定，并把判定结果作为课程改进的依据。

课程评价的对象涉及诸多要素，比如课程计划、实施结果等。评价对象具备较广的范围，除了课程计划，还需要评价实施课程的教师、参与课程学习的学生。学校也在评价对象的范围内，还需要评价课程活动结果，也就是在课程结束之后，师生双方得到了哪些发展。

（二）课程评价现状分析

学校在课程开展实施过程中，基于对课程的开展，如体育课堂教学、学生身体形态、情境体育、奥运知识、体育微视频等活动的评价从无到有，由少到多逐步发展而来。虽然课程评价进步明显，但是对当前课程评价进行整体审视的时候，还可以发现以下问题。

1.对课程评价理解宽泛

学校刚开展课程评价活动的时候，教师们在评价时主要盯住课程结果。随着课程各项活动在校内的逐步开展，大家对课程评价在不断地变化。即教师们开始关注课程开发过程，也就是将评价的侧重点放在课程设计、实施过程以及教学效果上。虽然课程评价的范围得到明显扩大，但是和课改的要求还存在一定的差别，后者提到教师评价和学生评价，这与课程评价之间存在紧密联系，但是三者之间也存在明显差异。学生评价主要是在教学时或者教学完成后对学生的学习和发展作出评价。它所分析和判定的是学生经过一段时间学习之后取得的发展。教师评价考查的是教师的教学工作和业绩。在课改之后，人们更多地关注到教师的地位和作用，如何在课程活动中发挥教师的作用，这直接决定了课程成功与否。上述两种评价存在交叉内容，如果直接将其纳入课程评价，就会导致课程评价的泛化理解，评价活动也难以得到深入开展。

2.课程由单项活动组成，课程评价组织缺乏系统性

学校课程实施者均为一线体育教师，没有课程开发的经验，因此，在课程评价上缺乏通盘考虑，项目规划不具备系统性。虽然学校非常重视课程开发，但是没有从整体上对课程作出评价，也没有对此进行系统的反思。为此，即便开展课程评价工作，其针对的也只是单项活动，或者只涉及课程局部，没有形成整体规划。其目的是完成某一单项任务，并不是基于课程的整体评价。活动虽然有一些效果，但没有实质性的成果体现。

3.课程评价主要依靠国家层面，地方和学校层面没有发挥作用

学校作为课程创新基地，构建创新性的课程体系和评价体系，对于课程基地的发展尤为重要。当前国内改革基础教育，采取三级课程管理，在此基本精神指引下，无论是国家、地方还是学校，课程均承载着过多目标。例如，根据课程评估结果对学校进行排名，并向社会公布这一做法凸显了问责的作用，而学校和老师为了让排名更靠前，将时间和精力投入测试学科中，忽略了其他课程，降低了学生的学习兴趣，造成学校课程及评价的发展滞后。

二、学校体育与健康课程管理评价发展方向

（一）增强课程管理评价的科学性

1. 明确小学体育与健康评价的目的

针对小学体育与健康课程评价，首先要明确评价的目的，只有这样才能科学地选择不同的评价方式和类型。进行体育与健康课程评价主要有以下四个目的：

①选拔目的：依照体育学习潜力对学生作出选拔，在选拔时按照特定的标准和要求作出体育评价。例如，选择体育成绩优异的学生参加体育竞赛。在此评价目标下，评价对象仅是部分学生，因此这类评价并非主要评价。

②甄别目的：按照体育学习状况评定学生的成绩，对学生成绩的评定和学习状态的甄别必须按照学籍管理标准和要求来进行。常见的评定是在学期即将结束的时候举办期末考试，考核学生的体育成绩，或者组织学生测验体质健康数据。这种评价的对象是全体学生，评价的内容既包括学生的体质健康状况，又涉及学生对待体育学习的态度以及学习效果。在体育教学评价中，这类评价的地位较高，甚至在很长一段时间里，所有体育评价均围绕这一目标展开。

③发展目的：让学生暴露体育学习中的问题，帮助其取得发展，通过评价让学生反馈学习中存在的不足，是为了满足教学需求。它能够让学生认识到自己为何始终无法在运动技巧上取得进步。这种探究式评价可以起到解惑的作用，有助于学生消除自身不足，在学习效果上取得进步。这种评价带有教学目的，它所面向的是全体学生，为的是他们可以取得更好的发展。在评价中给学生指点迷津，为其指明前进道路。为此，这种评价一直以来存在价值低估的问题，必须给其以足够的重视，并在未来的体育课程实践中对其展开深入研究。

④激励目的：反馈学生取得的进步，对学生加以激励，这类评价是为了满足体育教学需求，帮助学生挖掘自己的潜力，找到前进方向，也是为了让学生在学习中增加自信，获得成就感。这种评价的对象是全体学生，是为了激励学生在体育学习中增长自信，提高积极性，促进学生持续付出努力，围绕既定目标不断取得进步。在体育课程评价中，这类评价非常重要，可惜长期未能得到足够的重视，为此，在今后的课程评价中必须给予关注和加强。

2. 注意体育课程评价特点对体育课程评价的要求

①学生的身体情况存在先天差异，技能水平也存在较大差距，这无疑给体育课程评价带来更高要求，在文化课程教学中，学生表现出智力上的先天差异，具体表现在思维、分析、注意力等方面。而在体育课程中，学生则在运动素质方面表现出更明显的先天差异，具体表现在身体条件以及运动能力等方面。学生在智力上的先天差异相对较小，而在同一运动技术上则会呈现明显的先天差异，这种差异体现在基本活动能力、身体形态以及运动素质等方面。在体育课程中常常出现一个问题：有的学生即使没有怎么练习，运动成绩也可以轻松达标或成绩非常优秀，反之，有的学生无论怎么努力，成绩始终没有提升且不能达标。这意味着体育教师在教学中需要解决更大的难题：既要让学生在体育课上保持足够的积极性，又要帮助他们取得更理想的成绩。教师不仅要让学生取得进步，还要挖掘学生的内在运动潜能。

②具有"即时评价"的特点，在体育教学过程中，教师对学生的学习行为作出了评价，其中既有正式评价，也有非正式评价。例如，一个学生是否按照要求认真做动作，动作是否符合标准，一旁的师生都看在眼里，嘴里发出的声音就已经给出了评价，这种评价是即时的，外显性很强。这一点是体育和文化课程存在的明显差异。在学习文化课时，要求学生转动思维实现认知和理解，并没有即时性特征，也不具备外显性。对待这一评价要有正确认识，基于评价特点对学生的表现作出合理即时评价。评价既要引导学生扬长避短，又要对学生进行有效激励。

（二）推进体育课程管理的精细化

小学体育课程评价较为简单，就是围绕学生全面发展的目标来评价课程的达成度。因此，确定评价内容必须依据课程目标来进行，同时根据评价内容的重要程度来确定各项评价内容的权重系数，以达到课程管理的精细化。

1.确定各项评价内容的评价标准

根据课程实施的目标，教师要制订各项内容的评价标准。体能方面的评价标准可参照《国家学生体质健康标准》；在运动技能方面，教师可以根据自己制订的动作技能的等级标准；在情感方面，教师可自行设计评价标准来进行等级评价，也可采用评语式评价。

以运动技能为主的学生体育成绩评定（5分制）

方面	分值	评分内容	评分方法
运动技能	3	特长、技能、体育锻炼知识	参考技能考核与知识考试的主观评价
运动参与	0.5	积极态度、爱好	参考行为观察和态度问卷的主观评价
身体健康	0.5	病假率、体适能	参考出勤和健康标准测试的主观评价
心理健康和社会适应	1	开朗性格、集体融入度	参考行为观察态度问卷的主观评价

学生综合评定的内容和方法（100分制）

方面	分值	评分内容	评分方法
体育态度	10	出勤率、态度评定	出勤统计+主观评价
体育知识	20	体育运动项目知识 体育锻炼知识	知识考试+主观评定
运动素质	30	速度、耐力、柔韧性、灵敏性、力量等运动素质	素质测验+主观评定
运动技能	40	有关运动技能的评价	技评考试t主观评定

2.把握小学体育与健康评价的原则

（1）客观性原则

客观性原则是指在进行课程评价时，应该从客观实际出发，不应该带着个人情感去设计整体评价方案，在方案实施的时候也不能进行主观臆断，而应该反映客观事实。课程评价如果有失客观，甚至会导致错误的决策，因此小学体育与健康课程评价必须要客观、公正。贯彻客观性原则有以下三个方面：

第一，制订评价标准时杜绝随意性，必须做到保持客观性。

第二，评价方法的选择要客观，不能带有偶然性。

第三，课程实施者的评价态度一定要客观，不能带有主观性。

（2）整体性原则

整体性原则是指对课程进行评价时应该立足整体，其评价内容设计全面，具有层次性，评价结果有助于学生取得发展，在对小学体育与健康做课程评价时要从全方位进行考查，站在不同角度作出评价。

小学体育与健康课程是一个复杂的系统，课程目标也是多层次和多维度的，这也使得小学体育与健康课程的评价注重整体性，客观反映课程效果。贯彻整体性原则应注意以下三个方面的问题：

第一，课程目标具有多维度和多层次，围绕这些特性来确定课程评价内容和方法。

第二，全面系统地制订课程评价标准，要将课程中的多项目标均囊括在内，确保评价标准具有整体性。

第三，结合定性和定量两种评价方法，相互参照和补充，力求全面准确地作出评价。

（3）指导性原则

指导性原则是指在进行小学体育与健康课程评价时，应注重评价结果和课程指导建议结合，充分发挥课程评价结果对课程的导向作用，从而促进教师和学生的共同发展。

在进行小学体育与健康课程评价时，设计者要注意对课程评价结果的反馈，查找教师和学生学习的优势与不足。贯彻这一原则要注意以下几个问题：

第一，课程评价结果要有充实的评价资料做基础，只有这样，课程评价结果和课程指导建议才具有可信度和有效性。

第二，课程指导建议应清晰、明确，课程评价结果要及时反馈，切忌评价含糊其词，以免使被评价者无所适从。

第三，课程指导建议应具有启发性，注重师生的自我反思及师生之间的合作交流。

（4）科学性原则

科学性原则是指在设计课程评价时，应该按照科学标准选择评价方案和方法，确定评价标准，确保评价具有科学性。小学体育与健康课程评价不能凭主观经验和直觉，要贯彻落实这一原则，需从以下三个方面进行：

第一，要统一课程和教学的角度，确定合理的课程目标，对评价标准进行统一，并构建相应的指标体系。

第二，应该结合定性和定量两种评价方法，基于统一的评价标准，依照指标体系完成评价。

第三，评价相关的量要反复筛选和修订，提高信度和效度。

（5）发展性原则

发展性原则是指在进行课程评价时，应该考虑如何利用评价结果来激励学生，这一点要体现在评价方案的制订和实施上，使其能够促进学生全面发展。

课程评价的目的在于对师生进行鼓励，从而提升教学质量。在开展体育与健康课程评价时，要注重以此促进教师改进教学，提高教学水平，对教师进行激励，促进教学质量的提高。要落实发展性原则，需要做好以下两点：

第一，明确评价目标，围绕目标选择合适的评价手段和方法，运用定性评价和过程性评价。

第二，评价反馈多运用鼓励性的语言，以提升学生进行体育与健康学习的积极性，切忌口头反馈和评语反馈时出现侮辱性的语言。

（三）促进管理评价和谐平衡

小学体育与健康课程评价涉及面很广，这项工作需要投入较多智力，有大量的工作需要做，尤其是课程各项内容、课堂教学设计。由于内容不同，体育与健康课教材不同，课程目标和教学目标各异，因此，每一次设计都是新的挑战，有很多问题需要面对，也需要通过管理使课程和教学达到和谐平衡的发展。

1. 以发展学生能力为导向，重视评价的激励功能

在指导思想上，要从能否体现以人为本、健康第一和培养学生创新意识与实践能力的高度上看待小学体育与健康课程评价。

第一，在评价的价值取向上，要实现评价由"为评价而评"向"为发展而评"的转变，体现促进学生的发展和尊重学生的个性。在对成绩进行评定的时候，要考虑到该评价能否激励学生取得进步，以及进步的幅度如何。在评价中，要用激励功能替代选拔意识。

第二，在评价重点上，要实现以重视"体能、技能"量化指标的评价向以态度、情意表现和合作精神等软性指标的评价转变，发挥定性评价的作用。表扬和鼓励，让学生提高主动学习的积极性，强化学习动机。只要学生取得点滴进步，教师都要及时给予肯定，帮助学生增强自信，在学练中找到自己的闪光点。

第三，除了教师评价，还要进行学生自评和互评，综合多种评价方式，让学生对自己的学习情况有更加全面的认识，从而真正地了解自我、驾驭自我、提高自我，产生主动学习的内驱力。

第四，课堂教学评价设计要多样化，重视通过学生的活动、练习和展示，体现团队合作，让学生在完成活动中锻炼技能，掌握运用知识和技能的能力。

2. 不同层次的教学评价要防止脱节

课程组教师要厘清水平段、学年、学期、单元、课时计划教学设计评价之间的层次关系，使之在内容、标准和要求及具体课程实施过程中彼此衔接，环环相扣，不能出现混乱和自相矛盾的现象，要避免课程实施过程中和教学过程中的随意性和盲目性，要防止学年、学期与学段、水平段的评价脱节，单元与学年、学期评价脱节，课时与学期、单元评价脱节的现象，从而使整体课程教学评价设计形成整体。

3. 课程评价设计要坚持"几个结合"

第一，坚持定量评价和定性评价相结合。在强调各评比指标的客观化、精确化、标准化的同时，关注学生的个体发展和提高。

第二，坚持过程性评价和终结性评价相结合。既要重视阶段学习和学期末进行的评价，也要重视体育与健康课堂中经常性地对学生进行表现性评价，及时发现问题，及时交流，使学生不断进步。在学习成绩的评定上，尤其要重视建立学生的学习档案。学习档案以问卷调查、观察记录作为重要的过程性评价的依据。

第三，结合师评、自评和互评，为学生提供自我评价和评价他人的机会。学生主动参与，提高学生的学习兴趣的同时，在学习中及时发现自身或他人身上的优点和缺点，进行自我反思和思考，并针对自己的表现对照检查，这样自主思考和完善自我的过程，才能使学生真正和主动地参与，师生之间的信任可以得到进一步加强，自身也可以取得进一步发展。

案例：关注也是一种有效评价

组织学生进行接力比赛，比赛分成四路纵队，由于各队人数不同，为了调整各队人数，需要从第一组调一人到第二组。第一组学生一听到这样的提示，纷纷将手指向运动能力差的李冰清同学，想将她调到第二组去。第二组部分同学表示拒绝，因此两个组还发生了口角，我看到李冰清同学神情无比失落和无助。随后，我叫出了一位喊得最响的学生，让他和我比了一次立定跳远，比赛结果当然是预料中的事情，随即我摸着这位学生的头，对大家说："人的能力是有高低的，老师现在比你们强，但老师有没有歧视过大家呢？""没有。"大家大声回应。"是的，我没有抛弃大家，反而会帮助班中能力差的学生。每个人都有自己的长处和短处，作为一个团队需要相互帮助，彼此尊重。大家想想自己，当我们自己被别人抛弃和排斥的时候，心里会有多难过。"同学们纷纷认识到自己的错误，第二组欣然地接受了李冰清同学，还围在一起喊了加油的口号。看到这样的场面，我无比欣慰。

比赛开始后，有两组由于实力接近，比赛难分伯仲，两队一直交替领先，直到最后一位学生；有一组稍稍领先两三米，眼看比赛即将获胜时，领先的组已经开始欢呼，意想不到的事情发生了，最后一位同学张志豪在转弯时，不慎脚下一滑，摔倒在地，第二名趁机反超，最终获得比赛的胜利。只见张志豪迅速起来，尽管没有获胜的可能，仍尽全力冲过终点。本来领先组的学生由于失去了唾手可得的胜利，纷纷指责摔倒的同学。比赛结束，我站在队伍的前面，独自一人鼓掌起来，并设问："你们知道老师的掌声送给谁吗？""送给第一名的队伍。"一部分同学纷纷发表意见。"冠军当然需要祝贺，因为这是团队每一个人努力的结果。但是老师今天的掌声要给另外一个人。"大家环视，扫视着周围的人，似乎在寻找这个人。"那就是摔倒后仍然坚持完成比赛的张志豪同学。"当我报出名字时，只见有的同学脸上露出诧异的表情，有一个学生在下面嘀咕一声，"他害得我们失去第一名还给他掌声。""对，我就要把掌声送给他。"我再次提高声音，重述了一遍。"尽管他摔倒在地，失去获得冠军的机会，但他没有气馁，没有放弃，尽力跑完了这一段，这就是不放弃、勇于战胜自我的精神，掌声是对这种精神的赞扬，我觉得这样的精神比第一名更有价值。"在大家的沉思中，下课铃声响起。

[分析与反思]

面对课堂中经常出现的情境，我一直在思考，如果置之不理，学生会变本加厉，必须运用有效的策略去引领学生，在体育课上必须做好德育渗透。毛泽东在《体育之研究》中这样写道："体育一道，配德育与智育，而德智皆寄于体。无体是无德智也。"这句话就在说体育对于德育和智育都有促进作用，学生参加体育竞技，会不断超越自我，追求卓越目标，这是对他们意志力的最佳考验，而在竞技中，学生除了可以取得更好的成绩，还可以赢得对手的尊重。

第二节
落实管理体育课程评价实施策略

一、树立正确的课程、教学评价观

我国课程改革与评价，从新中国成立初期开始，教学计划与大纲、教材及课程实施都是由国家统一管理，课程决策权力集中在国家层面。2016年，《中国学生发展核心素养》正式颁布，总结出六大素养，其中包括人文底蕴、健康生活、实践创新等。新课标更加注重培养学生学科核心素养，对学业质量提出更高要求，内容更全面，结构也更加完整，这意味着我国进入了基于核心素养的课程改革新时期。同时课程评价得到前所未有的重视，评价作为课程的四大基本要素之一，随着课程评价越来越强调问责的作用，其重要性日益凸显。学校将质量评价标准纳入评价体系中，不仅可以作为评价准则，还可以给教师提供明确的发展方向，设定教学程度，让学生可以达成质量评价标准，不至于出现评价和课程衔接不上的问题。

在课程实施过程中，教师、学生、教育管理者作为主体，应该树立正确的课程、教学的评价观，提高课程实施的能力，助推学校课程的发展。

1.教师

在课程实施上，教师占据主体地位，将学生与教材连接在一起。教师主观能动性强，是课程体系最为活跃的要素之一。无论课程标准及相关政策文件如何对课程进行设计与规范，教材如何对顶层的课程设计进行诠释和阐述、如何对课程内容进行设计和安排，只有通过教师的实施，课程才有可能被学生接触和获得，这些预定的目标才有实现的可能。教师在课程体系中发挥的作用不容忽视，课程的成败往往直接取决于教师，为此，必须将教师作为重点评价对象。

2.学生

教师是否合理实施课程决定了课程质量高低。但这些都最终需要通过学生本人的加工和内化，才能转变为被其习得的课程。学生不仅习得了课程的知识，还获得了能力的提升，以及情感、态度和价值观的变化与发展。因此，在课程实施中，学生的主动积极参与与课程开展的效果是成正比的，课程开展的首要任务是引导和激发学生的学习与参与性，改变学生被动接受的状态，使学生成为课程体系中重要的"人"。

3.教育管理者

除了教师和学生，学校的教育管理者也会参与课程体系的设计和安排，会对课程的实施产生影响。例如，在学校层面，校长会对本学校的课程产生重要影响。校长的课程理念、对不同学科的态度都会直接影响本校教师和课程设计，因此，校长也属于课程体系中"人"的因素。教育管理者对课程的影响更多在于对课程体系的设计和编排环节，因此，作为课程顶层设计的思考者和引路者，应该有高瞻远瞩的教育视角和先进的理念做支撑，学校的课程才能走得更远。

二、发挥课程评价者的主体作用

在课程评价中，教师是课程的实施者，课程实施与教学评价的效果与评价实施者的职业素养密不可分。在课程评价中，教师必须对学生一视同仁、关爱有加、信念坚定、言行合一，唯有如此，才能在教育过程中用人格感染学生，用爱心温暖学生，使课程评价取得预期的效果。

1.爱与信念

课程评价效果的取得离不开教师对学生的爱和对自身价值的肯定。懂事听话的学生固然让教师喜爱，但对不听话的学生的教育才能真正体现教师的格局、水平和爱。如果教师热爱教育，就不可能不爱学生。在教师的眼中，每位学生都是可爱的。学生不一定能够记住教师曾经对他说过的话，但他一定会记住教师曾经对他的爱，所以，一位能让学生感受到爱的教师，哪怕是对学生批评，也同样具有启迪、激励和催人奋进的效果。教师对教育的挚爱和对自己在学生中自我价值的肯定构成了他的教育信念。

2.沟通感染力

在课程评价中，教师不仅需要有良好的沟通能力，能准确无误地把各种课程评价的方法、流程、相关细节教给学生，不能缺乏感染力，教师要采取移情的方式把自己的价值观传递给学生，让他们真正明白课程及教学评价的诊断、激励、反馈和发展的功能，并在评价过程中让学生逐渐培养起自我评价的能力。

3.言行合一

在评价教育中，教师的言行合一对学生形成稳定的评价价值观至关重要。教育的效果依赖教师对学生始终如一、不离不弃的爱，对所传达给学生的态度始终如一、不偏不倚。处在基础教育阶段的学生，其态度和价值观的形成具有不稳定性，很容易受其他影响而改弦易辙，所以，课程及教学评价要贯穿整个教育过程，否则就会被家庭、社会的其他负能量抵消。

第三节
创新体育课程学习评价方式方法

一、学生评价的技巧与案例

学生对学习作出评价，实际上是学生进行自我评价，其内容包括两方面：自评和互评。自我评价在评定学生成绩中是不可或缺的一个环节，其参考价值较高，是对师评的有力补充。学生自评是让学生综合评价自己的学习态度、运动技能、合作意识等多个方面的表现。

评价学习过程是新课标教育理念的体现，也是对学生提出的新要求。学习过程评价包括两方面：教学过程和效果。在评价的时候可以采取学生自评，也可以通过互评来完成。采取这两种方式可以让学生自我反省，还可以培养学生的民主素养，让他们知道如何行使民主权利，对于学生提高分析能力和学习观察事物都有促进作用。虽然这项活动能够产生教育作用，但在实施的时候也要考虑到学生的年龄。处于低年级的学生因为年龄太小，不适合采取这种评价方式。我们虽然对学生评价十分重视，但是不能对此产生依赖。

学生进行自我评价，有助于学生自省在体育课上的态度和表现，有助于学生形成自我教育意识，对自己有更全面而深刻的认识。学生依照学校的标准对自己作出评价，判断自己达成目标的程度。这种方式可以在期末的时候采用，学生也可以自己设定评价标准，分析自己的优势以及在评价期间取得的进步，这种方式适合在日常生活中使用。

1. 学生自我评价与案例

"学生自我评价"具有十分丰富的内容，其中包括学习目标和效果、拼搏精神以及参与程度等。自我评价有多种方法可以采纳，比如自省、自我反馈和暗示等。评价的手段有对比前后成绩、填写学习卡片、检点自身行为等。

学生自我评价的内容和方法

	每天都进行耐久跑练习，直到达到目标为止吗？					
	在有较高练习难度的体育练习中，你一贯非常果断，勇往直前吗？	肯定会	较会	可能会	不太会	不会
	你一旦决定的事情会坚持到底不改变吗？比如每个星期天早上出早操锻炼，没有特殊情况从不间断，保证按时起床出操等	肯定会	较会	可能会	不太会	不会
综合评价						
评价内容	学习目标、参与程度、拼搏精神和学习效果					
评价方法	自省、自评、自我反馈、自我暗示					
评价手段	目标的回顾、学习卡片、成绩前后对比、行为的规范					

要特别注意的是：学生的"自我评价"难免会出现偏差。因为学生对事物的认知和自尊，会有盲目的自信或高估自己或他人的心理倾向；如果把"自我评价"结果作为升学、评优等的依据，那么"自我评价"就会失去客观性，变得不可靠。所以，组织学生"自我评价"必须注意这几点：

①学生习惯于自我评价，将其作为学习性评价，而非正式评价，更不能依照学生的自我评价来评定最终学习成绩和能力。

②要把学生的"自我评价"与课堂的功利性分开。

③在自我评价时，存在自尊相关内容，对此教师需要与学生进行交流，要考虑到保护学生的自尊和自信。

案例1：小学生自我评价等级法

在学期结束时，教师以"自我评价"的方式让学生对自己在整个学期中的学习情况进行自我总结和评价。

学生自我评价案例

评价项目	评价内容	评价等级				
		A	B	C	D	E
运动能力	通过田径跑的教学，你认为自己跑的技术动作是否正确？	正确	比较正确	基本正确	不太正确	不正确
	你12分钟跑的距离与学期初比较有什么变化？	进步较快	有点进步	没有变化	有点退步	退步较快
	你的跳远成绩比学习初试成绩提高了多少？	30厘米以上	25~30厘米	20~25厘米	15~20厘米	10~15厘米
	在耐久跑中出现"极点"怎么办，你知道调整极点的方法吗？	知道	知道较多	一般	不太知道	不知道
	通过耐久跑的教学能否合理运用耐久跑的技术和相关知识进行耐力锻炼？	能够	较能够	一般	不太会	不会
健康行为	你在课外每周锻炼大约几次？	3次以上	3次	2次	1次	一次都没有
	你在节假日经常参加体育活动吗？	经常	较经常	一般	较少	从不
	你经常代表班级参加学校的体育比赛吗？	经常	较经常	一般	较少	从不
	你每周参加体育锻炼累计人约儿小时？（不包括体育课和课间操）	3小时	3小时	2小时	1小时	0小时以上
	你对上体育课的兴趣如何？	非常有兴趣	较有兴趣	一般	兴趣较少	没有兴趣

续表

评价项目	评价内容	评价等级				
		A	B	C	D	E
健康行为	你在体育比赛活动中扮演的角色是否每次都把握得非常好，大家都很认可你的表现，有很强的归属感？	能	较能	一般	不太能	不能
	当班级同学参加比赛时，你是否能表现出关心？如给予鼓励、加油或者协助他	能	较能	一般	不太能	不能
	在田径运动会接力赛跑中，因为有一名同学摔倒而影响了班级成绩，这时你会去安慰他吗？	肯定会	较会	可能会	不太会	不会
	在体育学习中，你经常主动帮助同学和协助老师吗？如做体操动作时帮助他人	经常	较经常	一般	不经常	从来没有
	当你正在按计划进行耐久跑训练时，即使有其他吸引力的娱乐，你也会不为所动，坚持完成耐久跑锻炼吗？	较会	可能会	不太会	不会	较会
	你知道耐力素质非常重要，而增强耐力又是一个长期的锻炼过程，你能坚持吗？	肯定会	较会	可能会	不太会	不会

［案例分析］

该案例是在学期结束时，教师以"自评表"的方式让学生对自己整个学期的学习情况进行自我评价。自我评价涉及运动能力、健康行为、体育品德等方面学习目标完成情况。这类"自评表"的自我评价方式有自身的优点和缺点。其优点主要在于，评价内容简单，便于学生填写，是一种引导学生进行自我评价的方法，有利于教师了解学生的学习情况。其缺点在于，评价内容是教师定夺的，学生在自我评价方面的主体性不能充分发挥出来。而且，这种评价很容易让学生误认为就是学期成绩的一部分，从而降低了自评信息的真实性。因此，教师在使用类似的学生自评方法时，一定要从力求引导学生进行积极自评反思的角度设计评价表，同时让学生打消顾虑。教师应该明白，学生自评的最重要目的不是为教师服务，而是促进学生对自己学习的反思，所以一定要让学生养成自我评价的意识和习惯，能够经常从自评中发现问题，取得进步。

案例2：锻炼日志自我评价法

学生坚持一个月的身体活动。学生要记录为保持体能（如有氧耐力、柔韧性、力量等）所进行的活动信息，在活动前、中、后所感觉到的生理和心理体验。在月末，学生通过回答以下的问题来进行总结：

（1）你进行足够的锻炼来保持健康的生活方式了吗？

（2）你现在所选择的活动，是否通常能够令你满意，有成功和快乐的感觉？

（3）基于上述问题的回答提出改善当前联系方式的建议，希望以此获得益处。

（资料来源：人民教育出版社课程教材研究所体育课程教材研究开发中心.美国学校体育国家标准研究[M].北京：人民教育出版社，2007.）

［案例分析］

这是一种让学生通过记录身体活动日志来促进学生学习反思的自评方式。案例中，教师让学生坚持进行一个月的身体活动，并记录活动过程中的生理和心理体验。其实，记录的过程本身就是一种对身体活动的自我评价。与此同时，教师还让学生在一个月结束后，对这个月身体活动的整体情况进行更深层次的总结和反思，这有助于学生全面评价自己身体活动的问题和有益经验，为下一阶段的锻炼奠定基础。

案例3：学生反思评价法

体育新课标提倡在课程评价时"立足过程，促进发展"，认为不能只进行终结性评价，还要突出形成性评价的作用。过程评价应该引起重视，还要结合评价与指导，帮助学生在自我评价中认识到不足之处，在自我改进的时候有的放矢。课程评价，让学生认识到如何才能高效学习，在反思中发现自我，学会欣赏他人。一位一线教师通过一年对现阶段小学生体育学习反思性评价的探索与实践，取得了较为理想的效果。现对引导学生反思性评价的主要途径和具体做法进行介绍。

（1）学生自主体验学习。自主体验学习所关注的是学生在学习中获得了什么体验，发现了审美问题，从而挖掘问题中的难点和疑点。在课堂上，教师要注意使用具有激励型的语言，强化学生的"自我效能感"，从而使学生产生体验欲望，主动参与到学习中，体验运动产生的乐趣，对自身才能进行深刻的反思，充分发挥想象力，积极创新动作，并在练习中作出总结。

（2）学生自评，小组互评。学生的自评很重要，适度、中肯的自我评价，能够恰当地调节和提高自己的自学和自教能力。学生互评就是让学生相互作出评价，可以把学生划分成排、小组，也可以让全班学生互相评价，用他人眼光审视自己在学习中的实际表现。人人参与互评有助于学习效能的提升。学生自评的时候，既要做纵向比较，和过去的自己比，也要做横向比较，与同学进行比较。

（3）展示交流。丰富展示内容引导学生对自我表现作出评价。展示交流是对学生日常表现进行小结，也是加强师生交流，促进学生之间交流。在此过程中，学生既可以进行反思，全面发现自我，也可以发现别人的优点，对其进行欣赏。在某次篮球比赛中，教师拍下比赛的精彩瞬间，并展示给学生们看。学生在照片里看到自己比赛的样子，可以带着目的展开反思和总结，这样做可以增强自信，有助于提高对体育运动的兴趣。

（4）系统观察。通过观察，引导学生进行过程分析性评价。观察可以发现问题，培养学生在体育学习中学会观察不同学生在不同环境、不同技术动作中的表现，学会欣赏别人，借鉴别人的长处。在水平二技巧前滚翻教学中，教师给学生5~6分钟自练时间，以小组的形式进行，大家互相观摩、互相纠正、互相帮助，让他们看、听、想、练、议、评、思，自己找到正确的技术动作，结合教师指导，进一步巩固技能。

（5）民主评议。在民主评议活动中，引导学生作出激励的自我评价。小组互评可以在组内展开，由小组长主持，也可以在组间展开，由学生相互作出评价。在小组互评的时候，学生可以向小组其他成员充分展示自我，也可以细心观察他人并作好记录，提出自己的观点，激励同学与自己一起取得进步。

（6）建立学生活动档案。学生自我反思，进行终结评价离不开评价工具。在评价活动中可以采用档案袋，让学生把每次课程的参加情况记录下来，放入档案袋中，一阶段以后，让学生进行自我分析、判断、调节、完善，结合目标的达成，不断激励学生反思与改进，达到更高的成就。也可以在一阶段以后，大家相互探讨、相互研究，根据前一阶段的情况制订下一阶段的学习计划。

（7）反复体验。体育教学中有自评、互评，学生之间还会就评价结果进行交流，反复体验。在此过程中，学生不仅确立了奋斗目标，还知道原有学习方法的不足之处。在多次体验中积累了经验，不再是摸着石头过河。在教学中展开自评、互评，让学生相互竞争和交流，能够让学生在体育学习中充满活力。反复体验也是一种回味的学习过程，运动技能的形成、学习方法的掌握必须经过反复的练习才能得到巩固与提高，新的学习动机的正确涌现也是在前一次成功的经验总结中得到的。

（8）利用错误，提高反思能力。学生在体育学习中出现错误是在所难免的，纠正错误需要一个过程，单纯依靠正面示范和反复练习依旧不够。利用学习中的错误，及时引发"观念冲突"是必要的前提，从而促使问题的解决和反思能力的提高。

［**案例分析**］

反思性评价要求学生构建自我参照标准，反思自己在体育学习中的表现。每位学生的动作都带有个性化特征，而反思性评价强调教师和学生对此进行鉴赏和评定。反思是学生自我总结、自我教育的过程。学生在反思中不断评价自我，不断纠正自己的动作表现，从而取得进步，并获取更强的自我教育能力。新课程要求多元主体参与评价，这对于学生个性和兴趣的培养以及增强技能都很有意义。评价的目的在于促进发展，发展是没有止境的，所以评价也没有终结。在此观念的指导下，在整个评价中，最好的环节就是反思反馈，也就是形成具体可行的改进建议。教师要鼓励和引导学生进行反思性评价，让学生学会反思，通过反思对自己进行诊断，认识到自身不足以及出现问题的原因，对这些问题作出识别，通过解决问题取得进步。案例中这位教师通过学生自主体验学习、学生自评、小组互评、展示交流、系统观察、民主评议、建立学生活动档案、再次反复体验、利用错误、提高反思能力这样的学生反思评价法，使学生通过自我分析、自我反思逐步做到自我激励，自我提高，从而调控自我，发展自我，享受成功，提高自信，从而取得良好的体育教学效果。

纵观学生自我评价的案例及分析，整个过程就是学生的一种"自省"行为。自评会因为学生对自己没有足够的认识或过于自信，造成自我评价的不客观，所以自我评价只能是一种评价的补充形式，不能代替作为考核学生的依据。

2. 学生相互评价与案例

学生互评是指给学生分组，每个学生给组内成员作出综合性评价。学生由低年级走向高年级，自评和互评也要越来越重视。

在学生互评中，每个人都是他人的镜子，对他人起到激励作用。互评有助于学生强化观察能力，学会对他人作出科学评价，还可以促进学生之间的交流，有助于培养学生的团队意识。所以互评对于学生的成长也有促进作用。

互评方法有多种，比如互评、学习对方优点、为对方不足提出建议等。互评手段也有多种，比如观察、课中讨论、记录卡片等。

学生相互评价的内容和方法

评价内容	同伴的学习目标、参与程度、拼搏精神和学习效果
评价方法	互评、互议、学习同伴优点、指出同伴不足
评价手段	观察、学习卡片上的互动、课中讨论

学生相互评价时要注意以下几点：

①将学生互评的结果引入评价结果时，要注意合理分配教师评价、学生自评、学生互评的权重。

②学生互评作为过程性评价的方式经常使用，而不是某一次、两次的偶然评价。

③引入的评价指标要明确，并站在学生的立场设置考评的量化标准。

④要在引入评价之前，对学生在评价方面的理念及过程实施、方法、原则等进行学习和掌握，学生在公平对每位同伴的评价负责为原则的前提下，完成评价。

⑤老师要进行积极引导，让学生在和谐的氛围中进行评价，打消学生因评价带来心理上的自负感。

案例1：课堂讨论互评

室内课上，针对前一阶段的立定跳远教学内容，教师组织学生开展互评。互评以小组为单位，每组自定评价方式和方法，教师要求评价过程要力求真实、客观、完整。在教师的指导下，评价效果很好。有的小组组长依据小组成员的学习态度、个人表现和小组中的团体表现为标准，对每个同学作了评价，很清楚、很直观。有的小组组长从小组综合表现出发，通过横向对比的方式对每个同学的亮点和不足进行评价。还有一个小组将本组分为蓝队和红队进行对抗，用对抗的胜负来对双方成员进行评价。到了小组成员评价组长环节，教师同样提出评价要求，鼓励每个组员积极参与，客观评价。因为之前组员评价组长的情况不多，教师本来担心评价效果和组员的参与积极性，同时担心评价变成组员对组长的"控诉"。但是结果是各组成员多是表扬组长的组织能力很强，工作很认真，看得出来组员们是很佩服组长平时的行为和表现的。当然，也有人提出具体意见，譬如组长在带准备活动时动作不到位和记错动作，组长的态度不太好，喜欢吼他们，希望组长们的态度和方法能够改进，等等。学生们都能做到客观评价，认真对待，积极参与，没有互相指责这种无效评价，每个学生都能在互评中有收获，增进了彼此的了解，提高了自我认识和团队合作精神。

[案例分析]

这是一次成功的互评，通过学生间及小组内部的互评，教师了解了学生的想法，更加明确了教学过程中学生会遇到的难点，有利于更好地开展教学工作。同时，学生在互评中加强了交流，提升了表达能力和观察能力。虽然互评过程中存在少部分评价不积极、不认真的情况，但是这是一次成功的教学尝试。为此，一是不能"因噎废食"，不能因为学生参与评价可能会发生的一些问题而否认学生评价所能产生的教育价值。二是要加紧研究学生的心理和更加科学合理的评价手段和形式，以期获得更好的效果。

案例2：单元学习结束时学生参与度的评价

在一个单元结束时，为了解学生对本学习小组的每位成员和本小组的整体评价，采用问卷的形式，了解在组内生生间的评价情况。

同伴评价的学生问卷

学生姓名：	日期：

列出你所在小组的每一位成员，并且写出每一位成员为本小组所做的主要的两件事：

写出每名小组成员的优缺点：

你所在小组的成员是如何利用长处克服短处的？

描述你所在小组的成就：

[案例分析]

该案例是在一个单元学习结束时，为了解学生参与度及对整个群体认可度的调查问卷。该案例的特点：首先是问题较少，难度不大，便于学生作答，能够比较真实地得到学生的答案，可以在教学过程中反复运用，并形成对比，从而引导学生以公正、无私、客观的态度进行评价。其次是这个问卷与期末总成绩的关联性不是很紧密，通过这种问卷可以很好地培养学生的自我意识和团队意识。

案例3：运动能力学习中的互评

这是在篮球传球、接球教学过程中，教师对学生发放的同伴之间相互评价活动的调查问卷。

学习主题：篮球传接球

你的姓名：

同伴的姓名：

根据学习过程中的实际情况，请回答下列问题：

1.在篮球传、接球的学习中，我认为同伴有以下特殊能力：

2.我的同伴对篮球传、接球学习的突出贡献是：

3.我的同伴在篮球传、接球学习中存在的困难是：

4.我的同伴在篮球传、接球学习中今后应该注意改正的问题是：

[案例分析]

这是一个在运动技术的学习过程中采用的问卷，是同伴互评案例，就其问题的设计具有集中、简单、易懂的特点，这样的评价方式不仅可以促进被评学生运动技术学习的进步，而且对于评价方的学生来说也是一种很好的学习和观察机会，对促进自身学习的进步也具有十分明显的作用。为了方便使用，该问卷也可以运用于课堂讨论的问题，当然不同的运动技术有不同的问题，希望在此能够起到抛砖引玉的作用。

案例4：等级式体育学习互评

为了响应新课程改革的号召，上桥南开小学教师对学生采用的等级法对学生课堂表现进行了问卷调查并对其结果进行了统计分析，在学习态度的评价中学生自评和他评相符的占25.6%，情意表现中相符的占32.6%，合作精神中相符的占37.2%。数据显示的结果和学生的真实表现之间存在着很明显的差异，结果不尽如人意。从下面两个表中可以看出，在学生互评和自评中过分强调等级和分数是不可取的，既要根据学生的年龄特点设置问卷内容，也要选择适当的评价方式，这对于教学中的评价工作有很多指导意义。

学生自评和互评课堂表现的评价内容和标准表

	A	B	C
学习态度	课前能做到认真预习，课中好好听讲，积极提问，回答老师的问题，按时完成课堂作业	能做到简单的预习，课中较认真听讲	忽视课前预习，课堂上难以专注
情谊表现	独立完成学习任务，积极解决学习中遇到的问题	比较自信，能够完成基本的学习任务	自信心不足，独立解决问题的能力有待提升

	A	B	C
合作精神	积极参加小组讨论学习，能帮助小组同学，善于与同学合作完成学习任务	比较主动地参与小组合作学习，能够与同学合作完成基本的学习任务	不善于完成合作学习任务，对于小组合作的态度比较消极，合作精神有待提升

评价情况统计表

等级	学习态度		情意表现		合作精神	
	自评	他评	自评	他评	自评	他评
A	19	25	11	17	8	22
B	21	9	26	15	29	11
C	3	9	6	11	6	10

[案例分析]

调查问卷结果算不得成功，但是这个尝试和探索是十分成功的，教师通过自己失败的调查问卷，能够认识到在课堂评价中，尤其是学生的自评和互评中要淡化等级和分数，要根据学生的年龄特点设置问卷内容，要把握互评的分寸和度，要选择适当的评价方式，这是可取的，因为教学要想不断地进步就要勇于尝试。但是为什么结果与自己的预想有那么大的差别呢?这是因为在该问卷的操作过程中存在如下几个方面的问题：一是调查学生的年龄偏小，在调查分析中该教师也说到"学生对情意表现还不是很理解"，这样的问卷怎么不失真呢？二是对于小学生来说，他们各方面的认知度还没有达到该问卷所设计的难度，还没有建立起正确的价值取向，教师主要是引导学生正确地认识评价的意义，而不是强化调查的结果。

学生间的互评是重要且必要的，通过对学习各环节的互评，有助于提高学生的观察、思考、分析能力，小组成员可以更好地了解彼此，有助于增进学生之间的情谊，加强团队意识，被评价者可以更好地反思学习过程，有助于更好地认识自己，不断提升学习效果。不仅如此，评价的过程是总结、表达、整理、再认识的过程，有助于学生综合能力的提升。教师在教学过程中要注重互评的积极作用，但是绝不能把它作为评价的主体形式，绝不能用它替代实实在在的外部的、客观的、教师进行的评价，不能代替能反映学生学习努力情况和学习效果的体能和技术评价。

二、教师的教学评价与案例

教师自我评价是一个针对自身存在的问题和不足，作出深刻剖析，再对自身行为进行简要评价的过程，教师自我评价的过程融合了自我认识、自我教育和自我提高三个方面的行为，最后形成一个以自省为核心的反思机制。进行教师自我评价大致可以分为如下几个步骤：教学的主要目标、教学组织和课程的逻辑结构、教学内容的实际质量、师生间的关系处理、教学方法和授课的实际水平、实现教学目标的效果和教学的主要思想逻辑、教学模式的独特化和教材化、合适的教学技巧、教学的实际成效等。通过自省、自评、自我总结的方式进行的教学评价是整个教学评价过程的核心，要主动回顾教学目标，针对不同的学习卡片掌握学生的学习情况，根据学生的学习进展对比其学习的成效，善于与学生交流和沟通并听取学生的想法。

1.教师的自我评价与案例

评价内容	教学的思想、教学模式的独特性、合适的教学技巧、教学的效果
评价方法	自我反省、自我评价、自我总结
评价手段	回忆目标、根据学生学习情况对比分析、善于倾听学生想法

每日的自我评价对于教师来说是必要的，每堂课结束后不管是教学日志还是教案都有必要进行一次简单的自我评价，而且还需要针对教师自身的教学情况，每学期做上几次阶段性自我评价。尤其是自我教学评价和反思总结，要慎重而正规，每个学期和学年都进行，然后针对自我评价的实际结果，对自己作出更高的、更为严格的要求。

案例1：课堂教学反思

这是上桥南开小学皮历老师对一节体育课的教学反思，内容共分为四个方面：

（1）本课教学中学生街头篮球的练习，给我很大的启示：将一些新兴的体育项目引入课堂，极大地激发了学生学习的欲望，有利于学生运动技能进一步强化和提升，对培养学生有意识地发掘生活中的各种素材的能力，拓展和扩大学生的知识面也有一定的益处。除此之外，这项工作还有利于学生获取大量有用信息，同时强化了学生在知识上的掌握和运用程度，包括了解知识、收集知识、分析知识、评价知识等方面的内容，提高了学生分析数据和处理信息的能力，有利于学生更好地分析和处理问题，增强其表达能力和团队合作的意识。所以，教师需要对自身的能力和水平提出更高的要求，并且不断朝着促进学生个性化发展的方向进步，不断与新课改的发展目标以及社会的发展接轨。

（2）《体育与健康课程标准》加强了对于学习方式自主化、合作化和探究化的重视程度，其根本目的就是加强教师角色的转化，促进学生成为课堂学习的中心。课堂教学活动必须围绕学生展开，努力做到以学生全面发展为出发点和落脚点，努力搭建一个适合学生全面发展的课堂教学氛围，构建一个真正和谐的师生关系，努力实现学习活动的启发性、引导性、自主性、合作性和探究性，为学生自主学习创设一个良好的环境和氛围。在日常的教学实践活动中，教师要做到促进学生学习思维的提升，学生应该具备"举一反三"的能力，进而掌握良好的学习方法，增强学习的主观能动性，在思想意识上逐步提升，充分意识到学习的重要性。同时，努力搭建一个良好的师生交流和学生交流的平台，促进师生关系融洽发展和学生与学生之间的团结合作。当今教育内容和形式都已经发生了本质的改变，教师在教学活动中所扮演的角色也出现了根本性的不同，学生在课堂上的主导意识增强，主体性明显，教师更多以辅助的形式存在，对于学生学习的自主和探究能力大有帮助，要使学生无论是获取和理解知识，还是努力对技能加以掌握，都能投入更多的自主性。

（3）实践证明，对学生进行空洞的说教和灌输是无效的，只有根据学生的身心发展特点，通过课堂教学这个载体，寓教育于活动中，才能实现教育的目的。本课通过小组合作练习，培养了学生的团队意识和集体主义精神，运用意念放松"我和太空英雄杨利伟一起遨游太空"，激发了学生的民族自豪感和爱国热情。同时，让学生明白一个道理，只有通过努力学习和刻苦训练，具有良好的体魄，才能实现自己的梦想。

（4）对于课堂学习内容的回忆，学生满是兴奋和愉悦。每堂课后都能看到学生的脸上洋溢着喜悦，欢声笑语洒满整个教室，还有学生那熟悉的背影久久萦绕在我的心头，欢声笑语背后是更多的责任。欢乐产生的巨大涟漪不禁激荡在这一节体育课中，我想，这将延续到我们今后的体育课上。教师和学生对体育课将会共同去期待，用心感悟，共同经历一段美好的课堂之旅。

［案例分析］

体育教师也需要做课堂教学反思，这种反思有助于自我剖析、自我增益，是常规的、自我评价方式的一种。这种方法简便易行，反思内容可长可短，主要是将这节课的感受、问题、经验等记录下来，教师通过这种方式及时对每一节课进行教学反馈，从而提高教学质量。该案例中，皮老师对自己所上的这节街头篮球课进行了分析，从理论、德育、知识技能学习等方面，谈了自己的认识和看法，对下一步教学起到了良好的促进作用。在课程教学实践过程中，进行教学的反思和总结应该成为体育教师日常教学活动中一个重要方面，其主要内容是记录自己在日常课堂上的一些思考，以及学生实际学习的进展和情况。善于反思和总结是教师课堂教学活动中不可或缺的，这也是陪伴教师一生的好习惯。

案例2：学期末的教师自我发展和反思评价表

下表具体反映了上桥南开小学体育组教师自我发展评价和自我发展反思的情况。

沙坪坝区上桥南开小学教师自我发展评价表

评价内容	评价标准	发展优势	发展目标	发展措施	评分
思想素质 （20分）	1.遵纪守法，依法治教 2.敬业爱岗，爱校爱生 3.讲正气、讲学习、讲奉献				
专业素养 （20分）	1.了解本学科的前沿研究和发展概况 2.深入理论和概念，对学科知识充分掌握 3.对本学科教学要达到的要求有足够了解 4.对本学科的教学方法会熟练运用达到灵活的程度 5.能够将学科知识很好地融入生活实际，同时通过生活实际加深学科知识理解				
业务能力 （20分）	1.趣味性强、效果好的教学方式 2.通过评价的方式掌握学生的学习进展和学习情况 3.体现教育手段的现代化特征 4.在教学中贯彻科学思想，引导学生掌握良好学习方法 5.对于校内外课程教育资源的合理开发利用				
人文及科学素养 （10分）	1.对国内外科学发展史和热点、趋势足够熟悉和了解 2.对传统及时代文化充分了解 3.关注和评价生活中的焦点问题				
团队精神 （10分）	1.积极参与备课组和集体备课，作出具有个性色彩的建设性意见和策略 2.建立良好的师生互动关系				

续表

评价内容	评价标准	发展优势	发展目标	发展措施	评分
科研水平 （20分）	1.致力于研究教育，意识强烈 2.对教育中的问题能采用科学研究的方式方法和态度进行处理 3.主动做教研				
评价方法：总分乘以60%	计算方法：总分乘以60%				
自我评价	A等：60~50分；B等：49~30分； C等29~10分				

沙坪坝区上桥南开小学教师自我发展反思评价表（试行稿）

评价内容	评价标准	发展目标举措执行状况	评分
思想素质 （20分）	1.对政治、教育理论的学习持之以恒，保持记笔记及写心得的习惯（2分）		
	2.每周按时参加升旗仪式（2分）		
	3.自觉遵守法律法规和学校各项规章制度（2分）		
	4.尊重家长，善于听取家长的意见（2分）		
	5.定期与家长沟通，并有记录（2分）		
	6.不得向学生或家长暗示和公开索取财物（2分）		
	7.不迟到、不早退、不旷工，不私自调课补课，不中途离开课堂或拖堂，上班时间不做与教学无关的事（2分）		
	8.言谈举止文明，不说脏话粗话（2分）		
	9.致力于团结，勇于奉献，远离是非，不虚假生事，破坏团结（2分）		
	10.认真做好办公室值日工作，保持办公室清洁卫生（2分）		
专业素质 （20分）	1.熟练掌握本学科的理论与概念（4分）		
	2.熟悉本学科的教学要求（4分）		
	3.注重学习，不断学习教育学、心理学知识，学习新课程理念（4分）		
	4.了解本学科的前沿研究和发展概况（4分）		
	5.善于将学科知识与生活实际相结合（4分）		

续表

评价内容	评价标准	发展目标举措执行状况	评分
业务能力（30分）	1.教学方式，有趣有效，灵活用好教材（3分）		
	2.创设生活情境，课堂气氛活跃（3分）		
	3.教学过程中充分体现学生的主体作用，师生互动，共同发展（3分）		
	4.具备高超的学生管理技能，课堂活动组织灵活而有序（3分）		
	5.尊重爱护学生，倾听学生的个性化想法，理性公正地对待学生的缺点和不足（3分）		
	6.作业量符合学生年龄点，对不同学生布置不同的作业量，认真对待学生作业的批改（3分）		
	7.能根据教学内容、教学任务运用现代化的教育手段（3分）		
	8.积极参加听课、评课等教学研究活动，有听课评课记载，积极承担公开课、研讨课的任务（3分）		
	9.教学效果，记载合格率、优秀率（3分）		
	10.积极开发校内外课程教育资料，并且承担校内课程和综合社会实践活动课程的记载（3分）		
科学与人文素养（10分）	1.热爱学习，能够主动地向生活实践学习（2分）		
	2.明确学科与生活、学科与实际的联系，能够主动搭建起学科与实际生活的联系（2分）		
	3.了解和热爱祖国文化（2分）		
	4.对世界学科发展史和最新状况充分了解（2分）		
	5.对于学生生活中出现的焦虑给予关心，并分析得当（2分）		
团队精神（10分）	1.教研组教研活动的参与频次（2分）		
	2.备课组集体备课活动参与频次（2分）		
	3.积极参与班主任及科任教师之间的交流分享会，并积极提出合理化的意见和建议（2分）		
	4.积极和同行之间分享学习和研究的成果（2分）		
	5.能与家长及学生实现良好沟通和彼此合作（2分）		
教科研能力（10分）	1.对自身教法及教学行为能定期反省，将教育过程中的经验总结和感受记录下来（4分）		
	2.找出不足教学、德育、科研课题或论文的发表情况和参加评比获奖情况（3分）		
	3.教案或课堂实录的评比和获奖情况（3分）		

续表

评价内容	评价标准	发展目标举措执行状况	评分
说明			
自我评价	A等：60~50分；B等：50~30分； C等30~10分		

[案例分析]

这是上桥南开小学教师通过学期初的自我发展规划和学期末的自我发展反思，对自己工作各方面的完成情况比较完整的对比，这样更能促进教师的成长和发展，从而提高教学质量。根据这一案例的主要内容，可以得出教师进行自我评价需要从以下六个方面着手：思想道德素养、科学人文以及专业教学素养、业务及教学科研能力，还有团队协作精神，再结合工作实际细化为若干个二级指标，增强了评价的可操作性，同时兼顾了公平性和公正性，具有很好的学习和借鉴价值。

案例3：一堂失败体育课的收获——教学日志

这是上桥南开小学张小虹老师对自己一节失败体育课以及从中得到收获的记录，具体内容如下。

2020年9月15日下午第一节体育课，按学期教学进度安排，六年级二班应该开始"跨越式跳高单元"第一课次的学习。依照单元计划要求，本节课的学习目标主要有两个：粗略掌握完整的跨越式跳高动作；主动观察和评价别人的动作技术，表现出积极参与练习的行为。

课上，我遵循"运动技能形成"的规律，按照由分解到完整的递进学习顺序组织学生练习，并且在练习前引导学生：只有认真练好基本技术才能跳过更高的高度。课中，按照学习技术动作的常规要求，4个小组（采用自然分组）的横杆均设定在较低的高度，没有作升降杆的要求，以防止学生的注意力转移到挑战高度而淡忘技术学习效果。然而，学生的学习情况却很难令人满意。学生练习2~3次后，学习积极性明显下降，队伍开始混乱，有一些学生干脆停止了练习，教学效果完全出乎我的意料。

课后，我百思不得其解：按照学科规律设计的体育课，而且给学生讲明了道理，为什么就达不到预期效果呢？于是，我带着遗憾，把这节课的感受写到了教学后记中：课前设定的两天主要学习目标均未达成，原因是学生学习积极性不高导致技术动作掌握得不好，评价行为发生率很低，是一节失败的体育课。我应主动请教学科专家或查阅相关资料，找准症结，今后改正课程的设计思路和组织教法。

之后，通过与同事的共同探讨，我又拟订了一份"跨越式跳高单元计划"，大致思路是：第一课次让学生按运动能力分组（水平接近的学生在一组），然后介绍简单的比赛规则与安全事项，接着让他们比赛；第二课次再引入基本技术学习和主动评价的要求；接下来的课是技术运用（比赛）、提高、综合评价等。结果，按这份计划重新组织教学，学生在上课时都跃跃欲试、主动练习，那种高兴劲儿是前所未有的。

失败经历了，成功也感受了。欣喜之余，我深深领悟到：第二次课的成功，在于尊重了学生主体的学习需要，在于关注"以学生学习为主线"而不是"以教师教授为主线"来设计教学过程。经历了这件事后，我至少有了下列收获：一是单纯地将体育学科的生物学规律运用于课堂教学已经显得苍白无力，必须与"学生心理发展""学生认识事物"等规律联合运用才能收到事半功倍的效果。二是教师在课堂教学中施以某种教法、手段时，一定要考虑自己欲获得的"学习效果"和学生想从中获得的"精神满足"是否一致（教师出发点与学生的动机方向应保持一致）。如果不一致，教师施加的教法或手段就会失败。

[案例分析]

这是张老师对自己切身经历的两次课的描述，从中我们可以看到，张老师之所以第二次课能够成功，其原因就在于他对第一次课的反思，并在这一基础上对教学规律进行了深入研究。从这一案例中可以得到很多启发，其实一个教师的专业成长，不是在于要单独抽时间看书，而是在于同日常工作相结合，通过在教学实践中不断发现问题、解决问题的过程提高自己的业务水平。然而，这一过程的关键就是教师一定要有"教学反思"的意识和习惯。

2.评价技巧

体育教师自我教学反思是指教师在完成体育教学任务后，为提高自己的教学质量而进行的经常性、系统化的自我认知过程。但是有些教师不知道该如何进行自我反思。下面以上桥南开小学体育教师的自我反思为例说明。

反思一开始，可以在改变教学方法之前简单地记录效果较好的教学方法
将你的课堂存在的优点举出三个例子：
1.
2.
3.
你认为你需要改变的事情有哪三件？应该怎么改变？你发现有什么不一样出现在你的举措中？
1.
2.
3.

反思教学内容方面：

1.课程在主要目标上是怎么设置的？

2.哪部分内容让学生觉得更容易学好，原因是？

3.哪部分内容学生觉得难以掌握，原因是？

4.你会在未来改变自己吗？

5.从课堂内容上看，是否能引起学生兴趣？课堂教学采用这些内容合适吗？

6.必要的背景知识学生已经掌握了吗？

7.这节课的教学你会在后续过程中进行完善吗？怎样完善？

在反思授课过程方面：

1.讲完这部分内容我花了多少时间？

2.在练习上，学生花用了多久时间完成？

3.讲得最久的是谁？原因是什么？

4.还有哪些方法可以助力学生掌握的知识和技能不断增加？

5.教和问占据了我教学的大部分时间吗？

6.学生的积极性是怎么被我调动起来的？我这些方法有用吗？有效或无效的原因是？

对问题的常规反思：

1.怎样才能使学生聚精会神地听课和认真地练习？

2.怎样才能调动一个差生的主观能动性，在练习上变得勤奋、积极？

3.从学习和练习的情况来看，大部分学生感觉好吗？原因是什么？

带着这些问题，在课后积极进行反思和总结，这样才能有效地转变教学观念。

3.教师如何撰写教学反思

教师对自己在课堂中的教学行为和方法进行自我反思和总结的过程就是教学反思。教学反思的开展能够不断提高自身的教育教学水平，采取最佳教学策略，针对自身教学过程中的实际问题展开深入的自我反省和经验总结，进而发现、分析问题，最终将问题妥善解决，这样就可以优化我们自己的教学，从而做到学以致用。那么如何写好教学反思呢？

①记录教学过程中的闪光点，在具体体育教学过程中已经达到了教学设计的预期值。可以记录的成功点包括：在课堂中能够有效增加师生共鸣的方法；记录在课堂中针对特殊情况，即时应变效果较佳的方法；在体育教学中思想运用过程的感触；在体育教学过程中对于教育方法以及教育原理的改革和创新之处。这些内容都是值得记录下来的一些闪光点，以便在日后的体育教学过程中进行适当的参考和运用，并不断进步，不断发展，不断成就全新的体育课堂。

②记录体育课堂中的问题所在。任何事情都不可能做到十全十美，总是在落实的过程中出现一些偏差。就算设计再完美的体育课程，也总会有需要改进的地方，因而要记录下在课程教学中的不足之处，对其进行系统全面的分析，并整理

出解决方案，这样才能实现对课程深入的反思与研究。只有足够地思考不足之处，才能在日后的课堂教学中有效避免此类问题再次发生，创造更加完善的课堂教学。

③记录下课堂教学中的奇思妙想，在课堂教学过程中，教师与学生这两个不同的客体，总会产生思维上的碰撞，从而产生一种新的教学灵感。这些灵感的迸发通常是瞬间产生的，如果没有进行及时的记录整理，那么灵感稍纵即逝，往往会不再出现。为避免造成遗憾，就要将这些奇思妙想记录下来，为以后的课堂增添色彩。

④注重对学生创新内容的记录。在教育教学实践过程中，要坚持以学生为课堂主体的原则，相信学生是具有一定的创新思维的，对于课堂中学生提出的个性化见解，教育工作者要引起足够的重视和总结，此举能够大大激发学生的创新潜力，使一些好的方法得以推广。除此之外，一个成功的课堂教学活动也离不开学生创新性的见解，对于体育教师的教学思路也是一次改进，对于教学水平也是一次提高。教学过程中材料的收集离不开对于学生创新性思维的记录。

⑤重视"再教设计"的书写。对于每堂课而言，进行一定的教学规律的探究十分重要，如针对教学方法的进步和创新，针对知识点的总结和探究，组织教学策略的改进和提高，教学的启发是否到位，训练是否达到标准等。对于每堂课的得失一一记录，对重要的内容进行归类，对不重要的内容进行适当的舍弃，然后对再教的内容进行思考，并总结出具体的实施措施，最后总结得出"再教设计"，做到取长补短，促进自身教育教学能力和水平迈上一个新的台阶。

⑥写心得体会。体育教师可以经常阅读报纸杂志，记下一些好的材料或一些心得体会。丰富的教学经验是平时点滴积累起来的，"集腋成裘，聚沙成塔"，凝成宝贵的经验。

总而言之，对于体育教师能力提升来讲最为重要的因素就是体育教师的教学反思能力。进行及时有效的教学反思对于教师积累经验是极为重要的，只有从教学经验中不断汲取营养才能获得能力的大跨步提升。

4. 教师之间互评与案例

教学过程评价活动的目的就是提升教师的教学质量。教学评价内容主要包括两方面，一类是教师的自我评估，另一类是教师之间的相互评估。这两种评价方式都有两种主要的模式，分为正式和非正式两种。从评估人员的范围来看，又可以分为个人评价、体育组整体评价、学校整体评价。在时间上又可以将评价方式分为平时性评价和集中性评价。

在教师之间开展评价活动的目的就是有效提高教学水平。教师之间的互评其实质也就是同行参与评价。评价内容主要包括教学主旨、教材熟悉度、课程内容的设计、课程个人风格、教学方法与手段的合理性以及产生的具体效果进行具体的评价。

教师之间进行互相评价的方法有多种形式，主要包括相互直接评价、相互讨论、相互学习以及帮助他人解决自身短板等。可以通过以下几种方式来进行评价，可以在日常教学中进行观摩和旁听、教学研讨、课程评优活动以及定期的教学总结反思等多种方式来进行。

教师之间相互评价的内容、方法和手段

评价内容	同行教学思想、风格及方法的科学、合理和适宜性、教材化工作、教学成效
评价方法	相互评议，借鉴同行优点，探讨其缺点
评价手段	旁听和评议日常教学，教研、评课、说课活动及总结教学

作为极富专业性的体育课堂教学，其信度和效度的评价应有专门的学科知识做保障。通常都是专家参与对同行的评价，从专家的业务而言，都是非常优秀的，然而因同在一个行业内，会有千丝万缕的联系，往往在评价上，因情面或者个人主观因素，如偏见、喜欢等，使评价有失客观。所以，有几个方面的问题在教师间教学互评时需要注意。

①在进行评价的时候，应立足于教学的某个环节，采用受到普遍认可的等级及分数评价的方式，并注意在分析时既要定性，也要定量。下表是上桥南开小学黄辉明老师课堂教学评价等级量表的范例。

课堂教学评价等级量表

一级指标	二级指标	评价等级			
		A	B	C	D
教学内容	1.清晰的教学目标；2.讲解知识方法较为科学；3.能很好地找出重难点；4.使课堂练习难易得当	20	16	12	8
教学艺术	1.对思维有很强的启迪作用；2.尊重学生的个性特色；3.善于指引学生学习方法；4.语言富有艺术性	20	16	12	8
课堂结构	1.教学环节的设计；2.复习与新课安排是否合理；3.讲授与练习时间的比例；4.课堂教学效果	20	16	12	8
课堂管理	1.按时上下课；2.严格要求学生；3.课堂纪律状况；4.正确评价学生	20	16	12	8
教学效果	1.达成课时计划；2.当堂课程知识点和技能能被学生接受；3.学生练习的质量；4.学生符合是否合理	20	16	12	8
评价姓名		等级		总分	

②对于教师的教学互评来说，不应过于在乎利弊得失和各种功利性因素，而应站在业务和探讨的角度去评价。

③教师自评应参照同行评价，将二者结合，效果更好。

④应将民主、和谐和互相探讨的氛围在教师教学互评中创建起来，同时师德教育也应整合进评价中。

⑤以公开或评议课的形式展开教师间的教学互评目标更明确。

⑥相关领导应做到对体育教学改革形势足够熟悉和了解，才能将教师间的教学互评主持好。

案例：来自同行的评价——为两位教师叫好

2020年12月下旬的重庆，天气格外阴冷，气温骤降到10摄氏度以下。在这样寒冷的天气下，沙坪坝区上桥南开小学的操场上体育教研活动正在如火如荼地进行，一节课是胡竞老师的传统教材"趣味耐久跑"，一节课是罗林老师带来的新兴教材"棒球课"。

在两位老师上完课后，罗明教研员做了精彩的点评：

第一，虽然他们的教材不同，但教学目标都比较明确，目标指向有行为主体——学生；行为动作——掌握耐久跑的呼吸方法，做出棒球的投准动作；行为条件——在游戏活动中学会合作共同完成所学知识；在教师的正确引导下，并通过与他人合作共同完成传接球的任务；达标程度——初步做出，初步掌握。无论是从教案的目标制订或课堂教学任务完成的情况来看，他们的目标定位比较实际、具体，而且具有可操作性和可测量性，两节课的结果也是不错的。

第二，这两节课虽然教材不同，但是做到了四个"抓住"。

（1）抓住教材，深入挖掘。胡竞老师的课是"耐久跑"，这是一个传统教材。从教材性质来看，它是十分枯燥、单一、重复的，而且多数学生对它都不感兴趣，但是这个教材在冬季又极有锻炼价值，而且对培养学生的意志品质和吃苦耐劳的精神是有积极意义的。如何使这个传统的教材焕发青春?这就有一个如何"抓住"教材特点有效挖掘它的内涵的问题，胡老师从"趣味"入手，把知识、技能、练习、合作等与趣味游戏融合在一起，使耐久跑这棵传统的老树开出了新的花朵。

罗林老师上的是新兴项目——棒球，这是一项现代体育运动项目中极有对抗性和挑战性的竞技运动。罗老师大胆引用这项运动，进行了有效利用和开发并使它教材化，在罗老师的教案题头就醒目地表述着"棒球教学单元第二课时教案"。从棒球到棒球手套，从棒球手套到棒球操，再从棒球操进入棒球技术的学习，形成了一个棒球教学的基本体系，这种挖掘实用有效，也可谓独具匠心。教材的最大特点是，淡化了竞技，为我所用。

（2）抓住了有效教学，实施层层剥离。课堂教学的优劣评价主要看效果，用当时一句时髦的话来说是看课堂效益，也就是学生在这节课中学什么?学生学到了什么?学得怎么样?不能一谈到"课改"就是"玩"，单纯的玩是玩不出名堂的，也是背离"课改"的。在一节课中，学生学什么? 学到了什么?这是考量"课"与"玩"的一个重要标志，也是只有体育教师才能教体育，其他教师无法胜任的根本区别，既然有教师的教，就必然有学生的学。在这两节课中，胡老师从让学生先跑，从跑后让学生说感受，从感受帮学生分析，从分析到知识导入什么是耐久跑的正确呼吸方法，再从原地踏步学习体验"呼吸"方法，逐步过渡到原地慢跑，由原地过渡到行进，再由行进转入在游戏中运用所学知识，整个过程如同花朵层层绽放一样，显得很有层次，由浅入深、由易到难，很有梯度。

罗老师的课由棒球手套的导入，接着让学生玩传棒球游戏，然后 "玩"棒球；抛球击掌，对地抛接反弹球，逐渐过渡到让学生看挂图、看示范，接着和老师徒手模仿练习，再接下来，投大筐；不同距离地投准，投小筐难度逐渐加大，最后两人一组一投一接，难度更大，需要互相配合，合作完成。这种教学方法难度逐步增加，无论是在技能上，还是在要求上，都遵循了循序渐进的规律，非常值得普及。这两节课在教法上虽有不同，但都达到了异曲同工的效果。应该说他俩都注意了有效教学这一关键，教学效果是比较好的。

（3）抓住培养兴趣，让学生在兴趣中学习。让小学生热爱体育，喜欢参与各类体育活动，对各类活动有一个初步的了解和认识是小学体育课程众多理念之一，并非像培养和训练运动员一样来训练学生，这就是要以兴趣为主，而不能刻意追求完美的技能，但也不是不要技能。 从这两节课来看，就充分注意到了这一点。胡老师的回"老家"和跑各点找卡片，从找卡片到用卡片拼"福娃" 等，把奥运文化渗透到枯燥的耐久跑中，学生在不知不觉中完成了学练任务。胡老师的用数字组队的游戏，学生十分感兴趣，惹得听课教师也忍俊不禁，学生也在不知不觉中集中了注意力，并完成了随机分组的任务，可谓是一大亮点。罗老师在教材资源开发上选择了棒球，从棒球手套导入本课学习内容 直到棒球操，学习棒球投接动作，直至最后用棒球放鞭炮，一连串的设计都体现了"兴趣"。这两位老师一个是用兴趣拓展了传统教材，另一个是用现代教材的开发来激发学生对体育运动的兴趣，尽管角度不同，但都体现了培养学生对体育的兴趣，应该说"新课程标准"的基本理念在这两节课中都得到了很好的体现。

三、学生综合评价表的制作及评价个案

我们在课程实施过程中，对学生的评价方式根据项目不同评价的细则不尽相

同，本节主要介绍上桥南开小学体育组根据课程实施内容，有针对性设计的学生综合性评价量表。

综合性评价量表是对学生参与项目学习后的对过程性学习效果的综合评定，包括教师对学生的评价、学生自我评价、学生间的评价，在评价目标设定上，包括原始成绩、目标成绩与完成情况，从这三方面进行综合对比和评定。

在日常教学工作中，用表格对学生进行过程记录和综合性评价，评价案例如下表。

综合评价表

学校：上桥南开小学　　　　班级：四年级3班　　　　姓名：田甜

成绩评定 / 项目	目标				评定				
	原始成绩	目标成绩	完成情况		小组评价		自我评价	教师评价	综合评
肺活量	无	1800	1600	目标稍高	良	80	良	1600	
50米跑	9.0	8.9	8.8	完成	优	95	优	8.8	
一分钟仰卧起坐	40	45	43	目标稍高	优	90	优	43	
坐位体前屈	15	16.9	17	完成	优	90	优	17	
1分钟跳绳	130	140	141	完成	优	90	优	141	

以上案例是上桥南开小学学生的真实成绩及综合评定记录，一线教师可以参考和借鉴此评定方式。在日常教学中根据所教班级、学生情况，还可以在测试项目和评价方式方面创新，希望通过教学，对学生身体素质的变化和提升有具体的数据和依据，对学生的评价也更具客观性。

第五章
体育与健康课程创新基地课程实践能力提升

　　上桥南开小学体育与健康课程创新基地坚持走特色办学之路，牢固确立"从体育强校向体育名校迈进，从学校特色向特色学校迈进"的发展方向，尊重学生个性成长规律和教育规律，从学生、教师、学校三方面提升了课程实践能力。一是体育与健康课程创新基地聚焦运动能力、健康行为、体育品德三大核心素养，带动全校学生积极参与体育运动，通过"育体—育德—育智"的三者结合，促进了学生的成长与发展；二是更新了教师的教育理念，拓展了教师的新能力，更新体育教育技术，促进了教师的成长；三是通过提升师资队伍的能力，构建和谐的师生关系，优化研修团队建设，提高学校整体课程质量，营造了良好的校园学习环境。

第一节
学生成长与发展

一、运动能力的提高

上桥南开小学体育与健康课程创新基地紧紧围绕核心素养，着眼于学生的发展，通过丰富多彩的课程内容和灵活多样的教学方式让学生的运动能力得到了提高。

1.学生体能的提高

小学阶段正是小学生成长发育的黄金时期，体能的提高是一切学习活动的基础，会对他们的成长产生深远的影响。体育与健康课程创新基地遵循小学生的身心发展特点，注重对小学生身体素质的锻炼，通过妙趣横生的体育游戏如"奔跑中的足球"，将800米长跑与足球相结合的方式，学生在积极参与中锻炼了耐力和速度训练；延时活动的体育锻炼中加入的"滚轮胎"活动则在一定程度上提高了学生的平衡力和力量训练；情境体育中的"猎人回头"提升了学生的注意力、反应力，学生学会控制身体的打开与收缩。近年来，学校学生体能的提高增强了学生的体质，免疫力得到提高，为身体建立起了一道安全的防护屏障。

2.运动技能的提高

体育与健康课程创新基地通过丰富的实践内容，合理的训练时间、灵活多样的学习方式让学生在多项运动技能方面得到了提高，如在武术比赛中24式太极拳、男子枪术、剑术、国家规定拳、篮球、足球、射箭比赛中都取得佳绩，为校争光。

3.运动认知与理解的提高

运动认知与理解是指在进行体育运动时与之相关的认知活动，其中涉及运动过程中的感觉和知觉、记忆和思维几个方面。体育与健康课程创新基地大大提高了学生的运动认知与理解能力，学生对他物和自身的速度空间、距离、重量、力量、方位、平衡、高度等因素进行识别和控制的能力不断提高。如情境体育中的

"筷子和煎蛋"，目的在于提升学生的注意力、反应力、协作能力，让学生在学会队形的排练与组织中增强空间、速度与距离的感知。运动认知的提高积极促进学生运动能力的提升，使学生在篮球、排球、足球、啦啦操、武术等多方面喜获硕果。

二、健康行为的形成

由于小学生身心发展的特点，再加上现在父母对孩子的溺爱，很多小学生没有养成良好的锻炼习惯，这样的现状对学生身体的发展不太乐观。体育与健康课程创新基地着眼学生的未来，立足学生的健康成长，创新教育模式，致力于小学生健康行为的形成。如"零点体育"即从学生早上踏入校园开始运动，各年级在班主任带领下进行晨跑，让学生用奔跑唤醒一天的活力。在坚持不懈的锻炼中，很多学生爱上了晨跑运动，个子长了，体重得到了控制。晨跑结束后，学生在舒缓的音乐中拉伸放松，养成了良好的锻炼习惯，并掌握了基本的健康知识。通过白天在学校的合理运动锻炼，很多家长表示孩子的饮食和作息都得到了改善，并且能合理调控自己的情绪，保持良好的心态。

三、体育品德的培养

体育与健康课程创新基地促进了学生体育品德的培养，学生能遵循社会行为规范，诚信自律，公平竞争，自立自信，具有社会责任感、正义感，形成了正确的价值追求和良好的精神风貌。

1.提升学生自信

人无完人，金无足赤。很多学生受家庭背景、智力水平或者行为习惯等因素的影响在学习上存在很大的差异。这些差异容易让小学生陷入自我否定和被他人否定的错觉中，他们被贴上"差生"的标签，变得敏感、内向、自卑。体育与健康课程创新基地帮助这部分学生找到自己身上的闪光点，走出自我认知的误区，自信地面对成长。如学校田径队的一位女同学，由于刚转学过来，在班上成绩落后太多，她变得有些自卑，开始封闭自己，从不主动和同学交往。在加入田径队一个月以后，她在短跑中显示出了惊人的爆发力和速度，在运动会上摘得桂冠，为班级获得荣誉。同学们都佩服她的短跑能力，亲切地称她为"小旋风"，从此她变得自信，并主动和同学交往，变得十分开朗，学习成绩也随之有了起色。体育给她打开了一扇新世界的大门，让她靠自己的坚持与努力和不断挑战获得了自信和自尊，带她通往更加光明美好的未来。

2.加强班级凝聚力

性格特点、行为习惯和学习情况都会导致一些学生很难短时间融入集体，集体凝聚力不强又可能导致班风班纪不良，反作用于学生的健康成长，如此恶性循环，最终对学生产生不利的影响。体育与健康课程创新基地让每个学生都能在体育锻炼中展示自我，团结协作，最终融入集体，加强班级凝聚力。如延时锻炼活动中的"袋鼠跳""五分钟集体长绳""接力赛"等集体项目，需要整个班级团结一心，积极协作，才能为集体争取荣誉。在这个过程中，同学们积极配合，互相帮助，不仅展示了自我，还激发了团队责任感和使命感，师生和生生之间关系更加亲密融洽，形成强大的向心力，加强班级凝聚力。

3.培养规则意识

没有规矩不成方圆，规则是保障一切社会活动能正常开展的基石。小学生处于成长发展的关键期，此时培养他们的规则意识能为后续的成长打下良好的基础。体育与健康课程创新基地基于学生的发展，将有趣的体育活动与严格的竞赛规则相融合，在积极快乐、公平竞争的体育氛围中，促进学生建立起规则意识。如运动会上的"奔跑吧！少年"项目，要求参赛人数为每队10名队员，比赛器材为一根竹竿。比赛开始前，10名队员站在起跑线后，第一名参赛人员双手抓住竹竿向前奔跑，到终点后第二名参赛队员接上一块奔跑，依次进行，按照规定路线奔跑，裁判员发令后，比赛开始，用时最少者胜利。在比赛过程中每位队员的双手不得离开竹竿，未到达接应地点之前所有运动员不得超过起跑线；比赛距离10米。学生在赛前已经明确了运动规则，如出现违规的现象将影响整个班级的比赛成绩，他们意识到遵守规则的重要性，在团结协作中积极适应规则，逐渐培养起规则意识。

第二节
教师收获与提升

一、更新教育理念

在新时代体育核心素养的引领下，体育与健康课程创新基地及时引导教师更新教学理念、明确肩上的责任，积极引导学生参与体育运动，强健体魄，启迪智慧，全面发展，树立"健康首位""生活体育""以学生为本"等教学理念。

1.树立"健康首位"的教学新理念

体育与健康课程创新基地在开展教学活动时，始终将学生的健康水平摆在首位，而不是片面地局限于学生的体育成绩好坏，做到真正关心学生的健康发展。体育教师在设计教学内容和教学形式时仅仅围绕"健康首位"的理念而展开，确保学生在科学的教育环境中实现身心的健康发展。除此之外，体育教师还联合家庭一起督促学生养成每天锻炼的好习惯，将体育运动融入日常，进一步深化健康意识。

2.树立"生活体育"的教学理念

体育的本质是具有游戏性或娱乐性的活动。体育与健康课程创新基地积极引导体育教师留心生活，热爱生活，将生活中的体育素材合理运用开发成符合学生身心发展特点的教学资源，通过趣味性的方式鼓励学生把日常生活与体育锻炼紧密结合，做到"体育生活化"，树立"生活体育"的教学理念。如上桥南开小学体育教师将武术、短跑、篮球、羽毛球等体育项目与学生的户外研学活动融合，不仅增加了研学的趣味性，还让学生将体育融入生活，践行"生活体育"的教学理念。

3.树立"以学生为本"的教学理念

体育与健康课程创新基地要求教师遵循学生身心发展规律和学习需求，在面向全体学生的同时关注学生个体差异，通过多元课程内容和多样形式给予学生更多自主学习和施展的空间，为学生营造平等、快乐的学习环境。体育与健康课程创新基地积极整合优化校内教学资源，结合学校学情，设置丰富多样的课程项目和内容，如射箭、排球、橄榄球、棒球等学生喜闻乐见的新兴体育项目，满足了学生多样化的学习需求，极大地激发了学生的体育热情，为提升学生的健康水平，养成终身体育锻炼习惯奠定了坚实基础。

二、拓展教学新能力

体育与健康课程创新基地有效拓展了体育教师的教学新能力，通过学习平台的搭建，丰富教学培训形式，优化教学方法，有效提升体育教师的教学水平与综合素质，并助力小学体育教师教学专业化发展的质量。

1.学习平台的搭建

小学体育教学内容丰富，活动形式多样，各体育教师在交流中能博采众长，共同受益。因此体育与健康课程创新基地积极搭建教师学习平台，邀请名师专家进行线上线下专题讲座，拓展教学培训内容；带领体育教师积极与其他学校进行交流学习；组织体育教师集中备课、研课并及时反思等。体育教师共享教育资源，在沟通交流中发现问题并改进，在优势互补中营造共同成长的氛围，拓展教学新能力。

2.丰富教学形式

体育与健康课程创新基地通过学习平台的搭建丰富了体育教师的教学形式，帮助体育教师走出传统教学形式的僵局，结合时代的发展和学生的身心特点，调整丰富教学形式，更好地引导体育教师实施教学实践。如基础课程中的情境体育教学"小种子发芽"一课中，教师将体育场地转移到教室，通过舒缓的音乐和教室环境的营造，让学生学会利用自己的身体，根据老师的口令进行无限伸展和收缩，并根据音乐营造的情境，尝试用身体展示、表达，完成音乐感受力和肢体表现力的提升。再如下午的体育锻炼活动中，既有单人花式投篮跑，也有双人合作运球或小组合作滚轮胎等项目，这些丰富新颖的教学形式让学生参与度极高，让学生主动运动，在快乐体育中锻炼身体，提高运动技能，培养品德，最终爱上体育。

3.提高管理评价能力

教师的课程评价能力主要指教师根据自身和小学生在教学活动中的表现和结果进行的科学客观的评价能力。《基础教育课程改革纲要（试行）》中对教师的评价能力有明确要求："建立促进学生全面发展的体系。评价不仅要关注学生的学业成绩，而且要发现和发展学生多方面的潜能，了解学生发展中的需求，帮助学生认识自我，建立自信。"小学体育教师要尊重学生成长的规律，符合学生的身心发展，课堂教学的评价要让师生自由地参与到具体的评价活动中去，让学生和教师一起体验小学课堂评价的积极力量，营造民主和谐的课堂评价氛围。教师对学生的评价可以在课堂即时呈现，也可以是在一定周期后进行的总结性评价。在课堂上的即时性评价可以是针对学生回答的内容、答问的方式、声音、体态、思路等多方面进行的评价，教师给予学生即时反馈，激发学生学习的内在兴趣，促进学习效果的提升。总结性评价包括一个星期或一个月甚至更长时间进行的学习反馈，如中期评价或期末评价等，相比即时性评价而言，总结性评价更全面客观。小学体育教师要充分发挥评价的功能，采用灵活多样的方式进行评价，用爱心去呵护每一个学生的成长，见证每一个学生的进步。教师除了对学生进行全面评价，还需要对自身进行客观的评价以此来不断改进自己的教学工作。教师可以对自己教学目标的确立、教学内容的选择、教学设备的利用等多方面进行评价，及时发现不足，采取措施改进。无论是学生评价还是教师评价，都应从以下几个方面来进行：教师是否依据课标来选择评价内容和确定课程评价标准；教师是否科学地运用多种评价方式，如自评、互评、他评来实现评价方法的多样化；教师是否从学生和教师以及家长等多主体来展开评价，实现评价主体的多元化。

体育与健康课程创新基地的情境体育课程评价对身体健康、运动技能、运动参与、心理健康和社会适应五方面，以及体育学科三大核心素养进行了综合性评价。①评价分为过程性评价和终结性评价。过程性评价主要关注课堂表现中的纪律、积极性，课堂展示效果和课外活动中的合作意识、参与程度、完成情况、创新意识。过程性评价成绩＝课堂表现（60%）＋课外合作（60%），终结性评价以身体素质测评，各体育项目的比赛成绩、体育微视频制作质量、奥运小报的发布，以自评、互评、师评进行打分。终结性评价成绩＝自评（20%）＋互评（30%）＋师评（50%）。根据过程性评价和终结性评价，评定最终成绩。最终成绩＝过程性评价成绩（40%）＋终结性评价成绩（60%）。②成绩认定根据最终成绩确认。学生学习总分60~74分为合格，75~89分为良好，90分（含）以上为优秀。总分合格者，则通过该学年体育学科成绩认定。总分不合格者，要求学生重新参与各个项目，根据表现重新定级。

上桥南开小学"情境体育"课程评价表

评价指标	权重	评价等级及分值				自评
		A优秀（5）	B良好（4）	C一般（2）	D需努力（1）	
参与意识	15%	积极参与活动，参与活动兴趣浓厚	愿意参与活动	参不参加活动无所谓	不太愿意参加活动	
思想情感	15%	对角色都能热情投入，发挥角色并能渲染氛围	有些角色能热情投入，基本能发挥本角色的氛围	对个别有兴趣的角色，才能参与投入	可以参与扮演，但没有投入与发挥本角色的氛围	
角色合作	20%	主动与同学合作，能够良好与他人沟通	能与同学配合做好分内工作	只顾做好自己的本分，不主动配合互助	出现意见不合，甚至无法合作	

三、更新教育技术

时代的发展让科学技术在各行各业都发挥着重要的作用，在技术融合课程的同时，不断更新教育技术，有利于提升课程品质和教学效果。体育与健康创新基地的教师在教学中，合理选择运用信息技术，让学生快速、高效地获取知识，提高课堂效率，提升教学质量。

教师利用投影仪，将事先录制好的啦啦操视频投放上去，让学生即使在下雨天也可以进行室内操学习，为学生提供了生动有趣、形象直观的交互式学习环境，有利于激发学生的学习兴趣。同时它还能提供图、文、声、像并茂的多种感官综合刺激，更有利于情境创设和大量知识的获取和生成，为营造小学生快乐的学习环境提供了理想的条件。学校还以体育老师的专项知识为基础，设计了一套与专业相关的体育微视频系列，投放在学校各数字媒体。这样的形式不仅让枯燥的理论知识变得生动有趣，教与学变得轻松快乐，也营造了学校良好的学习氛围。学校开展的《体育微视频》项目已成功申报成为区级课题，目前已经完成了开题报告，并进行了答辩论证，接下来将深入进行课题的研究总结。

除此之外，学校以"学生体质健康管理平台"为基础，录入学生体质健康数据库，并向学生和家长们进行全面推广，落实体育健康的互联网数据管理，家长可以依托于互联网平台随时随地查看学生的身体健康状态。更新教育技术，教师要坚持理念凌驾于技术之上，明确课程目标，切忌盲从和有依赖心理。教师根据自己的教学内容和风格选择合适的信息技术，不为了追求标新立异而忽略实际的功能性，信息技术只是辅助教学的一种重要工具。同时教师主动了解各类信息技术和各类软件硬件设施，了解使用方法和使用功能，以便更好地服务于日常教学。

现代教学技术在小学体育教学中的应用，不仅可以丰富教师的教学方式，拓宽学生的学习渠道，让学生获得更加丰富的学习资源；还可以为学生的体育运动提供技术辅助，激发体育运动的兴趣，让学生更加喜爱体育。但这并不意味着每堂课都必须应用信息技术，信息技术也绝不是衡量一堂好课的唯一标准，体育教师要用科学的态度、严谨的眼光、开放的视角，适时适度地应用教育技术。首先，教师要紧跟时代的发展，意识到教育技术的重要性，在备课时有意识地借助相关技术进行教学；其次，教师也要对各种技术进行对比筛选，选择最适合班级学生教学的技术辅助教学，不能来之不拒，照单全收；最后，教师要不断充电，随着时代的发展，更新教学技术，提升教学效果。基于学生的立场，也需要教师引导学生重视独立运动和训练能力的培养，把运动类的教学资源作为辅助工具，防止过度依赖和沉迷心理。教师要联合家长加强对学生的引导监督，让学生正确认识相关信息软件的作用，防止在网络信息技术的作用下过度娱乐，甚至伤害身心健康，只有给予学生正确的引导，才能将信息技术充分利用。

当前，在互联网教育环境下，现代教育技术为传统的学习方式的革新提供了更加开放的学习环境和成熟的技术支持，学生不只是依赖看得见摸得着的书本图画资料，还可以通过更加生动形象的信息技术把抽象的文字变得可视化，打破学校有限的体育环境和时空的限制。但是由于各种因素，学生对体育课程、体育活动不是很感兴趣，安装使用运动类的软件意愿不强，教师需要对学生进行引导，让学生明白体育运动的好处，调动学生的积极性，让学生自主进行体育活动。学生可在相关软件上，提前预习知识点，加强和师生、生生间的沟通，并按时上传运动数据，分享学习经验，交流学习困惑，记录个人进步等。总之，信息技术的运用，对于小学生的学习来说有很多好处，可以让学生突破传统教学中的时间和空间限制，增强体育学习的双向互动，在给学生提供学习便利的同时，更加有效地激发他们的学习热情和积极性。因此体育教师要重视相关信息技术的更新和实际运用，为学生的学习和训练提供丰富的资源，满足多元化的学习需求，才能不断提高课堂的教学质量和课程实践能力。

第三节
学校促进与发展

一、提升师资队伍的能力

"做专业的小学教育"是上桥南开小学的办学目标，学校不仅尊重学生的个性成长规律，还关注师生素质的共同成长，只有打造一批够专业够优秀的课程引路人，才能更好地引导学生全面发展。体育与健康课程创新基地的教师作为课程实践的核心力量，在课程实践中极大地提高了自身的能力和水平，以点带面地提升了整个学校的师资队伍能力。如课程开展初期困难重重，课程理念如何确立，课程要达到怎样的育人目标，教师需要做哪些前期准备、课程如何顺利实施以及课程能给学生带来什么等一系列问题困扰着课程组。体育创新基地的课程组负责人张小虹老师是一个持终身学习理念的人，她买来许多有关如何开展课程的专业书籍，仔细阅读并做好记录，还多次向有经验的同行前辈虚心请教学习，并多次召集课程组的教师进行讨论，拟定出了紧紧围绕体育学科的三大核心素养，计划从五个项目入手，互相协同，建立一个基础牢固、结构丰富、层次分明的课程体系。近年来，体育创新基地就像朝阳冉冉升起，开展了各种各样丰富的活动，"奥运知识竞赛""班级足球联赛""智慧杯——篮球联赛""啦啦操"等多种活动，教师在课程实践中迅速成长，收获颇多。实践证明，体育与健康课程创新基地在促进学生素质发展的同时也能促进教师专业素养的提升，形成良性的双向发展，从而推动学校的全面发展。教师在参与课程建设过程中，突破单一学科限制，开阔了视野，丰富了课程实践经验，提高了课程设计能力。他们将自主开发的课程中尝试到的教学方式延伸到国家课程的校本化实践中，实现教与学方式的整体改变，提升了教师的专业素养，有利于整个学校师资队伍的能力提高。

二、构建和谐师生关系

体育与健康课程创新基地有助于打破传统师生间的僵局，消除距离感和陌生感，让学生更了解教师、信赖教师、亲近教师，营造出师生间民主和谐的氛围。

教师和学生作为课程的直接参与者，在课程实践过程中互相协作，民主决策，自由选择，共同推进课程的完成，在和谐的环境中实现共生共长。学校体育创新基地主要在于强调人与人之间的沟通交流，激发学生热爱生活，同时尊重学生个性成长规律和教育规律，促进师生共同成长。体育创新基地的活动项目基本涵盖了学校体育活动的各个方面，以体育文化氛围的营造为基础，用优质的体育与健康课程去渗透，让体育的核心素养和终身体育意识深入大课间活动和课余训练，从而全面地影响每一位师生。2021年5月，学校用和谐、安全、文明、团结的田径运动会向党的100周年华诞献礼。学校将平时的课间"集体跑操"纳入运动会作为特定项目，以年级为单位进行评比。随着跑步音乐的响起，在各班老师的带领下，各年级各班踩着铿锵的节奏，喊着响亮的班级口号，协同一致地绕田径场跑步行进。老师和同学们齐头并进，声浪滔天，气势如虹，将学校的田径场渲染成了军训场。集体跑操项目不仅展现了班级凝聚力，也是学校精气神的象征，让师生间的关系更为亲密。

"趣味体育游戏"竞赛是学生最喜欢的运动会项目，也是上桥南开小学体育与健康课程创新基地的实验科目。调查发现：常规的运动会以单项为主，竞技性强，但覆盖面较小，参与学生较少，自由选择权较小，大多数学生在运动会中缺少参与感，因此大多学生对体育活动并不感兴趣。同时由于体育学科不在考试中，没有受到教师、学生和家长的重视，越来越趋于区域边缘化，学生没有对体育引起重视，不够了解体育对成长的意义。体育课程创新基地的理念是尊重学生的自由成长规律，从各方面挖掘学生的潜能，注重学生的参与感和情意表现，拥有极大的自主权，因而学校将集体性的"趣味体育游戏"融入运动会中作为竞技项目实施了近四期。从反馈来看是积极的，学生和老师在集体性的体育游戏中能充分地感受到体育带来的乐趣，例如在"毛毛虫"体育活动中，全班学生需要齐心协力在老师的口号的配合下，有节奏地向前移动。在这个过程中，老师和学生并肩作战，操场上是一片来自师生的欢乐笑声，在提升身体素质的同时也拉近了师生间的距离，有助于营造师生间民主和谐的氛围。

三、优化研修团队建设

研修团队的建立能让教师在优势互补中促进专业成长，提升课程实践的能力，更好地落实课程育人的目标。上桥南开小学体育与健康课程创新基地为保证课程实施的质量，课程组以学科带头人为核心，青年教师为主体，成立了一个具有青春活力、民主和谐、勤学善思的研修团队。团队职责明确，分工合理，善于反思，营造了民主平等的对话环境，增强了团队的凝聚力。每次集中研讨时，成员们都会根据自己的实际教学情况各抒己见，或提出疑问，或分享收获，大家在质疑与批判中明辨是非，弥补自身的不足，不断完善自我，达成一致的价值观和信念，有效提升了团队核心价值观，进而提高自己的课程实践能力，优化研修团队建设。

为优化研修团队建设，给教师的专业发展提供支持和服务；开发科学可行的教师研修课程资源；培养具有高专业品格、高专业技能、高合作精神的体育优秀教师队伍，上桥南开小学校体育与健康课程创新基地的老师摸索出以下几种策略。第一是专业的引领，从他人成功经验中汲取专业营养。团队中的优秀教师将自己的成长经历、教学经验、教育思想等呈现给队员们，让队员们在学习分析、总结提升的过程中找到突破口，实现共同成长。如学校课程组的张小虹老师是一位具有丰富教学经验的老师，总是毫无保留地将自己的教学经验分享给团队老师，给予年轻教师耐心的指导，尽心尽力地帮助队员们成长。几年时间，在张老师的带领下，体育与健康课程创新基地的老师迅速成长，在教学比赛、教学论文、学生参赛指导等多个方面获奖，收获了丰硕的果实。第二是课例的研修，通过观摩精心组织的教学过程进行反思探讨。密切关注教师的教学实践，有利于促进教师专业发展。团队核心人员引导基层教师把真实的教学实践作为研究载体，提出课堂中的闪光点供大家借鉴，指出心中的困惑供大家思考探索，执教者可通过反思自己的行为，听取他人的建议来获得深刻的专业成长体验。第三是课后及时进行访谈。学生作为课堂的主体，也是教师专业成长的重要资源。课后及时地邀请学生针对课堂教学的方式、内容等方面进行访谈，听听学生的想法或许能引发教师对课堂教学的思考，从中获得灵感。第四是同伴间互帮互助，在互相学习中建构中获得教学实践知识。队员由于教龄、教学经验、教学风格、教学习惯等差异，在分享个人经验与智慧时也会和他人有所不同，队员能取长补短，突破个人视野的局限性，最终实现每位教师的专业发展。课程实践能力的提高不是一蹴而就的，只有当教师在研修团队中真正能做到优势互补，找到方法弥补自身不足，合作中创新，研讨中反思，才有望提高教师的课程实践能力。

四、提高学校整体课程质量

体育与健康课程创新基地有助于教师传统课程理念的转变，在丰富多元的课程知识的浸润下，提升学校教师的课程能力，以点带面地提高学校整体课程质量。

上桥南开小学坚持特色化办学，将育学生体魄、学生品德、学生心智相融合，通过狠抓运动能力、健康行为、体育品德来实现育人目标。体育与健康课程创新基地倡导理论与实践并行，立足校园大力开发校本教材，根据学生的身心差异采用多元混合的教学模式，保证课程的顺利开展。体育教师在基地建设中让自身的专业能力得到提高，进而带动校园体育文化素养的提升，让学校焕发光彩。以创新和发展的思路建立的体育创新课程，不断发挥着课程育人的指引作用。教师在课程实践的过程中，不断提高自身能力，以体育创新基地为蓝本，辐射带动学校其他课程的发展。上桥南开小学"读城记课程""小达尔文科学课程""数学文化课程""食育精品课程""小农夫精品课程""艺术统整精品课程"等其他课程吸收借鉴体育与健康课程创新基地当中的优秀经验和方法，结合课程不断精进，不断成长。体育与健康课程创新基地辐射带动了学校整体课程质量的提高，实现了真正意义上的新课程改革，为学校培养面向未来人才战略，做专业的小学教育提供了有力的支撑。

五、营造校园学习环境

一个学科的崛起和突破必然激发学校师生的士气，体育与健康课程创新基地带动了学校其他学科的共同进步。同时学生通过运动增强了体质，培养了良好的学习意识和精神品德，积极作用于学生的其他学科的学习，让学生更好地参与学习，营造整个校园良好的学习环境。

第六章

体育与健康课程创新基地的成果

体育与健康课程创新基地促进了教育功能在学校、家庭、社会中的拓展和延伸，使基地、学校、家庭、社区对学生体育成长过程的沟通、共同影响和继续教育，形成一个互相作用、不断协调、目标一致的教育网络。近年来，体育与健康课程创新基地在全校师生、家长的共同努力下，取得了一些阶段性成果，主要体现在以下几个方面。一是加强家校互动与合作，提高家长的体育意识，培养健康体育的家庭环境，促进了家庭和谐；二是提高社区居民体育活动意识，满足学生体育活动的需求，搭建校外锻炼的平台，将运动观念深入人心，取得了良好的社会效果；三是勇于创新,做体育与健康课程创新基地的先行者，开发课程资源，帮扶兄弟学校，发挥了区域示范引领作用。

第一节
家校互动与合作

一、提高家长体育意识

受整个社会中应试教育的影响，大多数家长更看重孩子在语文、数学等主流学科方面的成绩，家长会把音乐、美术、舞蹈等美育学科作为孩子提升个人才艺特长的拓展科目，以此来提高孩子的审美能力、创新能力、动手能力和表现力。相比而言，家长对体育学科的重视程度远远不够，体育学科趋于边缘化。但是随着社会的不断发展，国家和地区对体育学科的重视程度日益提高，倡导学生做到"五育并举"，"德智体美劳"全面发展，越来越多的家长开始意识到体育学科的重要性。越来越多的家长结合学生的兴趣爱好，为孩子选择羽毛球、跳绳、篮球、乒乓球、足球等体育课程。同时一系列新兴的体育项目也日益活跃起来，例如游泳、武术、橄榄球、射箭等，这些体育项目不仅可以增强学生的体质，还能培养学生坚强独立的人格，让学生在运动中变得自信大方，健康成长。

小马是一名五年级的男生，由于是家中独子，父母对他极其溺爱。他整天沉溺在电子游戏中，脾气暴躁，吃饭挑食，只爱高热量的零食，不爱运动，学习状态较差。他才11岁，体重就已经达到了150斤，父母为此十分焦虑。为了他的健康，父母不让他吃零食，没收所有电子设备，让他出去运动，但长期养成习惯的小马不仅不为所动，还和父母争吵不休，渐渐地他和父母的关系变得越来越紧张，学习也变得越来越不认真。为了改变这个状况，小马的父母找到了他的班主任。班主任、体育老师一起和家长商讨出一套体育锻炼方案，帮助小马重新找回健康的生活状态。首先，体育老师让小马的父母每周至少抽出两天下午的空余时间带着孩子一起做他喜欢的运动：踢球或者攀岩；接着利用有趣的"天天跳绳"软件中的游戏项目和小马进行亲子PK，通过游戏的方式激发他运动的兴趣；多抽时间和小马进行交流，鼓励小马到小区结交朋友，学会和他人和谐相处。两个月过去后，小马果真瘦了，人也开朗了许多，和同学之间的相处越来越和谐。他的父母特别感谢这套体育锻炼方案，更加意识到体育的重要性。体育不仅帮助孩子的身体素质得到了提高，还让孩子重新找回了自信，一家人更加和谐了。

[分析与反思]

体育对于学生成长而言发挥着必不可少的作用，但在现实生活中，很多家长都将体育锻炼视为学校的责任，家长消极的体育态度和体育思想，从某种程度上来说极大地影响着孩子，导致孩子的体育锻炼只限于在学校的体育课上，这样就大大缩短了锻炼的时间。再加上家长工作繁忙，对孩子的陪伴和了解较少，很多家长没有精力陪伴孩子，也意识不到体育的重要性。长期缺乏运动或运动不达标的学生身体素质可能会不够好，他们会营养不均衡，挑食的现象越来越严重，过胖过瘦的孩子也越来越多，导致孩子体质下降。这种现象，只有家长也开始重视孩子的体育锻炼，反思自己落后的观念和思想，参与到孩子的教育中，才能助力孩子的健康成长。

二、培养健康体育的家庭环境

体育与健康课程创新基地通过家校合作的方式将体育运动延伸进学生的家庭，通过家庭体育的开展，建立起家庭文明健康的生活方式，培养学生具有关注个人、家庭成员及其他群体健康意识与能力，助力学生的全面发展，将体育育人目标落实。学生在家庭体育中进行自主自立的体育活动，这是一个和谐平等、相对轻松愉悦的运动环境，有助于学生运动的自主性和创造性发挥，培养勇敢坚韧、积极进取的拼搏精神，促进学生的个性发展。与此同时，家长可以和孩子一起进行体育运动，不仅可以增进亲子关系，还能充分地观察了解学生，对学生进行潜移默化的教育。家庭体育的结合可更充分地发挥家庭体育所具有的社会效益、经济效益和教育效益等方面的作用。

例如，寒暑假期间，体育与健康课程创新基地的老师以身作则，每天都至少运动两小时，以实际行动做好学生的榜样，激励学生坚持每天运动的信心极大提高。通过合理运用各种互联网手段，比如线上直播、App 打卡和小程序运动知识闯关游戏等教学方式，监督、鼓励学生每天参与各种体育运动，每隔一段时间在班级群展示学生的运动英姿并评选运动之星，鼓励学生培养起居家运动的好习惯。在整个过程中，鼓励父母和孩子一起运动，评选"运动之家"。通过这些方式，取得了良好的教学效果：学生参与体育运动的积极性提高了，在班级群内更加活跃地交流体育知识，师生关系、家校互动更加融洽，家长更加关注孩子的身心健康，亲子关系更加亲密。

开学后，体育与健康课程创新基地继续将学校体育与家庭体育教育相结合：在校期间，学生不仅要参加晨跑和大课间活动，体育与健康课程创新基地的教师还坚持每天利用课余时间带领学生跳啦啦操、韵律操、武术操，举行打篮球、踢足球、跳长绳比赛；联系班主任利用班会课进行迎面接力、袋鼠跳、滚轮胎、五人绑腿跑等趣味竞赛；鼓励学生和家长在周末一起运动，如打乒乓球、踢足球、打篮球、爬山、游泳等，将相关照片和视频在班级群进行展示；每周评选"运动之星"，每月评选"运动之家"，并由学校领导和家委会成员给获奖学生和家庭颁奖；平时注意将收集的学生与家长体育锻炼的照片、视频制作编排成美篇或视频，分享在班级群，充分将家庭体育与学校体育相结合，鼓舞学生和家长。

三、促进家庭和谐

学校体育是家庭体育的基础，家庭体育是学校体育的延伸。当父母与孩子一同进行体育活动之时，首先可以让孩子接受运动，享受和父母在一起运动的时光，从而为之后独立进行体育锻炼打下基础。再次，这期间孩子会即时对父母的动作进行模仿，在增进父母与孩子之间亲密关系的同时也让孩子对体育运动有了一定的锻炼与知识积累。在长期的亲子体育锻炼中，孩子对父母运动时的即时模仿会在之后的锻炼中形成自己的习惯。随之的延时模仿会在孩子之后个体的体育锻炼中表现得极为明显。它可表现为在进行体育锻炼的时候，对之前与父母运动时对父母的动作进行模仿，这时所模仿的行为动作更加能体现孩子所受到的父母的影响。

不仅只是对孩子进行一个示范作用，对孩子体育活动锻炼进行约束、监督也是一个非常大的影响。不可否认的是，惰性是一种正常且极其影响孩子的心理状态。体育活动其实是非常需要坚持的活动，在这期间，受孩子主观能动性以及周边环境的影响，大部分孩子很难坚持进行一段时间的体育锻炼，这时父母作为监督者、约束者对孩子进行及时的监督约束，不仅会培养孩子在体育锻炼时健康的意识习惯，还会让孩子在相同的时间内利用好时间，进行更多更有利的体育锻炼。孩子对父母的指示相较于其他人的指示更愿意接受，这也使孩子在父母陪伴运动期间更加接受整个运动过程。

新冠肺炎疫情给学校体育造成教学不便的同时，也促使学校体育与家庭体育产生更加密切的关系，吸引家长参与到学生居家体育活动中，与学生共同参加体育锻炼，加强情感沟通，共同增强体质健康，丰富家庭体育生活，营造良好的家庭体育氛围，养成家庭体育锻炼习惯，化疫情危机为契机。体育与健康课程创新基地的教师尊重学生的意愿，让学生根据自身身体情况和兴趣爱好自主选择自己喜欢的家庭体育项目坚持锻炼。例如体育基础差或者身体较弱的学生可以从简单的踢毽子、跳绳等运动开始，还可以利用Keep或者天天跳绳等健身软件，边学边做，在降低锻炼难度的同时和家长一起运动，既能获得内心的满足感，也能让亲子关系密切，促进家庭的和谐。

第二节
社区协调与联系

体育与健康课程创新基地不但与家庭体育开展密切的合作，还与所在的社区共同开展了一系列体育活动，提高了社区居民的体育活动意识，满足了学生和社区居民的活动需求，并搭建起校外锻炼平台，使"健康首位""生活体育"的运动理念深入人心，取得了良好的社会效应。

一、提高了社区居民体育活动意识

社区居民主要由学生、家长、社区管理者组成，体育与健康课程创新基地针对不同对象采取了不同措施，提高他们的体育活动意识。首先是学生，为了提高学生对社区体育活动意识的重视，学校教师让学生明白了参加体育锻炼的意义所在，并且合理地布置体育作业；同时邀请家长做好监督的职责，控制学生玩电子设备的时间，鼓励他们陪同学生共同参与社区体育活动；联系社区通过多种途径宣传，开展丰富多彩的活动吸引学生参与，营造良好的体育锻炼氛围。然后是家长，学校联合社区共同召开了家长会，纠正家长在思想上"重文化轻体育"的过时观念，让家长明白学习成绩对于孩子来说只是一个方面，要鼓励孩子德智体美劳全面发展。家长们表示赞同。在参与体育活动时，家长们积极参与，做好孩子的榜样，与孩子一起感受运动的乐趣。最后是社区，体育与健康课程创新基地与社区负责人加强联系，明确把提高社区居民的体育健康意识放在首位，从宣传和组织上齐心协力。社区加强了与学校的联系，根据实际情况选择性地开展了适合社区居民的体育项目，真正做到惠民便民。

二、满足了学生活动的需求

体育与健康课程创新基地与新桥社区通过合作开展丰富多样的体育活动，满足了学生的体育锻炼需求。活动集中在周末或者寒暑假期间，学生可根据自己的身体情况和时间安排，自主选择感兴趣的体育活动。

如体育与健康课程创新基地与社区协调，在假期里通过召开社区讲座，向学生传授了相关的体育健康知识：怎样把握运动的时间和强度以及方法来达到科学运动的目的，如何在运动后正确拉伸放松肌肉和相关注意事项，体育锻炼需要长期坚持，但不可过度运动等。教师在讲授过程中邀请学生上台示范，更加清楚直观地讲述，让学生们更容易明白。除了召开健康知识讲座，体育与健康课程创新基地还联合社区一起举办了社区亲子篮球活动。寒假期间，社区家庭自愿报名参加，三人为一组，体育与健康课程创新基地的老师负责裁判与规则的制定，社区体育指导员分担一部分裁判的工作，并协调社区负责人做好活动的组织与安排。参赛队伍共有30多支，社区还设置了丰厚的奖品，极大地激发了大家参与的热情。比赛前，体育教师为大家详细地讲解了比赛的规则，保证大家在遵守规则的情况下公平竞争。比赛中，家长和孩子配合默契，不断拼搏，欢笑不断，不仅锻炼了学生的意志，还增进了亲子间的情感交流。很多家长表示：冬天天气冷很少出来运动，待在家天天唠叨孩子少玩手机，孩子和父母的距离越来越远。这样有趣的亲子活动，在强身健体的同时还缓和了亲子关系，何乐不为。

三、搭建校外锻炼的平台

体育与健康课程创新基地通过多措并举，为学生搭建了校外锻炼与学习合二为一的平台，探索了人才培养的新途径，从社区队伍建设、资源共享、社区课程设置等方面采取了系列举措，初步形成了全方位、多角度的学校与社区联动体系。

1.社区队伍建设

社区由于缺乏专业的体育指导员，因此无法专业有效地开展相关活动。体育与健康课程创新基地积极发动教师参加到社区的志愿服务活动中，将专业的体育知识和体育技能传播给社区居民，让居民科学合理地运动，增强健康意识。对社区的体育指导员而言，不仅要科学合理地进行体育锻炼，还要用实际行动以身作则，每隔一段时间对社区居民进行体育知识的培训讲座，传递给居民正确科学的体育知识，引领他们更好地进行体育健身活动。此外，体育教师还应与社区指导员经常交流，取长补短，共同促进学校体育和社区体育事业的健康平稳发展。

2.实现资源共享

体育与健康课程创新基地与社区紧密联系合作，逐渐形成了资源共享的和谐局面。资源共享主要表现在体育场地设施和体育数据共享。首先是体育场地设施共享，由于社区的体育场地设施相对有限，无法满足学生在校外的体育活动需求，而学校却较为完善丰富，因此社区与学校加强合作，在节假日期间不影响学生上课的前提下充分运用学校产地资源。如举办足球比赛、篮球比赛，学校为其提供了较为宽阔的场地资源，保证活动更好开展。除了体育场地资源共享，另一个则是青少年体育数据共享。通过体育数据平台或网络平台，学校体育教师将上课的内容和体育相关视频以及学生的体测数据上传到App里，家长和社区能清楚直观地了解学生的具体情况，还能通过App答疑解惑，共同讨论相关体育知识。这促进了家庭、学校、社区三者联动，共同助力学生、家长的健康发展。

第三节
区域辐射与推广

作为体育与健康课程创新基地，上桥南开小学在努力谋求自身发展的同时，开发课程资源，发挥示范辐射和带动薄弱学校，发挥帮扶作用，毫无保留地向外辐射自己的经验或者输送人才进行培训讲座等。这让学校的体育与健康课程创新基地成为重庆市沙坪坝区的示范点，并为周边区域的发展作出了贡献。

一、勇于创新，做体育与健康课程创新基地的先行者

学校结合实际情况，整合了多方资源，通过问卷调查，以及开展学生座谈的形式，组织课程中心组老师联合专家进行总结讨论，最终确定了创新基地具体实施内容：通过营造良好的课程文化，构建丰富而有特色的课程体系进行大胆实践，做区域体育基地建设的先行者。

1.营造良好的课程文化

上桥南开小学是沙坪坝区排球传统项目学校、区级足球特色学校，还有篮球、田径等项目都颇有建树。曾向国家、市、区专业队和知名高等体育院校输送优秀运动员，学校将充分利用深厚的体育文化资源，打造校园体育文化，加强课程文化展示。主要做法有：①建立学校历届优秀运动员荣誉长廊。②利用校园宣传栏、奥运走廊等展示我国体育及优秀运动员的骄人成绩。③利用电子屏、田径场围栏、各班黑板报普及各种体育赛会、体育赛制、比赛规则等知识。④邀请第三军医大学健康保健专家及社区医院的专业人员，对学校学生定期进行心理健康、健康行为（生活习惯与生活方式）、卫生保健、医务监督、锻炼效果评价、饮食与营养、安全急救等方面讲座，增进学生的自我保健意识，提高学生自我保健能力，促进

健康校园建设。

2.构建丰富而有特色的体育课程体系

结合学校已有的传统项目和已有教材，确立必修模块："健康教育""足球"；选修模块："健美操""乒乓球""篮球""田径""跆拳道"）等；编写《我和奥运》《情境体育》《健康与生活》《体育与数学》等校本教材。通过以下措施实施：①组织体育组外出学习、培训，学习国内外先进的体育课程理论。②组织体育组认真学习体育课程体系，形成涵盖体育教学、大课间、课外体育活动等的大课程观。③提高体育教师的专业水准、教学实践与理论的研发能力，集全组力量编制适合学校的必修模块、选修模块、校本教材等。④全校所有班级打破行政班级界限按篮球、足球、乒乓球、排球、健美操、武术等项目重新编班进行教学，做到课程主体性与项目多样性相结合。⑤以全面提高学生个体素质为前提，做到素质训练"课课练"，同时在特有的选项教学之中，穿插带有民族特色的传统项目。⑥组织班主任学习学校建设课程基地的意义，让班主任在思想上引起重视，有利于开展课程基地相关工作。⑦聘请重庆大学，西南大学，重庆师范大学，市、区体育教研员，区体校相关领导老师等组成专家组引领团队。⑧邀请健康及心理教育方面的专家来校开展讲座。

学校从三大核心素养入手，建立体育与健康创新课程体系，采取的主要措施有：

①加强体育教师的业务学习，增强目标意识，关注学生核心素养的落地。

②组织体育教师开展体育核心素养标准、概念、特征等的学习及解读。

③成立体育课程创新小组，以小组合作的方式创新体育课程，并形成课程计划和方案。

④落实创新课程内容，定时间定地点定人员开展课程实践，并做好课堂实录、反思，不断调整修改完善课程方案。

学校创建体育创新基地，紧紧围绕体育学科三大核心素养，计划从五个项目入手，相互协同，建立一个基础牢固、结构丰富、层次分明的课程体系。若根据项目实施的环境以及场景，可以将五个创新项目分为室内和室外。

创新课程的理念，强调的是人与人之间的沟通交流，激发学生们热爱生活，热爱生命，尊重大自然的情感，最终是要实现人与自然的和谐统一的良好关系。比如说举办的蔬果运动会，以及"虫鸟之灵，智慧之林"运动会正是体现了这一核心理念，学校以独特的创新课程促进学校内涵发展，发挥基地的示范辐射作用。

二、开发课程资源，发挥示范作用

体育与健康课程创新基地结合学校实际情况和学生学情，开发了丰富的课程资源，探索出多种新的教学路径，在激发学生学习兴趣的同时帮助学生更好地掌握体育知识，提高体育技能，培养体育品德。这些丰富的课程资源如情境体育、体育微课程、奥运知识等，定期将它们发布在学校的公众号上，为区域内的部分学校体育建设提供了经验和方法，发挥了示范作用。如学校自主开发的奥运知识课程是以体育学科为核心素养的基础，着重于发展学生体育知识能力的创新课程。学校从设立奥运角、奥运知识微视频、开设奥运小讲堂、举行奥运知识大比拼比赛推进了奥运知识课程的发展，深化奥运知识课程项目。体育微课程是一项通过数字媒体和互联网平台传播体育知识的创新方案。这一计划分为三个阶段实施完成。

第一阶段：初期学校选取部分学生来录制视频，通过多媒体手段将体育知识制作成有趣的视频动画，并将动画投放到学校各个通道的显示屏上，以此传播体育知识。

第二阶段：提倡并引导学生亲自参与制作视频，投放显示器展示进行评比。

第三阶段：利用互联网平台建立一款体育知识的冲关软件或智力游戏，以此激发学生的体育学习兴趣。学校还将体育微课程分享在网络平台上，供其他学校参考借鉴或者使用。

三、带动兄弟学校，发挥帮扶作用

为加快农村学校、薄弱学校建设步伐，努力缩小城乡教育差距，促进全区城乡义务教育全面、均衡、协调发展，加大城乡之间、学校之间的帮扶力度。近年来，体育与健康课程创新基地和区域多所学校建立了联系，发挥学校基地的辐射带动作用，促进全区体育教育的均衡发展。学校以体育与健康课题为依托，积极与兄弟学校结成对子，共同构建"体育与健康课题研究协作团队"，让外校教师有机会参与基地的各种活动，如集体备课、研讨会、讲座培训等，以此带动兄弟学校的发展。同时，还向兄弟学校输送优秀的体育教师进行课例展示，希望以点带面，把先进的教育理念和教学方法带入帮扶学校的课堂。

1.活动主题：结对帮扶显真情，校际交流促发展——上桥南开小学与回龙坝小学开展"结对帮扶送教上门"活动

2.活动时间：2021年10月9日

3.活动对象：上桥南开小学、回龙坝小学

4.活动内容：

议程一：校长相互交流

两位校长就结对帮扶活动一致认为：双方学校要充分发挥各自的资源优势，本着增进友谊、互惠互利、共同发展的原则，相互间多沟通、多交流。上桥南开小学蒋校长指出，将继续加大向回龙坝小学提供物质支援的力度，并加强软件建设，在办学理念交流、教学经验分享、名师结对帮扶、特色学校建设、师生联谊活动、优势资源共享等方面要进一步扩大交流领域，丰富合作内涵，提高两校的业务发展水平和整体建设水平。

议程二：优秀课例展示

上桥南开小学高度重视此次结对送教活动，送教前体育与健康课程创新基地精心策划，周密安排，要求送课教师精心备课，反复磨课。秉承引领辐射的宗旨，通过送优质课，把先进的教育教学理念和教学方法带入帮扶学校的课堂，达到"送去一节课，带动一个面"的效果。上桥南开小学胡竞老师精于课堂设计，乐于教学研究，她执教的"各种跳跃组合游戏"将生活中的各种物品合理摆放、重组，采用游戏的形式，发展学生的跳跃能力，整堂课巧用多媒体教学设备，富有节奏感的音乐贯穿始终，极大地调动了学生学习与参与的积极性。

议程三：评课议课

虽说这是送课，但更是一场教研盛宴。好的课堂教学更能激发起老师们的教学热情。课后，两校相关的体育教师进行了评课，胡老师就设计意图及达成目标方面做了简单的说课，听课老师们也畅所欲言，纷纷表达了自己对所听课堂教学之后的感悟。首先对胡老师和学生间快乐和谐的上课氛围表示赞赏，其次对本堂课的亮点进行了提炼，最后就如何将体育知识生活化展开研究讨论，共同促进两校体育教育的发展。

5.活动总结：为期半天的结对帮扶活动圆满落下帷幕，不谈辛苦，只谈感受；没有疲惫，只有反思。上桥南开小学体育与健康创新基地将继续发挥由点到线，由线到面；由示范到辐射，由辐射到引领作用，全心全意地帮扶兄弟学校，为推进区域体育的发展而不懈努力。

四、立足基地建设，全面展示新成果

体育与健康课程创新基地近年来经过全校师生的不懈努力，取得了一些荣誉，现将部分获奖情况统计如下：

集体获奖			
时 间	级 别	赛事名称	等 级
2017 年	区级	中小学生武术比赛（团体总分）	一等奖
2017 年	区级	中小学生武术比赛（武术操）	一等奖
2018 年	区级	中小学生排舞比赛（团体总分）	第一名
2019 年	区级	第五届运动会中小学生武术比赛（团体总分）	第四名
2019 年	区级	第五届运动会广播体操比赛（行业组）	第三名
2019 年	区级	沙坪坝区青少年校园足球技能比赛	第四名
2020 年	区级	体质健康比赛（团体总分）	二等奖
2020 年	区级	青少年篮球锦标赛（U11）	一等奖
2020 年	区级	"在线主题研修案例"	优秀成果
2020 年	区级	沙坪坝区青少年校园足球技能比赛	第七名
2021 年	区级	沙坪坝区第五届青少年校园足球班级联赛	一等奖
集体获奖			
2021 年	区级	青少年篮球锦标赛（U13）	二等奖
2021 年	区级	"体彩杯"第三届啦啦操比赛	二等奖
2021 年	区级	"教研组建设评估"优秀教研组	优秀教研组
2021 年	区级	青少年篮球锦标赛	二等奖
教师个人获奖				
时间	级别	赛事名称	获奖教师	等级
2017 年	市级	重庆市大中小学生武术比赛	黄辉明	优秀教练员
2017 年	市级	重庆市"一师一优课、一课一名师"	黄辉明	一等奖
2018 年	市级	重庆市大中小学生武术比赛	黄辉明	优秀教练员
2019 年	市级	重庆市小学生排球比赛	黄辉明	优秀教练员
2020 年	市级	重庆市基础教育课程改革论文征评	黄辉明	二等奖
2019 年	市级	重庆市教育管理优秀论文评选	黄辉明	三等奖

续表

时间	级别	赛事名称	获奖教师	等级
2020年	市级	重庆市中小学体育与健康优质课赛课	胡竞	一等奖
2021年	市级	重庆市中小学生武术比赛	黄辉明	优秀教练员
2018年	区级	沙坪坝区青少年武术套路比赛	黄辉明	道德风尚先进个人
2018年	区级	沙坪坝区青少年武术套路锦标赛	黄辉明	优秀教练员
2019年	区级	沙坪坝区第五届运动会武术套路比赛	黄辉明	优秀教练员
2019年	区级	沙坪坝区青少年武术套路比赛	黄辉明	道德风尚先进个人
2019年	区级	沙坪坝区第11届中小学生体质健康比赛	黄辉明	优秀指导教师
2019年	区级	沙坪坝区第五届运动会田径比赛	黄辉明	优秀教练员

教师个人获奖

时间	级别	赛事名称	获奖教师	等级
2020年	区级	沙坪坝区第12届中小学生体质健康比赛	罗林	优秀指导教师
2021年	区级	沙坪坝区第五届青少年校园足球班级联赛	皮历	优秀教练员
2021年	区级	沙坪坝区篮球锦标赛（U13）	皮历	优秀教练员
2021年	区级	校本研修	黄辉明	先进个人
2020年	校级	2020年度"四有好老师"	黄辉明	四有好老师

学生个人获奖

时间	级别	赛事名称	获奖学生	等级
2021年	市级	重庆市中小学生武术比赛（24式太极拳）	吴军杰	第三名
2021年	市级	重庆市中小学生武术比赛（男子枪术）	吴旭	第四名
2021年	市级	重庆市中小学生武术比赛（24式太极拳）	吴旭	第五名
2021年	市级	重庆市中小学生武术比赛（24式太极拳）	文佳怡	第五名
2021年	市级	重庆市中小学生武术比赛（24式太极拳）	张程雪	第六名

续表

时间	级别	赛事名称	获奖学生	等级
2021年	市级	重庆市中小学生武术比赛（规定拳）	唐芗佃	第六名
2021年	市级	重庆市中小学生武术比赛（男子枪术）	吴军杰	第六名
2021年	市级	重庆市中小学生武术比赛（剑术）	吴知洁	第七名
2021年	市级	重庆市中小学生武术比赛（规定拳）	瞿博	第七名
2021年	市级	重庆市中小学生武术比赛（24式太极拳）	吴知洁	第八名
2019年	区级	沙坪坝区第五届运动会武术套路比赛（女子剑术）	蒋靖瑶	第一名
2019年	区级	沙坪坝区第五届运动会武术套路比赛（女子24式太极拳）	蒋靖瑶	第一名
2019年	区级	沙坪坝区第五届运动会武术套路比赛（男子剑术）	杨俊涵	第二名
2019年	区级	沙坪坝区第五届运动会武术套路比赛（女子少年规定拳）	谭斯曼	第三名
2019年	区级	沙坪坝区第五届运动会武术套路比赛（女子24式太极拳）	吴知洁	第三名
2019年	区级	沙坪坝区第五届运动会武术套路比赛（男子24式太极拳）	吴旭	第三名
2019年	区级	沙坪坝区第五届运动会武术套路比赛（女子剑术）	王召西	第三名
2019年	区级	沙坪坝区第五届运动会武术套路比赛（男子少年规定拳）	杨俊涵	第三名
2019年	区级	沙坪坝区第五届运动会武术套路比赛（女子24式太极拳）	唐羚珊	第四名
2019年	区级	沙坪坝区第五届运动会武术套路比赛（男子少年规定拳）	胡秋桐	第五名
2019年	区级	沙坪坝区第五届运动会武术套路比赛（女子少年规定拳）	王召西	第六名
2019年	区级	沙坪坝区第五届运动会武术套路比赛（女子少年规定拳）	雷怡宁	第七名
2019年	区级	沙坪坝区第五届运动会武术套路比赛（女子长拳）	谭斯曼	第七名
2021年	区级	沙坪坝区青少年篮球锦标赛（U11）	丁敬灵	优秀个人
2021年	区级	沙坪坝区青少年篮球锦标赛（U13）	陈明浩	优秀个人

参考文献

[1] 邵伟德.体育课堂有效教学与例解[M].北京:北京体育大学出版社,2012.

[2] 王健.运动技能与体育教学:大中小学学生运动技能形成过程的理论探讨与实证分析[M].北京:北京体育大学出版社,2009.

[3] 熊川武.反思性教学[M].上海:华东师范大学出版社,1999.

[4] 毛振明,于素梅.体育教学评价技巧与案例[M].北京:北京师范大学出版社,2009.

[5] 人民教育出版社课程研究所体育课程教材研究开发中心.美国学校体育国家标准研究[M].北京:人民教育出版社,2007.

[6] 毛振明,赖天德.解读中国体育课程与教学改革:著名专家、学者各抒己见[M].北京:北京体育大学出版社,2006.

[7] 李建军.新课程的学校体育评价[M].广州:广东高等教育出版社,2003.

[8] 周登嵩.学校体育热点50问[M].北京:高等教育出版社,2007.

[9] 王烨晖,辛涛,边玉芳.课程评价的理论、方法与实践[M].北京:北京师范大学出版集团,2020.

[10] 美国健康和体育教育协会,雪莉·霍尔特/哈勒,蒂娜·哈尔.美国小学体育课程指导[M].李永超,译.北京:人民邮电出版社,2018.

[11] 李彩芹,张树军,小学体育课程与教学[M].长沙:湖南大学出版社,2020.

[12] 派纳,等.理解课程:历史与当代课程话语研究导论（下）[M].张华,等译.北京:教育科学出版社,2003.

[13] 张丽军,孙有平.课程改革语境下体育教师赋权增能行动困境的表现、成因与出路[J].体育学刊,2022,29(1):130-137.

[14] 徐丹,李森,杨梦男.体育教学创新设计课程研制的理论基础[J].教育教学论坛,2021(40):58-61.

[15] 方义松.对基础教育体育与健康课程改革的反思[J].佳木斯职业学院学报,2021,37(8):106-107.

[16] 吴爱军.中小学体育课程内容的整体设计与实施[J].教学与管理,2019(25):49-52.

[17] 崔洁,贾洪洲,刘超,等.基础教育体育与健康课程改革的理论基础及其体现[J].北京体育大学学报,2019,42(3):121-129.

[18] 李小芳.基础教育课程改革后学校体育教学模式的变化[J].当代体育科技,2019,9(1):145-146.

[19] 罗伟柱,邓星华.基础教育体育与健康课程改革的困境与出路[J].体育学刊,2018,25(6):96-100.

[20] 冯子山.新时代下高校基础体育课程改革初探[J].当代体育科技,2018,8(16):82-83.

[21] 王汝江.基础教育阶段学校体育"健全学生人格"思想与课程模式探究[D].烟台:鲁东大学,2017.

[22] 韩永红.基础教育体育课程改革现实困境与思考[J].体育科技文献通报,2017,25(7):64-66.

[23] 田秋华.论教师的课程能力[J].课程·教材·教法,2013,33(8):24-29.

[24] 周海涛.教师课程能力发展的困境、探因与突围[J].教育理论与实践,2018,38(28):48-51.

［25］苏鹏举,王海福.乡村卓越教师课程能力发展特征及结构模型［J］.豫章师范学院学报,2021,36(3):97-103.

［26］郝福生.核心素养视域中教师课程能力水平层级结构与表征［J］.宁夏师范学院学报,2020,41(3):101-107.

［27］王芳.核心素养下教师课程实施能力结构及提升策略研究［J］.语文教学通讯,2020(5):19-21.

［28］葛新.论体育教师课程执行力的发展［J］.体育文化导刊,2015(12):142-147.

［29］赵文平.论中职教师课程实施能力的结构［J］.职教通讯,2013(10):74-77.

［30］郭培霞.论高师生课程实践能力的培养［J］.荆楚学刊,2015,16(2):91-96.

［31］苏军.小学体育课学生自评和互评［J］.中国学校体育,2006(7):27-29.

［32］高凤华,高岩松.体育学习中的自我评价［J］.中国学校体育,2005(1):68-69.

［33］廖圣河.教师课程研究［D］.南京:南京师范大学,2013.

［34］代诗琦.重庆市 S 区小学教师课程能力 现状、问题与对策研究［D］.重庆师范大学,2018.